beck^Ische reihe

länder

b^{sr}

Kuba fasziniert. Die Revolution Fidel Castros hat die Welt bewegt – und bis heute scheiden sich am *Socialismo Cubano* die Geister. Die hochbetagten Musiker des *Buena Vista Social Club* erobern weltweit CD-Player und Kinosäle. Hunderttausende von Touristen zieht es alljährlich auf die Insel. Jenseits ideologischer Schablonen und gefälliger Klischees gibt der ausgewiesene Kuba-Kenner Bert Hoffmann einen fundierten Überblick über Geschichte und Gegenwart, Politik und Wirtschaft, Gesellschaft und Kultur Kubas. Unverzichtbar für alle, die das Kuba von heute verstehen wollen.

Bert Hoffmann, geb. 1966, ist Politikwissenschaftler am Lateinamerika-Institut der Freien Universität Berlin. Seit Jahren beschäftigt er sich mit der politischen, sozialen und wirtschaftlichen Entwicklung Kubas. Zahlreiche Beiträge in der „taz", der „ZEIT", der „WoZ" und anderen Zeitungen. Veröffentlichungen u. a.: Wirtschaftsreformen in Kuba. Konturen einer Debatte, (Vervuert Verlag, Frankfurt, 2. akt. Auflage 1996). Er ist Mitherausgeber des „Jahrbuch Lateinamerika. Analysen und Berichte" (Westfälisches Dampfboot, Münster [bis 1999 Horlemann Verlag, Bad Honnef]).

Bert Hoffmann

Kuba

Verlag C.H. Beck

Mit 20 Abbildungen und 2 Karten

Die Deutsche Bibliothek – CIP-Einheitsaufnahme

Hoffmann, Bert:
Kuba / Bert Hoffmann. – Orig.-Ausg. – München : Beck,
2000
   (Beck'sche Reihe ; 887 : Länder)
   ISBN 3 406 44787 2

Originalausgabe
ISBN 3 406 44787 2

Umschlagentwurf: + malsy, Bremen
Umschlagbilder: Seite 1: Alter Mann vor dem Kirchturm von Trinidad. –
Foto: © SUPERBILD, Werner Ducke;
Seite 2: Tabakfeld mit Ochsengespann. – Foto: Gianni Constantino;
Seite 3: Logo der Ausstellung „Neue Kubanische Kunst" (1927)
von Eduardo Abela
Verlag C. H. Beck oHG, München 2000
Gesamtherstellung: Kösel, Kempten
Gedruckt auf säurefreiem, alterungsbeständigem Papier
(hergestellt aus chlorfrei gebleichtem Zellstoff)
Printed in Germany

www.beck.de

INHALT

Vorwort   9

GEOGRAPHIE UND NATURRÄUME

Äußere und innere Geographie   14
Der Schlüssel zur Neuen Welt: Kubas geographische Lage und
ihre Bedeutung 14 · Kubas innere Geographie: West-Ost-Gefälle
und administrative Gliederung 16

Landschaften und natürliche Umwelt   17
Landschaften und Naturräume 17 · Pflanzenwelt 20 · Tierwelt 23 ·
Klima 24

GESCHICHTE BIS ZUR REVOLUTION

Der lange Weg zur Unabhängigkeit   26
Kuba vor Kolumbus 26 · Die „Perle der Antillen": Spanische
Plantage mit afrikanischen Sklaven 28 · Warten, bis der Apfel reif
ist: Kuba im Visier der USA 32 · „Cuba Libre": José Martí und
der Kampf um die Unabhängigkeit 33 · Das Trauma von 1898:
Kuba wird unabhängig – und um seine Unabhängigkeit betro-
gen 38

Das Scheitern der Republik   41
Die Republik des Platt-Amendment: Eine Nation unter Vormundschaft der USA 41 · Aufbruch und Frustration: Diktatur, Abhängigkeit und das Scheitern politischer Reform 44 · Die Ära
Batista: Die unendliche Kluft zwischen Verfassung und Wirklichkeit 49

Der Weg zur Revolution   54
Fidel Castro: Ein Anwalt wird Guerillaführer 54 · Von der Sierra
Maestra nach Havanna: Der Triumph der Rebellenarmee 59

POLITIK UND WIRTSCHAFT SEIT DER REVOLUTION

Radikalisierung der Revolution   66

Fidel Castros Triumph: Macht der Waffen und Mobilisierung der Massen 66 · Die Eskalation: Radikale Umwälzung, Bruch mit den USA und Bündnis mit der Sowjetunion 68 · Die Revolution behauptet sich: Die Invasion in der Schweinebucht 74 · Die Welt am Rande des Atomkriegs: Die Raketenkrise 1962 77

Sozialismus mit kubanischem Antlitz   81

Der Aufbau des „Cuba Socialista": Bildungswesen und Gesundheitssystem 81 · Che Guevara: Der „Revolutionär ohne Grenzen" 84 · Die politische Struktur: Comandante, Kommunistische Partei und Massenorganisationen 89 · Weg vom Zucker, hin zum Zucker: Wirtschaftliche Transformation und Entwicklungsstrategie 93 · Sowjetische Hilfe: Entwicklung und neue Abhängigkeiten 96 · Die Institutionalisierung des Sozialismus: Verfassung, „Volksmacht", Wahlen 99 · Treue Feinde: Die USA und das kubanische Exil 101

Die große Krise: Kuba seit 1989   103

Die Krise wirft ihre Schatten voraus: Auf Gegenkurs zur Perestroika 103 · „Período Especial": Das Notprogramm 106 · Tourismus: Dollarwelten mit Konsequenzen 109 · Krise, Reform, Kontrolle: Ein prekäres Mischsystem entsteht 114 · Democracy made in USA: Das Helms-Burton-Gesetz 119 · Von Freund und Feind: Der Erhalt der politischen Macht 121

GESELLSCHAFT

Wie sind wir Kubaner? Ein Erklärungsversuch von Reynaldo Escobar 128

Ethnische Zusammensetzung und Geschlechterverhältnisse 131

Spannungen im ethnischen Mosaik: Überwindung und Rückkehr der Bedeutung der Hautfarbe 131 · Männer und Frauen: Emanzipation, Rollenkonflikte, Sexualität 136 · Homosexualität: Ein Tabu wird Thema 141

Religionen   143
Die Santería: Blumen für Obatalá 143 · Die Katholische Kirche: Konflikt und Koexistenz mit der Revolution 149 · Protestantische Kirchen und andere Religionen 153

KULTUR

Gespannte Verhältnisse: Künstler und Staat   156

Musik   161
Der *Son* 162 · Rumba, Danzón, Mambo, Chachachá, Bolero, Cubop, Fílin 164 · Die Entstehung des *Salsa* 165 · Alte und Neue *Trova* 167 · *Salsa*, Jazz und die Stars der Gegenwart 171 · Das Comeback des alten *Son* 174

Literatur   175
Das 19. Jahrhundert: Nationale Identität und Sklavenroman 176 · Die Wende an der Jahrhundertwende: José Martí und der *Modernismo* 178 · Reaktionen auf die Krise der Republik: Anklage, Skepsis, Erneuerung 180 · „Mulattische Poesie": Nicolás Guillén 182 · Das „wunderbar Wirkliche" Amerikas: Alejo Carpentier 184 · Jenseits von Revolution und Konvention: José Lezama Lima und Guillermo Cabrera Infante 187 · Die Generation nach 1959: Revolutionsroman und *Testimonio*-Literatur 190 · *Los Novísimos:* Neue und neueste Literatur 196

Film   200
Eine nationale Filmindustrie entsteht 200 · Die „goldenen 60er Jahre": Erinnerungen an die Unterentwicklung 201 · Die 70er und 80er Jahre: Belastungsproben und neue Themen 205 · Die 90er Jahre: Filme gegen die Trägheit der Revolution 207

Malerei und Bildende Kunst   211
Die *Vanguardia*-Bewegung 212 · Wifredo Lam: Der Dschungel im Kopf 215 · Die Kunst seit der Revolution 218 · Neue Aufbrüche in den 80er und 90er Jahren 221

Architektur   225
Von kolonialer Pracht zur modernen Skyline 225 · Revolutionäre
Architektur und sozialistischer Wohnungsbau 227

ANHANG

Kuba auf einen Blick   232
Zeittafel   234
Literaturhinweise   238
Quellennachweise der Dokumente   244
Kuba im Internet   246
Register   247
Karten   254

VORWORT

Die Revolution, die 1959 unter Führung Fidel Castros triumphierte, hat nicht nur Kuba von Grund auf verändert, sondern die Insel auch ins Zentrum weltweiten Interesses katapultiert. Galt das revolutionäre Kuba den einen als bedrohlicher Vorposten des Kommunismus, war es den anderen Modell für eine bessere Welt, in der Armut und soziale Ungleichheit überwunden wurden. In Kuba wurde Weltgeschichte geschrieben, und über die Grenzen der Insel hinaus sind Fidel Castro und Che Guevara zu historischen Persönlichkeiten des 20. Jahrhunderts geworden. Dabei ist Kuba bis heute jedoch allzu oft ein Symbol, eine Projektionsfläche für eigene Wünsche und Erwartungen, hinter der die vielfältige und widersprüchliche kubanische Realität nicht selten verklärt (oder verteufelt) wird. Aber, wie dies der kubanische Liedermacher Pedro Luis Ferrer einmal formulierte: „Kuba ist kein kommunistisches Land – Kuba ist ein kompliziertes Land!"

Das vorliegende Buch richtet sich so an Leser und Leserinnen, die mehr von einem Kuba wissen wollen, das „komplizierter" ist als es Fernsehnachrichten und Tourismuswerbung präsentieren – komplizierter, aber auch: facettenreicher, lebendiger, interessanter. Diese Landeskunde versucht eine Annäherung an Kuba jenseits vorgefertigter politischer Schablonen und gefälliger Klischeebilder. Licht- und Schattenseiten der Revolution werden genauso betrachtet wie das Verhältnis zwischen Frauen und Männern, der kubanische Alltag in der Krise genauso wie die Strategien des Politbüros zu ihrer Überwindung, die Konfrontations-Politik der USA genauso wie jene Differenzen entlang der Hautfarbe, die in den letzten Jahren schleichend wieder Einzug in die kubanische Gesellschaft gehalten haben. Wenn dieses Buch die Geschichte Kubas darstellt, dann geht es immer auch darum, wie diese historische Entwicklung das heutige Kuba, seine Politik, seine Wirtschaft und seine Gesellschaft prägt. Wo Kuba das kulturelle Zentrum einer ganzen Region ist, gibt ein eigenes Kapitel zudem einen Überblick über die kubanische Kultur, von der Musik, die nicht erst seit dem Comeback der alten Musiker des *Buena Vista Social Club* die Welt begeistert, bis zu den bemerkenswerten Entwicklungen in der Literatur und dem Filmschaffen, der Bildenden Kunst und der Architektur.

Entlang des gesamten Buches bringen mehr als 50 Dokument-Kästen kubanische Stimmen ganz verschiedener Art im Original-ton zum Sprechen, von der berühmten „Die Geschichte wird mich freisprechen"-Rede Fidel Castros bis zu Gedichten und Lieder-texten. Für die Frage, „wie die Kubaner so sind", habe ich einen kubanischen Freund, den Journalisten Reynaldo Escobar, um einen Gastbeitrag gebeten. Ein Anhang mit Zeittafel und Kurz-information, Tips zum Weiterlesen und einem ausführlichen Re-gister macht das Buch schließlich auch zu einem nützlichen Nachschlagewerk. Ein herzlicher Dank geht an dieser Stelle an Christoph Anders, Martin Franzbach, Karin Gabbert, Ingrid Kummels und Michael Zeuske für ihre Kommentare und An-regungen zu Teilen des Manuskripts.

Kuba fasziniert. Alljährlich ist die Insel das Ziel für Hundert-tausende von Urlaubern, die auf der größten Insel der Karibik nicht nur Sonne und Strand finden, sondern auch ein Land mit einer ganz besonderen politischen und sozialen Wirklichkeit und, aller Wirtschaftskrise zum Trotz, einer beeindruckenden Vitalität. Der kubanische Rockmusiker Carlos Varela kritisiert in seinem Lied *Tropi-Collage* die Kluft zwischen der sozialistischen Öko-nomie der Normal-Kubaner und den Dollar-Welten der Touristen. Gleichzeitig ist *Tropi-Collage* aber auch ein Spottlied auf jene Rei-senden, die sich in Kuba lediglich ihre Klischeevorstellungen von karibischer Exotik bestätigen lassen wollen. Da heißt es, frei über-setzt:

> „Du mietest Dir ein schickes Auto
> und fährst nach Varadero,
> trinkst am Strand 'nen edlen Rum,
> rauchst noch genüßlich 'ne Havanna
> und knipst eine Menge Fotos,
> wie Du locker an 'ner Palme lehnst.
> Dann fährst Du zurück nach Havanna,
> schnappst Dir ein Touristen-Taxi,
> gehst abends noch ins Tropicana,
> dann ab zum Flughafen
> und glaubst dann glatt,
> jetzt würdest Du Kuba kennen."

Dieses Buch möchte seinen Lesern und Leserinnen Einblicke in das Kuba jenseits dieser „Tropen-Collage" geben. Wenn es dazu beiträgt, Kubas Entwicklung und Kubas Gegenwart ein Stück weit besser zu verstehen, und wenn es bei dem einen oder anderen auch Sympathie für diese Insel und ihre Bewohner weckt, dann hätte es seinen Zweck erfüllt.

Bert Hoffmann

Ob an den Stränden oder im Landesinneren: Palmen prägen die Landschaft Kubas – Foto: Sven Creutzmann

Äußere und innere Geographie

Der Schlüssel zur Neuen Welt:
Kubas geographische Lage und ihre Bedeutung

Kuba sei „die schönste Insel, die Menschenaugen jemals er-
blickten", notierte Christoph Kolumbus einst in sein Bord-
tagebuch. Heute ziert dieses Zitat die Tourismus-Werbung auf
dem Flughafen Havanna und in den Reisebüros Europas. Doch
Kolumbus erfreute sich nicht nur an exotischen Bäumen und Blü-
ten, Vögeln und Früchten, er war auch ein praktisch denkender
Seefahrer. So hat der genannte Satz einen zweiten, nur selten zi-
tierten Teil: „... reich an ausgezeichneten Ankerplätzen und tiefen
Flüssen". Die Schönheit lag auch in ihrer Nützlichkeit – die Insel
war sehr geeignet, um hier einen Vorposten für weitere Ent-
deckungen und Eroberungen zu errichten.

Kuba, die größte der Antillen-Inseln, liegt in beherrschender
Lage im Zentrum der Karibischen See; es gibt keinen besseren
Ort, um den Zugang zum Golf von Mexiko zu kontrollieren.
Schon das Wappen der Republik Kuba verweist auf die geo-
strategische Bedeutung der Insel: eine Meeresenge, dazwischen die
aufgehende Sonne und ein großer Schlüssel: Kuba galt seit der
frühen Kolonialzeit als „Schlüssel zur Neuen Welt". Diese „äußere Geographie" Kubas hat seine Geschichte entscheidend geprägt. Gerade 90 Meilen mißt die Meerenge, die den Nord-West-
Teil der Insel vom US-Bundesstaat Florida trennt; im Südosten
liegt Haiti ganze 87 km entfernt. Weitere Nachbarn sind die Ba-
hamas-Inseln im Norden, Jamaika im Süden und, rund 200 km
Luftlinie entfernt, Mexiko im Westen (s. Karte am Ende des
Buches).

Die Kolonialmacht Spanien erkannte den Wert der Insel schnell
und baute Havanna aus zu seiner „Festung in den West-Indischen
Ländern", wie das unverhofft entdeckte Amerika zunächst hieß.
Die enormen Verteidigungsanlagen an der Einfahrt zum Hafen
von Havanna, das *Castillo de la Real Fuerza* auf der Stadtseite
und die Festungsanlage *La Cabaña* auf dem Höhenzug gegenüber, geben davon bis heute eindrucksvoll Zeugnis. Einer der
politischen Imperative der kolonialen Machtbalance in der Neuen

Welt wurde früh formuliert und blieb lange bestehen: Wer Amerika beherrschen will, muß Kuba beherrschen.

Seit dem 19. und dann im 20. Jahrhundert hat vor allem die Nachbarschaft zu den USA die Geschicke der Insel geprägt. Seine berühmteste Rede hat Fidel Castro mit den Worten: „Die Geschichte wird mich freisprechen!" beendet. Ein Oppositioneller hat darauf einmal geantwortet: „Aber die Geographie verurteilt ihn." Die USA sind allein aufgrund ihrer geographischen Nähe und ihrer

---

Nicolás Guillén (1958): Kuba, Kaiman lang und grün

Auf dem Meere der Antillen
(auch Karibisches genannt)
hart vom Wellenschlag getroffen,
und mit zartem Schaum geschmückt,
von der Sonne arg bedrängt
und im Wind, der es zurücktreibt,
schwimmt, mit wilder Träne singend,
Kuba hin auf seiner Karte:
Kaiman, lang und grün,
Augen ganz aus Stein und Wasser.

Eine Krone, hoch, aus Zucker
Flicht ihm scharfes Zuckerrohr
Nicht befreit durch seine Krone
Eher seiner Krone Sklave:
Außen König ganz im Herrschermantel
Und darunter nur Vasall,
traurig wie der Traurigste von allen
schwimmt auf seiner Karte Kuba:
Kaiman, lang und grün,
Augen ganz aus Stein und Wasser.

Dicht am Uferrand des Meeres,
stehst entschlossen du auf Wache
Meereswächter du, entschließ dich,
bei den Spitzen deiner Lanzen
und beim Donner deiner Wogen
und beim Schrei der Flammen,
und der Eidechse, der wachen:
reiß die Krallen aus der Karte;
Kaiman, lang und grün,
Augen ganz aus Stein und Wasser.

---

enormen Wirtschaftskraft der „natürliche Markt" für fast alle kubanischen Produkte; das zu Beginn der 60er Jahre verhängte und bis heute aufrechterhaltene Wirtschaftsembargo der USA trifft die Insel so in der Tat hart. Die Konfrontation zwischen beiden Staaten ist zudem Grund für die einzige Landgrenze Kubas: In der Bucht von Guantánamo im Osten der Insel unterhalten die USA seit 1902 – auf der Basis eines Pachtvertrags, den Kuba nicht kündigen kann – bis heute einen militärischen Flottenstützpunkt.

Kuba, dieser langgezogene „grüne Kaiman", wie der Dichter Nicolás Guillén die Insel in einem berühmten Gedicht beschrieb, mißt vom Cabo San Antonio im äußersten Westen bis zur Punta de Maisí im Osten stolze 1250 km. An ihrer schmalsten Stelle ist die Insel jedoch gerade einmal 31 km breit. Mit 110 860 km^2 ist das Land knapp größer als die ehemalige DDR. Mit 11 Millionen Einwohnern ist sie zudem die mit Abstand bevölkerungsreichste Insel der Karibik – im Vergleich zu Mitteleuropa freilich immer noch eher dünn besiedelt.

Kubas innere Geographie:
West-Ost-Gefälle und administrative Gliederung

Manche sagen, es gibt zwei Kubas: Die Zwei-Millionen-Metropole Havanna – und den Rest des Landes. Andere teilen die Insel in *Occidente*, den Westen, und *Oriente*, den Osten, ein. Dies umfaßt auch ein starkes Entwicklungsgefälle: Der Westen war seit der Kolonialzeit entwickelter, städtischer, dichter besiedelt, vom Handel mit der Welt geprägt, zunächst an Spanien, dann an den USA orientiert. „Der Wilde Osten" Kubas hingegen war dünn besiedelt, rückständig, der Karibik zugewandt. Alle großen Aufstände hatten ihre Wurzeln im Osten, von den Unabhängigkeitskriegen des vergangenen Jahrhunderts bis zur Revolution von 1959.

Diesem Ost-West-Gefälle entsprach auch die Provinzeinteilung der Kolonialzeit. Die drei Provinzen des Westens – Pinar del Río, Havanna und Matanzas – machten zwar nur 30% der Landesfläche aus, wogen aber in allen politischen und sozialen Belangen ungleich mehr als die drei großen Provinzen im Zentrum und Osten der Insel, Las Villas, Camagüey und Oriente.

Der sozialistische Staat setzte sich die Überwindung der regionalen Ungleichgewichte und die Aufhebung des Stadt-Land-Ge-

gensatzes zum Ziel. 1976 folgte eine umfassende Reform der administrativen Einteilung der Insel. Gleich große Provinzen mit gleichem Gewicht sollten geschaffen werden, schließlich war ja die ungleiche Entwicklung beendet (oder sollte es zumindest bald sein). So wurde die Landkarte neu gezeichnet. Die drei Provinzen im Westen blieben mehr oder weniger erhalten, nur Havanna wurde unterteilt in „Stadt Havanna" und „Provinz Havanna". Aus den drei Provinzen im Osten wurden zehn: Das alte Las Villas teilte sich in die neuen Provinzen Cienfuegos, Villa Clara und Sancti Spíritus; aus Camagüey wurde ein kleineres Camagüey und neu die Provinz Ciego de Ávila; und aus dem alten „Oriente" entstanden Las Tunas, Holguín, Guantánamo, Santiago de Cuba und Granma. Die Insel der Jugend schließlich wurde zu einer administrativen Sonderzone erklärt.

Alle Provinzen erhielten den Namen ihrer jeweiligen Hauptstadt – alle, mit Ausnahme der Provinz Granma. Hier kannte die revolutionäre Namensgebung kein Pardon: *Granma,* das englische Wort für Großmutter, war der Name jener Yacht, mit der Fidel Castros Rebellentrupp einst 1956 aus dem Exil kam, um in Kuba den Guerilla-Krieg zu beginnen. Und jetzt trägt nicht nur die kommunistische Parteizeitung den Namen jenes Bootes, sondern, da die Rebellen just hier landeten, auch die neugeschaffene Provinz. Ihre Bewohner nennt man *Granmenses,* was auch für kubanische Ohren ziemlich gewöhnungsbedürftig war.

Landschaften und natürliche Umwelt

Landschaften und Naturräume

Genau genommen ist Kuba nicht eine Insel, sondern ein Archipel, eine Inselgruppe: Im Süden der Hauptinsel liegt die *Isla de Pinos,* die „Pinieninsel", die vor der Revolution ein großes Gefängnis beherbergte, in dem auch Fidel Castro inhaftiert war, und die nach der Revolution in *Isla de la Juventud,* „Insel der Jugend", umbenannt wurde. Hinzu kommen noch mehr als 4000 *Cayos,* kleine Inseln und Riffe, die die Küste im Norden und Süden säumen. Früher war dies ein Paradies für Piraten und Schmuggler. Heute wird die Abgeschiedenheit dieser *Cayos* erneut genutzt: Viele von ihnen wurden zu Touristenzielen ausgebaut, die den Urlaubern eine ungetrübte Strand-Idylle fernab der kubanischen Normal-bevölkerung bieten. Etliche *Cayos* sind inzwischen auch über Steindämme mit dem Festland verbunden – ein Projekt, das auf starke Kritik von Meeresbiologen und Ökologen stieß, da damit vielfach der Wasseraustausch in den küstennahen Gewässern be-einträchtigt wird. Faulige Mangrovensümpfe und ein Rückgang des Fischreichtums sind die Folge.

Mehr als 5000 Kilometer Küstenlinie weist Kuba insgesamt auf, doch nur ein kleiner Teil davon sind weiße Sandstrände, die den Bildern der Tourismuswerbung entsprechen. Zumeist ist die Küste spröde und karstig oder mit Mangrovenwäldern bewachsen. Auch das Bild des „grünen Kaiman" entspricht nicht mehr so recht der Realität. Geschlossene Wälder, die vor der Kolonialzeit ganz Kuba überzogen, gibt es nur noch vereinzelt und vor allem in Berggegenden. Die Abholzung für den Schiffbau und vor allem das Vordringen der Zuckerrohrfelder im vergangenen Jahrhundert haben die tropischen Wälder auf Restbestände dezimiert. Um diese zu schützen, sind inzwischen eine Reihe von Naturschutz-gebieten angelegt worden. Eines der größten ist der vor wenigen Jahren mit Unterstützung der Frankfurter Tropenwaldstiftung Oro Verde eingerichtete „Alexander von Humboldt-Nationalpark" im Osten Kubas – benannt zu Ehren des großen deutschen Natur-forschers, der Anfang des 19. Jahrhunderts zu langen Forschungs-reisen auf der Insel weilte und heute als „Zweiter Entdecker Ku-bas" großen Respekt genießt.

Es sind drei ausgedehnte Bergmassive, die Kubas Topographie bestimmen und die rund ein Viertel der Landesfläche ausmachen. Das größte dieser Gebirge ist die Sierra Maestra im Osten der In-sel, die mit dem Pico Turquino auch die höchste Erhebung Kubas (1974 m) aufweist. Hier, in die unwegsame Bergwelt, hatten sich die Rebellen um Fidel Castro zurückgezogen, um ihren Guerilla-Krieg zu beginnen. Die Sierra Maestra wurde zu einem zentralen Mythos der Revolution – so sehr, daß Fidels Mitstreiter Che Gue-vara, als er die Völker in ganz Südamerika zum anti-imperialisti-schen Kampf aufrief, den Slogan lancierte: „Verwandelt die An-den in die Sierra Maestra Lateinamerikas!"

Nicht ganz so hoch, aber ebenfalls unwegsam und von gro-ßer Naturschönheit ist das Escambray-Gebirge im Zentrum der Insel. Auch hier agierte vor der Revolution die Guerilla; nach

Sierra de los Órganos. Foto: H. Zielcke

der Revolution war die *Sierra del Escambray* der einzige Ort, an dem sich noch bis Mitte der 60er Jahre bewaffnete anti-castristische Verbände hielten. Der dritte Gebirgszug schließlich erstreckt sich westlich von Havanna in der Provinz Pinar del Río. Hier findet sich mit dem Tal von Viñales eine der schönsten Landschaften Kubas: Zwischen der roten Erde der Tabakfelder ragen einzeln stehende, bis zu 400 m hohe, grün überwucherte Kalksteinfelsen auf. In dieser Gegend gibt es auch eine Vielzahl großer Kalksteinhöhlen, die von Kennern als Geheimtip gehandelt werden.

Die Flüsse Kubas sind übrigens nicht mehr so üppig, wie Kolumbus es einst notiert hatte. Mit Ausnahme des 370 km langen Río Cauto im Osten sind fast alle Flüsse der Insel eher kurz und flach, und nur wenige führen ganzjährig Wasser. Auch Seen gibt es wenige. Vielerorts sind allerdings Stauseen zur Bewässerung und Energiegewinnung angelegt worden. Die großen Sumpfgebiete auf der Halbinsel Zapata im Süden der Insel sind inzwischen zu einem schützenswerten Ökosystem erklärt worden.

Pflanzenwelt

Zwei Pflanzen prägen mehr als alles andere die Landschaft Kubas: Zuckerrohr, angebaut in endlosen Feldern, und die Königspalme, die, einzeln oder in Gruppen stehend, mit ihrem glatten hohen Stamm aus den Feldern hervorragt. Sie bildet auch den wichtigsten Rohstoff für die *Bohíos,* die traditionellen Hütten der einfachen kubanischen Bauern: Das Dach wird mit den großen Blattwedeln gedeckt, aus dem festen Holz des Stamms werden Stützbalken und Bretter, Möbel und Zäune gemacht. Die imposante, bis zu 40 m hoch wachsende Palme ist der Nationalbaum Kubas und ziert auch das Wappen des Landes.

Insgesamt gibt es auf der Insel rund 70 Palmenarten, darunter auch die seltene Korkpalme, die älteste Pflanze des Landes, sowie

---

Fernando Ortiz (1940): Tabak und Zucker, Freiheit und Sklaverei

Der Tabak und der Zucker sind die wichtigsten Personen in der Geschichte Kubas. Zucker und Tabak sind pflanzliche Produkte desselben Klimas; aber sie sind biologisch so verschieden, daß dies völlig gegensätzliche wirtschaftliche Folgen hinsichtlich des erforderlichen Bodens, der Anbaumethoden, der Verarbeitung und des Vertriebs hat. Und die überraschenden Unterschiede zwischen den beiden Produktionsformen spiegeln sich in der Geschichte des kubanischen Volkes von seiner ethnischen Zusammensetzung bis hin zu seiner Gesellschaftsstruktur, den Wechselfällen seiner Politik und seinen internationalen Verbindungen wider. ... Die Geschichte Kubas studieren, sei es seine Innen- oder Außenpolitik, heißt deshalb eigentlich immer, die Geschichte des Zuckers und des Tabaks als der beiden entscheidenden Systeme seiner Wirtschaft studieren. ...

Zuckerrohr und Tabak sind ein einziger Gegensatz. Man könnte meinen, daß von der Wiege an Rivalität sie erfüllt und voneinander trennt. Die eine Pflanze gehört zur Gattung der Gräser, die andere zur Familie der Nachtschattengewächse. Die eine sprießt aus einem Schößling, die andere aus einem Samen, jene aus großen Stengeln, deren Knoten Wurzeln schlagen, und diese aus winzigen Samen, die aufgehen. Der Reichtum der einen sitzt im Stengel und nicht in den Blättern, die fortgeworfen werden; der Wert der anderen liegt in den Blättern, nicht im Stengel, der verschmäht wird. Das Zuckerrohr lebt viele Jahre auf dem Feld; die Tabakstaude lebt nur wenige Monate; jenes sucht das Licht, diese den Schatten; Tag und Nacht, Sonne und Mond; jenes liebt die ebenfalls unter Naturschutz stehende Faßpalme, ob der markanten Ausbuchtung in ihrem Stamm im Volksmund „schwangere Palme", *palma barrigona* (*barriga* = Bauch) genannt. Beide sind nur im Westen der Insel anzutreffen. Unter den Laubbäumen finden sich Edelhölzer wie Zeder, Mahagoni und der kubanische *Yaya*, die in Spanien die Paläste aus der Kolonialzeit schmückten und bis heute für die Herstellung von Möbeln und Zigarrenschachteln verwendet werden. Auffallend ist auch die große Ceiba, die mit ihrem glatten, hohen Stamm und der ausladenden Baumkrone in der afrokubanischen *Santería*-Religion vielfach als Ort für kleine Opfergaben oder Zeremonien genutzt wird. Als Schattenspender in den Parks der Städte sehr geschätzt wird der Jagüey, dessen enormes Blätterdach zahlreiche, teilweise stammdicke Luftwurzeln tragen.

---

den Regen, diese die aus der Erde aufsteigende Hitze. Aus dem Rohr des Zuckers wird der Saft zum Verbrauch gepreßt, den Blättern des Tabaks wird der Saft entzogen, weil er stört. Der Zucker kommt in Wasser gelöst als Sirup zum menschlichen Verbraucher, der Tabak gelangt durch das Feuer zu ihm, das ihn, zu Rauch verwandelt, verflüchtigt. Der eine ist weiß, der andere ist braun. Der Zucker ist süß und geruchlos, der Tabak ist bitter und duftet. Ein ständiger Kontrast: Nahrung und Gift, Wecken und Einschlafen, Energie und Träumerei, Lust des Fleisches und Genuß des Geistes, Sensualität und Spiritualität, Appetit, der gestillt wird, und Illusion, die sich in Rauch auflöst, Lebenskalorien und Phantasiewolken, alltägliche und anonyme Gewöhnlichkeit von der Wiege an und aristokratisch individueller Markenname auf der ganzen Welt, Medizin und Magie, Realität und Täuschung, Tugend und Laster...

Tiefe Gegensätze bewirken sie auch in der kubanischen Wirtschaft: im Anbau, in der Verarbeitung und bei den Menschen. Fürsorgliche Pflege beim Tabak und vertrauensvolles Sichselbstüberlassen beim Zucker, ständige Ernte bei dem einen, wechselnde Feldarbeit bei dem anderen; intensiver und extensiver Anbau, die Arbeit von wenigen und die Aufgabe vieler; Einwanderung von Weißen und Handel mit Schwarzen; Freiheit und Sklaverei; Spezialisten und Tagelöhner; Hände und Arme; Menschen und Maschinen; Feinheit und Grobschlächtigkeit. Der Anbau des Tabaks bringt die Tabakpflanzer, der des Zuckers schafft Latifundien.

Vor allem in der Regenzeit begeistert den Betrachter auch eine üppige Blütenpracht, etwa der rote Flamboyant-Baum oder die großen Bougainvillea-, Hibiskus- und Weihnachtssternsträucher, die in Kuba haushoch wachsen können. Ein Erlebnis besonderer Art bietet der große Orchideengarten von Soroa, rund 85 km westlich von Havanna, in dem mehr als 700 Orchideenarten, davon 250 in Kuba endemische, zu bewundern sind.

Von den Nutzpflanzen sind „der Tabak und der Zucker die wichtigsten Personen in der Geschichte Kubas", wie der große kubanische Universalgelehrte Fernando Ortiz (1881–1969) in seinem berühmten Essay schrieb. Wurde Zucker von den spanischen Kolonialherrschern eingeführt, ist Tabak eine ursprünglich kubanische Pflanze: Die Eingeborenen überreichten sie schon Christoph Kolumbus als Gastgeschenk – „einige trockene Blätter", wie er schrieb, „die etwas sehr Kostbares für sie bedeuten müssen".

Erste Abbildung einer Tabakpflanze mit dem Vorgang des Rauchens. 1576

Tierwelt

Die Form der Insel wird wohl immer an einen Kaiman erinnern, das Kubanische Krokodil selbst jedoch ist vom Aussterben bedroht. Überlebt hat das Reptil nur noch auf der *Isla de la Juventud* und in den Sümpfen der Halbinsel Zapata; für Touristen werden von der Krokodilfarm in Guamá Ausflüge dorthin organisiert. Hier ist mit etwas Glück auch der seltene Manjuarí zu sehen, ein hechtgroßer Süßwasserfisch mit krokodilähnlichem Kopf, sowie das fast ausgerottete Manatí, auch Seekuh genannt. Es ist eines der wenigen ständig im Wasser lebenden Säugetiere; auf der Basis rein vegetarischer Ernährung wird es bis zu 200 kg schwer.

Vom Aussterben bedroht ist ebenfalls der Almiquí, ein in Kuba heimischer, etwa katzengroßer Insektenfresser mit langgezogener Schnauze. Beeindruckend ist die Vogelwelt der Insel. Eine Vielfalt von Papageien und Kolibris sind anzutreffen, und auch zahllose Zugvögel machen auf Kuba Station. Auf dem Land sieht man immer wieder Truthahngeier am Himmel kreisen und, wo immer Rinderherden sind, auch die weißen Reiher als ihre treuen Begleiter. Den Nationalvogel Kubas, den seltenen, buntgefiederten *Tocororo*, werden hingegen wohl die wenigsten Besucher zu Gesicht bekommen.

Ernest Hemingway (1952): Der Hai
(aus: Der alte Mann und das Meer)

Es verging eine Stunde, ehe ihn der erste Hai anfiel. ... Es war ein sehr großer Makohai, der so schnell schwimmen konnte wie der schnellste Fisch im Meer, und alles an ihm war prachtvoll bis auf seinen Rachen. Sein Rücken war so blau wie der eines Schwertfisches, und sein Bauch war silbern und seine Haut war glatt und schön. Er war wie ein Schwertfisch gebaut bis auf seinen riesigen Rachen, der jetzt fest geschlossen war, als er schnell, eben unter der Wasseroberfläche schwamm und seine hohe Rückenflosse ohne Schwanken das Wasser durchschnitt. Innerhalb der geschlossenen Lippen seines Rachens standen jede seiner acht Reihen Zähne schräg nach innen. ... Der Hai näherte sich schnell von achtern, und als er den Fisch anfiel, nahm der alte Mann das Aufsperren seines Rachens wahr und seine seltsamen Augen und das knackende Zuschnappen der Zähne, als er gerade oberhalb des Schwanzes in das Fleisch vorstieß.

Zu Kubas Tierwelt gehört schließlich auch das Meer und seine vielfältigen Bewohner: Schildkröten und wunderschöne Korallen, Langusten und Krabben, zahllose Muscheln und über 900 Fischarten, darunter die bei Anglern so begehrten Schwertfische und Marline. Dazu gehören auch – außerhalb der Reichweite der Badestrände – die Haie, denen Hemingway in seinem in Cojímar, in der Nähe von Havanna spielenden Buch „Der alte Mann und das Meer" ein eigenes literarisches Denkmal gesetzt hat.

Klima

Als Land der Tropen – genauer: der sogenannten tropischen Randzone – kennt Kuba nur zwei Jahreszeiten: die heißen und tendenziell regenreicheren Sommermonate von Mai bis Oktober, und den kühleren und trockeneren Winter von November bis April, wo die durchschnittliche Temperatur im Dezember auf 22°C sinkt. Dennoch ist für europäische Besucher das Land gleichwohl ganzjährig warm. Auch die Wassertemperaturen sinken im Durchschnitt nicht unter 24°C. Doch das Temperaturempfinden ist relativ, und bei einem abkühlenden Regenschauer passiert es einem in den Wintermonaten leicht, daß den Einheimischen ein *Qué frío!* – „Was für eine Kälte!" – entfährt und sie dem verständnislos dreinschauenden Gast eine wärmende Jacke anbieten. Für die Kubaner ist die Zeit für den Strandurlaub, so man sich ihn denn irgendwie noch organisieren kann, jedenfalls der heiße Sommer, in dem man der Hitze der Städte entflieht und am Meer nicht Sonne, sondern Abkühlung sucht.

Die Luftfeuchtigkeit ist das ganze Jahr über hoch und macht manchen Europäern erheblich zu schaffen. Die typischen karibischen Regengüsse sind kurz, jedoch von enormer Heftigkeit und können schnell ganze Straßenzüge in riesige Wasserlachen verwandeln; in den unsanierten Teilen der Altstadt von Havanna ist es bei solchen Wolkenbrüchen immer wieder zum Einsturz baufälliger Häuser gekommen. Schwerwiegender aber sind die tropischen Wirbelstürme, die gefürchteten Hurrikans, die die Insel vor allem in den Herbstmonaten treffen können und die immer wieder zu großen Zerstörungen geführt haben.

In der Bucht von Santiago de Cuba liegt das Castillo del Morro (1640–1642), das heute ein Piratenmuseum beherbergt – Foto: Erich Tönspeterotto ©Artcolor®

GESCHICHTE BIS ZUR REVOLUTION

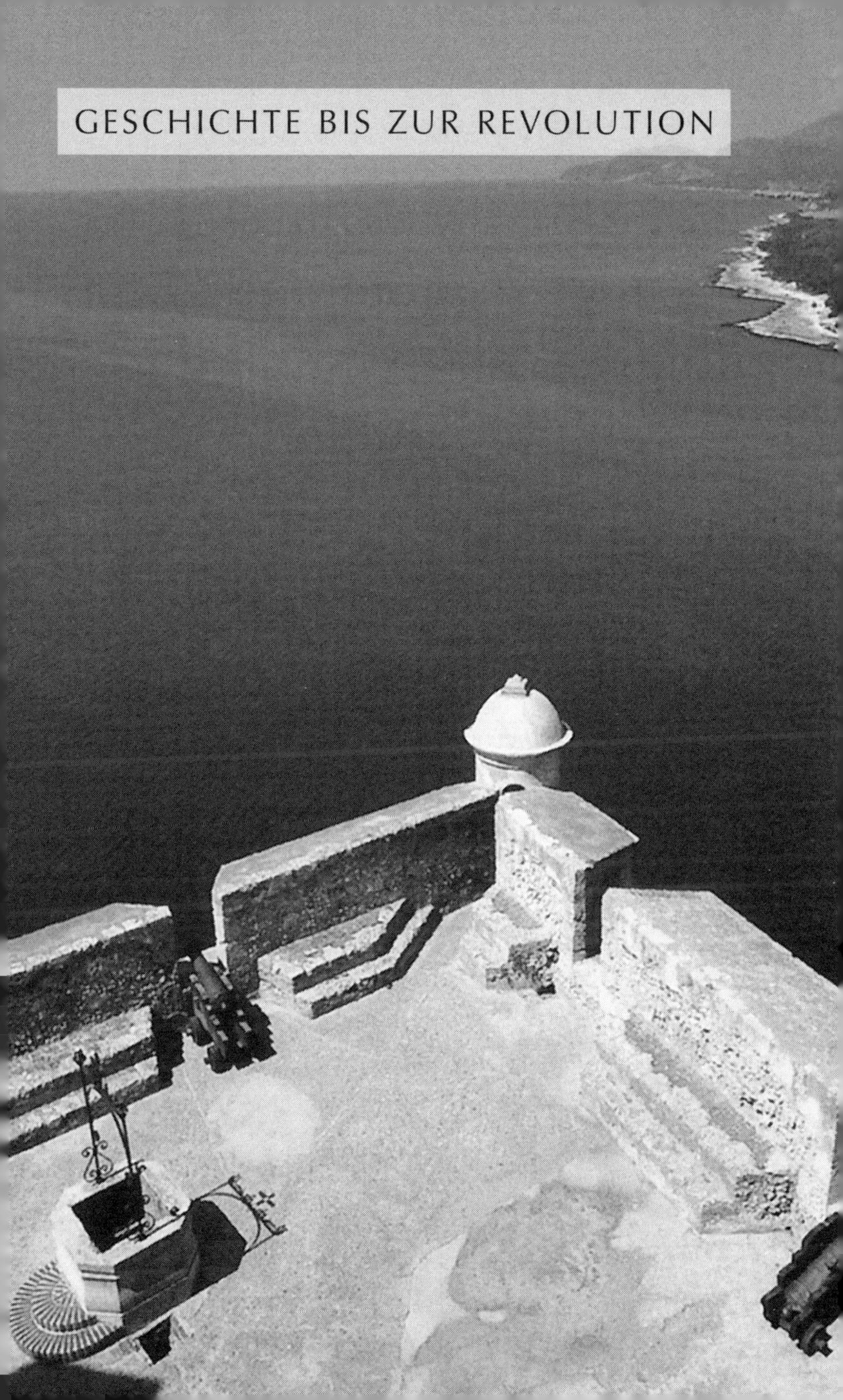

Der lange Weg zur Unabhängigkeit

Kuba vor Kolumbus

Auf über 200 000 wird die Einwohnerzahl Kubas zum Zeitpunkt der spanischen Eroberung geschätzt. 50 Jahre später waren davon noch, so die Schätzungen, weniger als 4000 am Leben. Die Entdeckung der Neuen Welt war auch hier ein Massenmord, bei dem die Schwerter der Konquistadoren skrupellose Verbündete fanden in Pocken, Masern und anderen auf der Insel bis dahin unbekannten Krankheiten. ·

Die archäologischen Funde der eingeborenen Kulturen sind bescheiden. Sie belegen aber immerhin, daß die ersten Einwanderer vor mehr als 10 000 Jahren auf die Insel kamen. Kolumbus nannte die Eingeborenen unterschiedslos *Indios,* schließlich wähnte er sich ja in Indien. Die Archäologen unterscheiden heute zwischen den Ciboneyes, den ersten Einwohnern der Insel, den Guanahatabeyes, die vor allem auf der Halbinsel im Westen lebten, und schließlich den später gekommenen Taíno, die die Kenntnis der Keramikherstellung, Werkzeuge und ausgeprägte religiöse Kulte mitbrachten. Manche Eingeborenen wohnten in Höhlen, andere in runden Häusern mit Palmwedel-Dächern, in denen sie in Hängematten schliefen. Während die Ciboneyes vornehmlich an der Küste lebten und sich vom Fischfang ernährten, entwickelten die späteren Gruppen auch Landwirtschaft, bauten Maniok, Mais und Tabak an.

Als im Jahr 1510 die spanische Krone Diego Velázquez damit beauftragte, Kuba zu unterwerfen, genügte ihm eine Expeditionstruppe von 300 Mann. Mit überlegener Technik und grenzenloser Brutalität gelang es den Spaniern innerhalb von vier Monaten, im Osten der Insel den Widerstand zu brechen. Innerhalb von vier Jahren folgte der Rest des Landes. Fray Bartolomé de las Casas, der den Feldzug als Priester begleitete, wurde zum großen Chronisten der Greueltaten der *Conquista*. Er überlieferte auch die Geschichte des Kaziken Hatuey, der zum mythischen Helden Kubas wurde, zum „ersten Rebellen Amerikas", wie es auf seinem Denkmal heißt.

Viele Spuren der kubanischen Ureinwohner finden sich heute in Kuba nicht mehr. Zweifelsohne geblieben ist die Freude am Ta-

Bartolomé de las Casas (1552): Der aufrechte Tod des Kaziken Hatuey

Im Jahr eintausend fünfhundert und elf kamen die Spanier auf die Insel Cuba, die wie ich bereits sagte, so lang ist, als der Weg von Valladolid nach Rom, und eine Menge starkbevölkerter Provinzen hatte. ... Hierbei ereignete sich unter andern folgender merkwürdiger Fall:

Ein Cazique, der einer der vornehmsten im Lande war, und den Namen *Hatuey* führte, hatte sich nebst mehreren seiner Leute von der Insel Hispaniola nach Cuba in der Absicht geflüchtet, dem barbarischen und unmenschlichen Verfahren der Christen zu entgehen. ... Als die Christen auf der Insel landeten, floh dieser Cazique sie überall, als einer, der sie kannte, und wehrte sich, wenn sie ihm etwa zu nahe kamen; endlich aber ward er gefangen. Weil er nun von diesen grausamen und ruchlosen Menschen floh, und sich gegen diejenigen wehrte, die ihn ums Leben zu bringen oder ihn wenigstens nebst allen seinen Leuten und Blutsfreunden bis auf den Tod zu peinigen suchten; so beschlossen sie, ihn lebendig zu verbrennen. Als er bereits an den Pfahl gebunden war, sagte ihm ein Geistlicher vom Orden des heiligen Franciscus, ein gottseliger Mann, der sich dort aufhielt, verschiedenes von Gott und unserm Glauben, wovon der Cazique noch nie das geringste gehört hatte. Der Geistliche suchte sich die wenige Zeit, welche ihm die Henkersknechte verstatteten, so gut als möglich zunutze zu machen, und versicherte ihn endlich, wenn er dasjenige, was er ihm da sage, glauben wolle, so werde er in den Himmel kommen, und ewige Freude und Ruhe daselbst genießen; widrigenfalls aber werde er in der Hölle ewige Qual und Pein leiden müssen.

Der Cazique dachte hierüber ein wenig nach, und fragte sodann den Geistlichen, ob denn auch Christen in den Himmel kämen. Allerdings, sagte der Geistliche, kommen alle guten Christen hinein! Sogleich, und ohne weiteres Bedenken, erwiderte der Cazique, dort wolle er nicht hin, sondern lieber in die Hölle, damit er nur dergleichen grausame Leute nicht mehr sehen, noch da sich aufhalten dürfe, wo sie zugegen wären.

bak. Auch verweisen zahllose der so wenig spanisch klingenden Ortsnamen auf die ursprünglichen Einwohner, von der Halbinsel „Guanahacabibes" im Westen bis zu „Guantánamo" im Osten der Insel; auch Havanna ist vermutlich nach dem in der Gegend residierenden Kaziken Habaguanex benannt. Dem tapferen Kaziken Hatuey sind Denkmäler und Ehrenplätze in den Schulbüchern

Zuckerrohrernte, Foto: H. Zielcke

gewidmet – und eine der populärsten Biermarken des Landes trägt seinen Namen.

Die „Perle der Antillen": Spanische Plantage mit afrikanischen Sklaven

Die Spanier kamen auf der Suche nach Gold und Silber, und sie blieben, obwohl in Kuba beides kaum zu finden war. Der Hafen von Havanna mit seiner großen natürlichen Bucht, leicht zu verteidigen und in geo-strategischer Lage, wurde zu einer Drehscheibe der Eroberung und Ausbeutung Amerikas. Die Flotte, die Gold und Silber aus dem Vize-Königreich Peru nach Spanien transportierte und dabei alljährlich sechs Wochen lang Zwischenstop in Havanna machte, war zeitweise der wichtigste ökonomische Faktor im Leben der Insel.

Im 17. Jahrhundert erlebte der Tabakanbau eine erste Blütezeit. Zur „Perle der Antillen" wurde Kuba für Spanien jedoch erst mit dem Boom des Zuckeranbaus in der zweiten Hälfte des 18. Jahrhunderts. Diesen verdankten die Spanier zu einem Gutteil einer

> **Alexander von Humboldt (1826): Die Sklaverei auf Kuba**
>
> Es gibt Pflanzungen, wo jährlich 15 bis 18 von 100 [Sklaven] sterben. Ich habe kaltblütige Erörterungen der Frage gehört, ob es für den Pflanzer vorteilhafter sei, die Sklaven nicht übermäßig zur Arbeit anzustrengen und somit dieselben seltener zu ersetzen oder aber in wenigen Jahren den größtmöglichen Vorteil aus ihnen zu ziehen und sie dann also öfter durch neuen Ankauf von *Negros bozales* [aus Afrika neuangekommene Sklaven, d.V.] zu ersetzen. So rechnet die Habsucht, wo der Mensch den Menschen als Lasttier gebraucht!

bitteren Niederlage: der Besetzung Havannas durch Großbritannien im Jahre 1762. Die britische Flotte räumte bereits ein Jahr später die Stadt wieder, aber in dieser kurzen Zeit wurde Kuba dauerhaft verändert. Denn die Briten erzwangen eine Öffnung der Insel für ihren Handel – darunter auch die Ankunft von rund 4000 schwarzen Sklaven für die Feldarbeit. Mehr als 750 000 Sklaven aus West-Afrika sollten in den nächsten hundert Jahren folgen. Erst diese Arbeitskräfte machten es möglich, daß die halbe Insel in eine riesige Zuckerrohrplantage verwandelt wurde. Der deutsche Gelehrte Alexander von Humboldt beschrieb Anfang des 19. Jahrhunderts nicht nur die Natur Kubas, sondern berichtete auch mit tiefer Empörung über das inhumane System der Sklaverei.

Der zweite entscheidende Anstoß für Kubas Transformation zur „Zuckerinsel" kam von der Nachbarinsel Haiti, die im Besitz Frankreichs und bis dato weit vor Kuba größter Zuckerproduzent der Welt war. Nach der Französischen Revolution 1789 begehrten auch auf der fernen Karibikinsel die freien Farbigen und die Sklaven auf und forderten ebenfalls für sich *Liberté, Egalité* und *Fraternité*. Napoleon fand dies unerhört, Frankreich sandte Truppen. Doch die aufständischen Schwarzen blieben, nach langem und blutigem Krieg, siegreich. Die französischen Zuckerbarone flohen nach Kuba und brachten Wissen, Technik sowie Kapital mit. Nach dem Ausfall der haitianischen Zuckerproduktion war zudem die Nachfrage in Übersee groß und die Preise hoch – beste Bedingungen für ein rasantes Wachstum der kubanischen Zuckerindustrie. Exportierte die Insel 1790 gerade 15 000 Tonnen Zucker, führte sie 1868 bereits fast das 50fache aus. Entlang der

Zuckerrohrplantagen Kubas wurde 1837 auch die erste Eisenbahn Lateinamerikas gebaut – zu einem Zeitpunkt, als es im Mutterland Spanien noch keine gab. Seit 1840 war Kuba zum größten Zuckerproduzenten der Welt avanciert und galt als die reichste Kolonie des Globus.

Verwaltet wurde das Land von einem spanischen Generalkapitanat und einer von der Krone entsandten Bürokratie. Neben diesen *Peninsulares* (in etwa: „die von der [iberischen] Halbinsel"), die für eine Weile in die Ferne gingen in der Hoffnung, reich nach Spanien zurückzukehren, bildete sich schon bald auch eine einheimische Herrschaftsschicht heraus: die sogenannten *Criollos*, die ebenfalls von spanischer Abstammung waren, aber bereits auf der Insel geboren waren und dauerhaft in Kuba lebten. Mit ihrem wirtschaftlichen Aufstieg wurden die *Criollos* zunehmend selbstbewußter gegenüber dem fernen Mutterland und seinen Repräsentanten, die ihnen hohe Steuern und Zölle sowie politischen Gehorsam abverlangten. Die Interessengegensätze, die sich zwischen diesen beiden Gruppen entwickelten, prägten das politische Leben der Kolonie. Gleichzeitig vereinte sie die Angst vor denen, die davon ausgeschlossen waren: den schwarzen Sklaven. Immer wieder kam es zu vereinzelten Sklavenrevolten, die niedergeschlagen wurden. Einige wenige, die so genannten *Cimarrones*, konnten flüchten und sich in abgelegenen Bergregionen eigene Gemeinschaften aufbauen. Die meisten Sklaven blieben auf den Plantagen, lebten schlecht, arbeiteten hart und starben jung.

Daneben gab es in Kuba aber auch schon früh eine Schicht „freier Farbiger", die mit rund 20 % der Bevölkerung größer war als auf jeder anderen karibischen Insel. Ein eigenwilliges System, *Coartación* genannt, erlaubte es Sklaven vor allem in den Städten, sich von ihren Besitzern freizukaufen. Mehr noch aber war Kubas vielbeschworene „Mischung der Rassen" das Ergebnis der von Spaniern und *Criollos* für selbstverständlich erachteten Vergewaltigung schwarzer Sklavinnen. Es wurde üblich, den so entstandenen illegitimen Kindern den Status von „freien Farbigen" zu geben.

Das Ende der Sklaverei in Kuba kam schrittweise. Ein erster Vertrag zwischen Spanien und Großbritannien verbot schon 1817 den Sklavenhandel, doch in der Praxis wurde dies umgangen. Erst als im US-amerikanischen Bürgerkrieg 1865 die sklavenhaltenden

Südstaaten gegen den Norden verloren hatten, kam der infame Menschenhandel auch nach Kuba zum Erliegen. Für einige Zeit wurde er noch durch ein Vormundschaftssystem ersetzt, das sogenannte *Patronato*. Zusätzlich suchten die Plantagenbesitzer einen Ausweg in der Einfuhr rund 150 000 chinesischer Kontraktarbeiter. Doch mit dem Ende der Sklavenökonomie wuchs der Druck, die Wirtschaft des Landes auch auf andere Weise neu zu ordnen: durch eine Loslösung aus der Umklammerung der spanischen Kolonialherrschaft.

Die kubanischen *Criollos* versuchten in der Folge, Spanien zu Reformen zu bewegen, die der Insel größere Handelsfreiheit und mehr politische Autonomie zugestehen würde. Als diese Vorstöße keine Erfolge zeitigten, brach im Osten Kubas 1868 der erste Unabhängigkeitskrieg aus: „Spanien kann man nicht überzeugen, man kann es nur besiegen!", so die Parole. Den Startschuß gab Carlos Manuel de Céspedes, ein Plantagenbesitzer, der seine 53 Sklaven freiließ und in einer als „Schrei von Yara" bekanntgewordenen Rede die Unabhängigkeit Kubas verkündete. Nur eine Woche später eroberte seine Rebellentruppe die Stadt Bayamo, die seitdem als Wiege der kubanischen Unabhängigkeit gilt; hier wurde 1868 auch das erste Mal jenes Lied gesungen, das mit den Worten „Zu den Waffen eilt, Bewohner von Bayamo!" beginnt und das nach der Unabhängigkeit zur kubanischen Nationalhymne erhoben wurde.

Zehn Jahre sollte der Krieg dauern und mit einer bitteren Niederlage der Unabhängigkeitskämpfer enden. Die reichen Plantagenbesitzer im Westen Kubas, die am meisten zu verlieren hatten,

---

Kubas Nationalhymne (1868):
"... für das Vaterland sterben, heißt leben!"

Eilt in die Schlacht, Bewohner von Bayamo!
Das Vaterland betrachtet Euch voll Stolz.
Fürchtet nicht einen ruhmvollen Tod,
Denn für das Vaterland sterben, heißt leben!

In Ketten zu leben, das heißt:
in Schmach und Schande versunken zu leben.
Hört den Klang des Horns!
Greift zu den Waffen, Ihr Tapferen, eilt!

hielten zu Spanien. Und die Kolonialmacht entsandte nicht weniger als 100 000 Mann, um ihre stolzeste Besitzung in Übersee mit aller Macht zu verteidigen. 1878 mußten die Rebellen schließlich die Waffen strecken und erhielten dafür lediglich eine vage Zusage auf mehr Autonomie. Der Erste Unabhängigkeitskrieg, auch *Guerra de los 10 Años* (Zehn-Jähriger Krieg) genannt, war zu Ende. Nur einer ihrer Führer, der Mulatte Antonio Maceo, verweigerte in einem historischen Treffen in Baraguá bei Santiago de Cuba jeglichen Friedensschluß, der nicht das definitive Ende der Sklaverei und die volle Unabhängigkeit Kubas beinhaltete, und kämpfte für diese Ziele weiter. Diese sogenannte *Guerra Chiquita* („der Kleine Krieg") dauerte bis 1880.

Die kubanischen Helden des Unabhängigkeitskrieges, Carlos Manuel de Céspedes und Ignacio Agramonte, Máximo Gómez und Calixto García, werden heute in hohen Ehren gehalten. Ein besonderer Ruhmesplatz jedoch gebührt dem „Titan aus Bronze", wie er ob seiner dunklen Hautfarbe genannt wird, Antonio Maceo: Sein heroischer „Protest von Baraguá" findet sich auf unzähligen Häusermauern und Stellwänden. Mit der Parole „Kuba – ein ewiges Baraguá!" beschwört die Regierung darin für die Gegenwart – nun gegen die USA gerichtet – den gleichen unbedingten Widerstandswillen wie ihn Maceo gegen die Spanier gezeigt hatte.

Warten, bis der Apfel reif ist: Kuba im Visier der USA

Das spanische Weltreich war im 19. Jahrhundert im Abstieg begriffen. Die Kolonien auf dem lateinamerikanischen Festland hatten bereits zwischen 1810 und 1825 die Unabhängigkeit errungen; lediglich Puerto Rico und Kuba – „die immer treue Insel", wie es in Spanien hieß – blieben im Besitz der Krone. Derweil erlebte eine andere Macht ihren unaufhaltsamen Aufstieg: die USA. Nachdem Spanien 1819 den USA die Halbinsel Florida abtrat (ein nicht ganz freiwilliger Verkauf, sondern begleitet von erheblichem militärischem Druck), wurden diese zu direkten Nachbarn Kubas.

Der „Koloß im Norden" meldete schon früh seine Ansprüche auch auf Kuba an. Die Insel sei ein „natürliches Anhängsel des nordamerikanischen Kontinents", schrieb 1823 der Außenmini-

**John Quincy Adams (1823): Kuba, die USA und die Gesetze
der politischen Schwerkraft**

„Es gibt Gesetze der physikalischen wie der politischen Schwerkraft,
und so wie ein im Sturm vom Baum gerissener Apfel keine andere
Wahl hat, als zur Erde zu fallen, so kann auch Kuba, wenn gewaltsam aus seiner widernatürlichen Verbindung mit Spanien gelöst und
unfähig, sich selbst zu schützen, nur der Schwerkraft der Nordamerikanischen Union folgen, die kraft desselben Naturgesetzes Kuba
nicht von ihrem Busen stoßen kann."

ster und spätere Präsident der USA, John Quincy Adams: „Der
Anschluß Kubas an unsere föderative Republik wird unverzichtbar sein."

Auch wenn es letztlich nie zu einem formellen Anschluß der
Insel an die USA kommen sollte, so war doch in Kuba das Thema
der Annexion wie in keinem anderen Land Lateinamerikas präsent – und ist es in gewisser Weise bis heute. Wiederholt boten die
USA im letzten Jahrhundert Spanien beträchtliche Summen für
einen Kauf der Insel, vergeblich. Wirtschaftlich war ihr wachsen-
der Einfluß aber nicht mehr aufzuhalten: Die Vereinigten Staaten
wurden schnell mit Abstand Kubas wichtigster Handelspartner.
1890 führten sie kubanische Waren im Wert von 61 Millionen
Pesos ein, das Mutterland Spanien gerade noch für 7 Millionen
Pesos. Politisch hatten die USA derweil gelernt zu warten, „bis der
Apfel im Sturm vom Baum gerissen wird".

„Cuba Libre": José Martí und der Kampf
um die Unabhängigkeit

Das Erbe des ersten Unabhängigkeitskrieges war gemischt. Zum
einen hatten die Kubaner verloren, das halbe Land war zerstört,
und die Wirtschaft lag am Boden. Zum anderen aber hatte sich
wie nie zuvor eine kubanische Identität und ein kubanisches
Nationalbewußtsein herausgebildet. Schwarze und Weiße, ehemalige Sklavenhalter und ehemalige Sklaven, hatten Seite an Seite
gekämpft. Und die Fahne, die die Unabhängigkeitskämpfer ge-
schwungen hatten, wurde von nun an zum nationalen Symbol:
Das Rot des Dreiecks stand für das Blut der gefallenen Helden,

der weiße Stern für die Freiheit, für jenes *Cuba Libre,* das zu erkämpfen der nächsten Generation oblag. Deren Anführer wurde
José Martí, der kubanische Nationalheld schlechthin.

Martí, 1853 geboren, erlebte den Ersten Unabhängigkeitskrieg
in Havanna als Sohn eines Angehörigen der spanischen Armee –
und rebellierte gleichermaßen gegen den Vater wie gegen die spanische Kolonialherrschaft: Bereits im Alter von 17 Jahren wurde
er wegen anti-spanischer Agitation zu sechs Jahren Zwangsarbeit
verurteilt, nach einem Jahr Verbüßung der Strafe ins Exil depor-
tiert, ironischerweise nach Spanien. Von da an bis zu seinem Tod
im Alter von 42 Jahren sollte Martí nur für jeweils kurze Zeit auf
der Insel sein. Die zentralen Seiten des kubanischen Nationalismus wurden im Exil geschrieben.

In Spanien studierte José Martí Jura, Philologie und Philoso-
phie, er reiste durch Europa, Lateinamerika und schließlich in die
USA. Als Dichter, Schriftsteller und Journalist wurde er zu einem
der führenden Intellektuellen Lateinamerikas; bis heute findet sein
literarisches Werk fast genausoviel Bewunderung wie sein politischer Einsatz. Und auch wenn die wenigsten wissen, wer der Ver-
fasser ist: Es ist ein Gedicht von José Martí, das vertont zu dem
weltbekannten Evergreen „Guantanamera" wurde. (Der Refrain
Guantanamera, Guajira Guantanamera stammt allerdings nicht
von Martí, sondern wurde lediglich für die Liedfassung zwischen
den Strophen eingefügt.)

José Martí (1891): Ich bin ein Mensch, aufrecht und wahr

Ich bin ein Mensch, aufrecht und wahr
unter Palmen bin ich zu Haus,
und ich werfe meiner Verse Schar,
eh ich sterbe, aus mir heraus.

Ich komme von überallher,
und gehe überallhin,
ich bin Kunst unter Künsten so sehr,
wie ich Berg in den Bergen bin. (...)

Tief im Herzen verberge ich schon
die Qual, die mein Leben verdirbt:
Des versklavten Volkes Sohn
lebt für sein Land, schweigt und stirbt.

Jorge Arche. José Martí.
1943, Öl auf Holz,
Nationalmuseum von
Kuba, Havanna

Ideologisch blieb Martí auf Abstand zu den sozialistischen und kommunistischen Parteien seiner Zeit. Was ihn leitete, war vielmehr ein radikaler Humanismus sowie ein ebenso radikaler Unabhängigkeitssinn für Kuba – und, so ist hinzuzufügen, auch die Vision einer solidarischen und selbstbestimmten Identität der Länder Lateinamerikas insgesamt: *Nuestra América* („Unser Amerika"), wie er es nannte, im Gegensatz zu der Realität der formell unabhängigen, aber in der Praxis durch und durch von den USA dominierten Staaten des Kontinents. Auch wenn der direkte Gegner der Kubaner noch die alte Kolonialmacht Spanien war, warnte Martí doch beständig auch vor den imperialen Ambitionen der aufstrebenden Macht im Norden: „Den Herren zu wechseln bedeutet nicht, frei zu sein", schrieb er. „Die USA haben in Kuba nie etwas anderes gesehen als einen appetitanregenden Besitz – mit dem einzigen Nachteil einer streitsüchtigen, schwachen und minderwertigen Bevölkerung."

Als Martí 1880 in New York ankam, erlebte Kuba gerade ein erneutes, glückloses Aufflammen von Unabhängigkeitskämpfen.

In den USA wurde Martí zu einem der Wortführer der Exil-Kubaner. 1892 gründete er die *Partido Revolucionario Cubano,* er fand Unterstützung bei den kubanischen Tabakarbeitern in Florida wie auch bei einigen reichen Kubanern und sammelte die Kräfte für die militärische Befreiung seiner Heimat. In Kuba kam derweil der wirtschaftliche Boom der frühen 1890er Jahre zu einem abrupten Ende, als die USA – mittlerweile Abnehmer für neun Zehntel aller kubanischen Exporte – einen 40%igen Zoll auf Zuckerimporte aus Kuba beschlossen. Innerhalb eines Jahres fiel Kubas Ausfuhr von 800 000 Tonnen auf nur noch 225 000; die Ökonomie stürzte in eine tiefe Krise. Gleichzeitig weigerte sich Spanien einmal mehr, Plänen für eine friedliche, schrittweise Ausweitung der Autonomie für Kuba nachzugeben, so daß die moderaten Kräfte der *Partido Autonomista* mit leeren Händen dastanden. Ein gewaltsamer Weg zur Unabhängigkeit schien damit die einzige Alternative.

José Martí gelang es, alle maßgeblichen politischen Kräfte des Exils hinter seiner *Partido Revolucionario Cubano* zu vereinigen und auch die legendären Generäle des Ersten Unabhängigkeitskriegs, Antonio Maceo und Máximo Gómez, für den gemeinsamen Kampf zu gewinnen. Auch auf der Insel selbst fand seine Botschaft eines neuen Kuba – „Mit allen und für das Wohl aller!" – breiten Rückhalt. Arm und reich, schwarz und weiß waren gleichermaßen aufgerufen, die neue kubanische Nation zu errichten.

In der Tat verkörperte José Martí ein neuartiges politisches Projekt. Feinsinnig, körperlich eher schwächlich, entsprach Martí überhaupt nicht dem klassischen Typus des lateinamerikanischen Caudillos, der als Militärführer und „Mann der Tat" mit autoritärem Ton seine Gefolgschaft kommandiert. Eine entscheidende Weichenstellung war bereits, daß mit Martí eine zivile Autorität – zudem ein Mann ohne jegliche militärische Erfahrung – über den militärischen Befehlshabern stand. Den alten Feldherren Antonio Maceo und Máximo Gómez schien dies immer lästig, und sie versuchten, Martí wegzukomplimentieren: Er sei als Repräsentant des freien Kuba in New York unersetzlich... Doch Martí blieb. Am 24. Februar 1895 begann der Aufstand an verschiedenen Orten der Insel. Am 11. April landete Martí mit weiteren Rebellen im Osten. Nur einen Monat und acht Tage nach seiner Lan-

José Martí (1895): Meine Schleuder ist die Schleuder Davids

(Brief vom 18. Mai 1895, einen Tag vor seinem Tod)
Ich bin jeden Tag in Gefahr, mein Leben zu lassen für mein Land und für meine Aufgabe – nun, da ich sie einmal begriffen habe und es mir keinerlei Schwierigkeiten macht, den Entschluß in die Tat umzusetzen –, eine Aufgabe, die mich dazu verpflichtet, durch die Unabhängigkeit Cubas rechtzeitig zu verhindern, daß sich die Vereinigten Staaten auf den Antillen breitmachen und sich dann, nach diesem Kräftezuwachs, auf unsere amerikanischen Vaterländer stürzen. Alles, was ich bis zum heutigen Tage getan habe, und alles, was ich tun werde, hat kein anderes Ziel. Das Schweigen war eine ebenso notwendige Bedingung wie das Marschieren; um es indirekt zu sagen: es gibt Ziele, die verborgen bleiben müssen, wenn sie erreicht werden sollen; wenn man sie als das bezeichnete, was sie sind, brächten sie schier unüberwindliche Hindernisse hervor.
Die zweitrangigen und offiziellen Verpflichtungen hingegen, die auf den Völkern lasten, die am meisten daran interessiert sind, daß sich in Cuba nicht, auf dem Umweg der imperialistischen Annexion und durch die Schuld der Spanier, ein Weg anbahnt, der versperrt werden muß und den wir mit unserem Blut versperren werden, nämlich der Weg, der zur Annexion der Völker Südamerikas durch den brutalen Norden führt, der sie verachtet – diese Verpflichtungen hatten jenen Völkern die offene Zustimmung zu unserem Vorhaben und seine sichtbare Unterstützung, die zu ihrem unmittelbaren Wohl dienen würde, untersagt.
Ich habe im Inneren des Ungeheuers gelebt und kenne seine Eingeweide: und meine Schleuder ist die Schleuder Davids.

dung, am 19. Mai, starb er bei einem Scharmützel mit spanischen Truppen.

Sein früher Tod machte Martí endgültig zum Mythos. In Kuba hat er in religiöser Überhöhung den Beinamen *El Apóstolo* („der Apostel") bekommen: Er hat die Botschaft der Unabhängigkeit verkündet und sich für sie geopfert. Und sein vorzeitiger Tod enthebt ihn jeder Frage, wie er die Probe der Realpolitik bewältigt hätte.

Es gibt in diesem Jahrhundert wohl keine politische Kraft, weder auf der Insel noch im Exil, die sich nicht auf Martí beruft. Vor jeder kubanischen Schule steht seit der Revolution eine Büste von Martí, weiß und mit geschlossenen Augen, ein Abguß seiner Totenmaske. Das große Martí-Monument auf Havannas *Plaza de la Revolución* aber ließ nicht Fidel Castro, sondern bereits der Diktator Fulgencio Batista erbauen. Der von den Anti-Castro-Hardlinern des Exils betriebene Propaganda-Sender trägt den Namen „Radio Martí" genauso, wie die Parteitage der kubanischen KP vor einem überdimensionalen Antlitz von Martí stattfinden. Fidel Castro leitet die Notwendigkeit des Einparteiensystems historisch längst nicht mehr von Marx her, sondern direkt von Martí und seinen Aufrufen zur Einheit der Nation gegen den immer drohenden Imperialismus der USA. Castros Gegner halten einen anderen berühmten Brief dagegen, den Martí kurz vor seinem Tode im Streit an seinen Militärführer Máximo Gómez schrieb: „Eine Republik, mein General, gründet man nicht in der gleichen Weise, wie man in einer Kaserne befiehlt!"

Das Trauma von 1898: Kuba wird unabhängig – und um seine Unabhängigkeit betrogen

Drei Jahre sollte der von Martí entfachte Unabhängigkeitskrieg dauern und enorme Opfer fordern. Doch diesmal unterlag die Kolonialmacht dem zusammengestoppelten Heer der kubanischen Unabhängigkeitskämpfer, der *Mambises,* wie sie sich stolz nannten – nach einem Schimpfwort der Spanier, die die Kubaner abfällig *Mambí* nannten, weil ihnen dies nach Afrika und damit nach Minderwertigkeit klang. Nach Martís Tod hatten die militärischen Führer der Rebellen, Antonio Maceo und Máximo Gómez, freie Hand, den Kampf um Kubas Unabhängigkeit ohne nennenswerte zivile Einmischung zu führen. Manche sehen bereits hierin ein Kainsmal der entstehenden Nation, den Ursprung der Unterwerfung ziviler Politik unter die militärische Macht.

In der Kriegsführung erwiesen sich die Generäle der *Mambises* allerdings als erfolgreich. Sie trieben den Krieg vom Osten der Insel nach Westen; ihre Truppen hatten dabei die Order, „alles niederzubrennen und zu zerstören, was dem Feind dienlich sein könnte". Die Kolonialmacht hielt dagegen: In den drei Jahren des Unabhängigkeitskampfes verlegte Spanien mehr Soldaten auf die Insel als Anfang des Jahrhunderts nach ganz Lateinamerika, als dort von Mexiko bis Feuerland die Unabhängigkeit erkämpft wurde. „Bis zum letzten Mann und bis zur letzten Pesete" werde

Cuba Española verteidigt, gelobte man in Madrid. Der Kommandant der spanischen Truppen, General Weyler, setzte auf eine besonders skrupellose Strategie, indem er ganze Landstriche entvölkerte und die Bauern in militärisch kontrollierten Lagern konzentrierte. Unter erbärmlichen Bedingungen starben hier Zehntausende von Zivilisten an Hunger und Epidemien. Mit diesen Verbrechen erreichte Weyler militärisch jedoch wenig, vielmehr schürte er den Haß der Kubaner auf die Spanier. Als die spanische Position zunehmend unhaltbar wurde und Madrid schließlich doch noch versuchte, eine moderate Autonomie-Lösung anzubieten, war es längst zu spät.

Die USA blieben in den ersten beiden Kriegsjahren neutral. Man verfolgte die Auseinandersetzungen mit gemischten Gefühlen. Zum einen hatte Spanien den US-amerikanischen Wirtschaftsinteressen auf der Insel gute Bedingungen garantiert, während die Rebellen unberechenbar schienen. Zum anderen aber schien endlich die Stunde gekommen, in der der reife Apfel Kuba den USA in die Hände fallen würde. Seemacht galt den Geostrategen in Washington als der Schlüssel zu weltweiter Herrschaft; die Kontrolle über die Karibik, die „Südflanke der USA", war dafür unverzichtbar. Und mit der Ausrottungsstrategie Weylers gewann eine aggressiv anti-spanische Stimmung in der Presse und öffentlichen Meinung der USA die Oberhand.

Anfang des Jahres 1898 schien der Krieg in Kuba entschieden. „Der Feind hat Garnisonen und Festungen aufgegeben, die die Basis seiner militärischen Operationen waren", resümierte Rebellenführer Máximo Gómez: „Er ist geschlagen und überall auf dem Rückzug. Dieser Krieg kann kein Jahr mehr dauern." Die Prognose erwies sich als richtig. Der Ausgang war dennoch ein ganz anderer, als der Kommandant des *Mambisen*-Heers vor Augen hatte. Reiche Geschäftsleute und Plantagenbesitzer, kubanische wie US-amerikanische gleichermaßen, ersuchten die USA um Intervention und Schutz, da Spanien sie nicht mehr vor den Rebellen schützen könne. Und auch Spanien war eher bereit, die Insel an eine überlegene Großmacht zu verlieren als an die verachteten Kubaner.

Um Stärke zu demonstrieren, entsandten die USA im Januar 1898 ein Kriegsschiff nach Havanna, die *Maine* – mit der Erlaubnis Spaniens. Kurz darauf explodierte das Schiff im Hafen von

Havanna, 260 Mann der Besatzung starben. Umstände und Täterschaft sind bis heute umstritten. Doch wer in den USA den Krieg mit Spanien wollte, der hatte nun ausreichend Grund: „*Remember the Maine – to hell with Spain!*" wurde zum Schlachtruf. Im April, als die spanische Armee geschlagen und das kubanische Rebellenheer ausgezehrt war, traten die Vereinigten Staaten offiziell in den Krieg ein, „im Namen der Menschheit, der Zivilisation und der gefährdeten amerikanischen Interessen." In einem vertraulichen Memorandum des US-amerikanischen Kriegsministers Breckenridge klang dies anders.

Der Sieg der USA vollzog sich schnell und mühelos. Die von den Rebellen bereits eingesetzte Regierung des unabhängigen Kuba wurde von Washington schlicht ignoriert. Als die *US Navy* die spanische Flotte im Hafen von Santiago de Cuba vernichtend schlug und danach in die Stadt einzog, verwehrten die US-Truppen ihren kubanischen Verbündeten, die Santiago de Cuba von der Landseite aus belagert hatten, kurzerhand den Zugang in die befreite Stadt. Die nächste Demütigung folgte bei der spanischen Kapitulation in Havanna: Nicht ein Kubaner wurde zu der Zeremonie eingeladen, und nicht die kubanische Fahne, sondern das Sternenbanner der USA wurde aufgezogen. Bei den anschließenden Friedensverhandlungen in Paris mußte Spanien seine überseeischen Besitzungen Kuba, Puerto Rico und die Philippinen an die USA abtreten. Vertreter Kubas waren auch hierbei ausgeschlossen.

In den USA und in Spanien (und zum Großteil auch in Deutschland) steht dieser Konflikt in den Schulbüchern als der „Spanisch-Amerikanische Krieg". Der Begriff sagt alles: Die kubanischen Unabhängigkeitskämpfer kommen nicht vor, Kuba erscheint als

---

J.G. Breckenridge (1898): Die Blockade konzentrieren

„[Die kubanische Bevölkerung] besteht aus Weißen, Schwarzen und Asiaten sowie ihren Mischungen. Die Bewohner sind für gewöhnlich träge und apathisch. Es ist offensichtlich, daß die sofortige Annexion dieser Elemente eine Verrücktheit wäre, und daß wir vorher das Land säubern ... die Blockade konzentrieren müssen, so daß der Hunger und seine ewige Begleiterin, die Seuche, die Zivilbevölkerung aushöhlen und das kubanische Heer dezimieren."

bloßer Schauplatz eines Konfliktes zwischen den Großmächten. Für die USA war es ein *Splendid Little War*, ein glänzender kleiner Krieg, der mit minimalen Verlusten den Grundstein für den Aufstieg der Vereinigten Staaten zur führenden Weltmacht des 20. Jahrhunderts legte. Für Spanien war es ein Desaster, der definitive Untergang des einstigen Weltreichs, der zu einer schweren Identitätskrise des Landes führte. Über große Verluste tröstet in Spanien noch heute ein Sprichwort hinweg, das als Stoßseufzer gesprochen wird: *Más se perdió en Cuba* – „In Kuba haben wir mehr verloren". Für Kuba verkörpert der so bitter um seinen Sieg betrogene Unabhängigkeitskrieg ein nationales Trauma. Er wurde zum zentralen historischen Bezugspunkt, der in der Folge alle nationalistischen Kräfte des Landes geradezu zwangsläufig in Gegnerschaft zu den USA stellte.

Am 1. Januar 1899 übergab Spanien formell die Hoheit über die Insel an die USA. Es ist historischer Zufall, daß exakt 60 Jahre danach, am 1. Januar 1959, die Revolution von Fidel Castro triumphierte. Kein Zufall ist, daß die Revolution als endliche Erfüllung der nationalen Unabhängigkeit wahrgenommen wurde und hieraus bis heute ihre zentrale historische Legitimation zieht. „Keine Diebe, keine Verräter, keine Interventionisten!", beschwor Fidel Castro noch am Tag des Triumphes seiner Rebellenarmee die historische Parallele: „Dieses Mal werden die *Mambises* in Santiago de Cuba Einzug halten!"

Das Scheitern der Republik

Die Republik des Platt-Amendment:
Eine Nation unter Vormundschaft der USA

Noch direkt vor ihrem Kriegseintritt hatten die USA offiziell erklärt, daß sie lediglich solange in Kuba bleiben würden, „wie für die Befriedung der Insel nötig", und daß sie keinerlei Interesse an dauerhafter Herrschaft hätten. Das Land blieb für vier Jahre unter US-amerikanischer Militärverwaltung, bevor 1902 die unabhängige Republik Kuba ausgerufen und erstmals ein Kubaner, Tomás Estrada Palma, zum Staatspräsidenten gewählt wurde. Endlich wehte die kubanische Fahne über Havanna.

Zusatz zur Verfassung der Republik Kuba (1901):
Das Platt-Amendment

Art. 3) Die kubanische Regierung erklärt sich bereit, den Vereinigten Staaten das Recht auf Intervention zuzugestehen, und zwar in folgenden Fällen: zur Erhaltung der kubanischen Unabhängigkeit, zur Aufrechterhaltung einer Regierung, die in der Lage ist, Leben, Eigentum und persönliche Freiheit zu schützen, und um jene Verpflichtungen einzulösen, welche die Vereinigten Staaten im Vertrag von Paris eingegangen sind und die nun von der kubanischen Regierung erfüllt werden sollen.

Juan Gualberto Gómez, Delegierter in Kubas Verfassunggebender Versammlung (1901): Protest gegen das Platt-Amendment

Den Vereinigten Staaten die Entscheidung darüber zu überlassen, wann unsere Unabhängigkeit bedroht ist und wann sie also einzugreifen haben, um sie zu erhalten, heißt: jemandem den Schlüssel zu einem Haus aushändigen, so daß er jederzeit eintreten kann, wann immer er es wünscht, zur Tages- oder Nachtzeit, mit guten oder schlechten Absichten.

Doch die Unabhängigkeit der Republik Kuba stand nur auf dem Papier – nein, nicht einmal das. Denn auf dem Papier der kubanischen Verfassung verankerten die USA einen Zusatz, der ihnen jederzeitiges Interventionsrecht auf der Insel einräumte und zum Inbegriff der neo-kolonialen US-Herrschaft wurde: das „Platt-*Amendment*", benannt nach Orville H. Platt, seinem Initiator im US-Senat (*Amendment* = Verfassungszusatz).

In der *República Plattista* („Republik des Platt-*Amendments*"), wie diese Zeit in Kuba genannt wird, war das Land halb eigenständige Republik, halb Protektorat der Vereinigten Staaten. Beständig mischte sich Washington in die politischen Alltagsgeschäfte ein. Eine der unseligsten Nebenerscheinungen war dabei, daß auch die politischen Kräfte innerhalb Kubas ihrem jeweiligen Gegner regelmäßig mit dem großen Knüppel einer Intervention der USA drohten – und damit die neo-koloniale Abhängigkeit verinnerlichten und den Souveränitätsverlust der nationalen Politik verewigten.

Über sechs Jahrzehnte hinweg waren Korruption, Gewalt und die Einflußnahme der USA die ständigen Begleiter der kubanischen Politik. Bezeichnend für die Geburtsfehler der Republik wurde schon das Ende der Amtszeit ihres ersten Präsidenten: Estrada kandidierte für die Wiederwahl und er gewann auch –, doch erst, nachdem die konkurrierende Liberale Partei mit Gewalt terrorisiert und einer ihrer populären Führer ermordet worden war, woraufhin sie schließlich nicht mehr zu den Wahlen antrat. Angesichts des Wahlbetrugs griff die Opposition zu den Waffen, Estrada ersuchte Washington um Beistand. Eine erneute Intervention der USA folgte. Diese zweite Besetzung Kubas von 1906 bis 1909 wurde auf der Insel von vielen als Demütigung empfunden, aber – anders als nach 1898 – auch als Ausdruck eigenen Versagens.

Der Rassismus, der im Kampf um die Unabhängigkeit schon überwunden schien, kehrte mit Macht zurück und zog harte Trennungslinien durch die neue Nation. Auf ihre erneute Marginalisierung und Verbannung auf die unteren Ebenen der Gesellschaft reagierten Mulatten und Schwarze mit zunehmender Unzufriedenheit. Vor allem ehemalige Offiziere des Unabhängigkeitskampfes gründeten eine eigene Partei, die *Partido Independiente de Color*. Prompt verbot die Regierung jegliche auf ethnischen Unterschieden begründete Partei, da dies rassistisch sei; die Führer wurden inhaftiert, ihre Zeitungen verboten. Schienen so den *Cubanos de Color* die politischen Wege verschlossen, kam es 1912 zur offenen Revolte im Osten des Landes. Das Gespenst eines Schwarzenaufstands rief in Havanna hysterische Reaktionen hervor. Armeetruppen wurden geschickt, um die Revolte mit aller Brutalität niederzuschlagen. Unter den Augen tatenlos zusehender US-Soldaten wurden mehr als 3000 Schwarze in den Kämpfen und der anschließenden Repressionswelle getötet. Dieses Massaker prägte die kubanische Politik und das Verhältnis zwischen Schwarzen und Weißen nachhaltig. Der Mythos der „Rassen-Demokratie", wie man ihn im Unabhängigkeitskampf gefeiert hatte, hatte schweren Schaden genommen.

Wirtschaftlich fanden die ersten Jahre der Republik dabei günstige Bedingungen. Die Insel war abhängig von einem einzigen Produkt, dem Zucker; 1920 machte er nicht weniger als 92 % aller kubanischen Exporte aus. Und sein Preis auf dem Weltmarkt stieg von 1,95 US-Cents pro Pfund 1912 stetig auf den Rekordpreis von 23 Cents 1920, nachdem der Erste Weltkrieg die Konkurrenz des europäischen Rübenzuckers liquidiert hatte. Der „Tanz der Millionen", wie diese Boomphase genannt wurde, endete jedoch abrupt, als der Preis binnen eines halben Jahres auf nur noch 3,8 Cents fiel. Für viele Unternehmer bedeutete dies Bankrott, für viele kubanische Banken Zahlungsunfähigkeit und für viele Arbeiter Elend.

Schon nach den Verwüstungen des Unabhängigkeitskrieges hatte US-Kapital Anfang des Jahrhunderts ein Gutteil der kubanischen Ökonomie – von der Zuckerindustrie bis zu den Eisenbahnen – unter seine Kontrolle bringen können. Die neuerliche Krise bot wiederum die Gelegenheit, für wenig Geld viel Land, Zuckerrohrplantagen und Unternehmen kaufen zu können. Zwischen 1911 und 1924 versechsfachte sich die Höhe der US-Investitionen auf Kuba. Abgesichert durch vorteilhafte Handelsverträge kamen 1915 nicht weniger als 83% der kubanischen Importe aus den USA. Die ökonomische Dominanz des großen Nachbarn war überragend.

Aufbruch und Frustration: Diktatur, Abhängigkeit und das Scheitern politischer Reform

Die ökonomische Krise brachte nicht nur soziale Unruhe, sondern auch eine Wiederbelebung des kubanischen Nationalismus, sprich: des Unabhängigkeitsstrebens gegen die neo-koloniale Herrschaft der USA. Zu einem Hort kritischen Geistes und politischer Mobilisierung wurde die Universität. Die Anklage gegen den US-Imperialismus ging dabei Hand in Hand mit der gegen die Korruption der eigenen Politiker. Eine radikale Studentenorganisation bildete sich, die zu einer wichtigen politischen Kraft werden sollte. Die Arbeiterbewegung organisierte sich zunehmend, es kam zu Streiks, und 1925 schlossen sich 128 Gewerkschaften mit insgesamt 200 000 Mitgliedern zum ersten nationalen Gewerkschaftsdachverband zusammen. Im gleichen Jahr wurde von alten Arbeiter- und jungen Studentenführern auch die Kommunistische Partei Kubas (PCC) gegründet. Der charismatischste ihrer Anführer, der ob seines Aussehens zum „kubanischen Apoll" verklärte Julio Antonio Mella, wurde im Alter von 25 Jahren im Exil ermordet. Auftraggeber war die Regierung in Havanna. Dem offiziellen Kuba gilt Mella heute als einer der

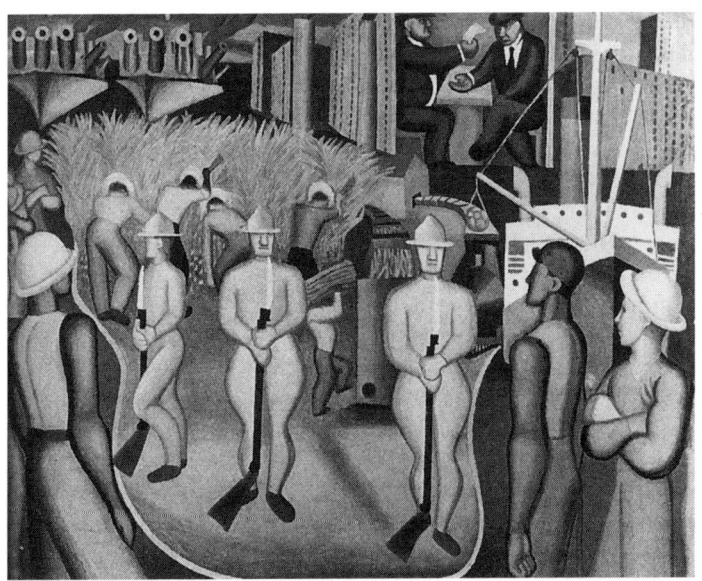

Marcelo Pogolotti, Kubanische Landschaft, 1933. Öl auf Leinwand.
Nationalmuseum von Kuba, Havanna

wichtigsten Märtyrer, zumal sein Leben nicht nur mit dem Unabhängigkeitskampf, sondern direkt mit der Gründung der KP
verbunden ist.

1924 war Gerardo Machado zum Präsidenten gewählt worden.
Er hatte „Ehrlichkeit, Straßen, Schulen" versprochen, und in der
Tat schuf insbesondere der Bau der zentralen Überlandstraße von
Havanna nach Santiago de Cuba zunächst ein Klima des nationalen Aufbaus. Gleichzeitig ging Machado aber von Anfang an mit
harter Hand gegen die aufbegehrenden Studenten und die
Arbeiterbewegung vor; er verbot die KP und viele Gewerkschaften, inhaftierte ihre Führer oder ließ sie – wie Mella – ermorden.
Als Machado mit Manipulationen, Drohungen und Bestechung
schließlich alle Parteien des Establishments so weit gebracht hatte,
daß sie seine Wiederwahl 1928 als konkurrenzlosen „Kandidaten
der Einheit" unterstützten, war auch die letzte Fassade von Demokratie dahin. Die Repression war offen, brutal, mit Notstands-
gesetzen legitimiert und in paramilitärischen Schlägertrupps orga-

nisiert. Vor dem Hintergrund der Herrschaft Mussolinis in Italien nahm die Diktatur Machados zunehmend die Züge eines „tropischen Faschismus" an.

Die Weltwirtschaftskrise 1929 verschärfte die Situation dramatisch. Der Weltzuckermarkt brach über Nacht zusammen, der Preis fiel auf einen historischen Tiefstand von gerade noch einem halben Cent pro Pfund, und Kubas gesamte Ökonomie wurde mit in den Abwärtsstrudel gezogen. In dem Maße, in dem die Krise 1930 das Land erfaßte, eskalierte der Protest gegen die Regierung Machado. Im März fand ein Generalstreik der verbotenen Gewerkschaften massive Unterstützung und legte die Insel lahm; er wurde erst nach bitterer Repression, Folter und Mordanschlägen beendet. Auch auf dem Land kam es zu Sabotageakten und Aufständen. Machado hob die Verfassungsrechte auf und verhängte den Belagerungszustand; Armee, Geheimpolizei und Terrorbanden übernahmen den Staat. Als die Unterdrückung eskalierte, ohne jedoch den bürgerkriegsähnlichen Unruhen ein schnelles Ende setzen zu können, verlor Machado auch in der Mittel- und Oberschicht seinen Rückhalt. Nachdem die Opposition erneut einen großen Generalstreik organisiert und Machado schließlich auch die Rückendeckung durch die USA verloren hatte, floh er 1933 ins Exil.

In den USA war im gleichen Jahr Franklin D. Roosevelt zum Präsidenten gewählt worden, der vor dem Hintergrund der aufziehenden Konfrontation mit dem Faschismus in Europa eine „Politik der guten Nachbarschaft" mit Lateinamerika begann. Kuba wurde hierbei zum Testfall. Machados Nähe zu Mussolinis Ideen hatte Washington seit einiger Zeit mit Sorge beobachtet; dennoch hatten die USA ihn lange als Bollwerk gegen die aufbegehrenden sozialen Kräfte und als Garanten ihrer ökonomischen Interessen unterstützt. Als die USA Machado fallen ließen und sich auf die Seite der Opposition schlugen, blieb jedoch ihr zentrales Bemühen, radikale und nationalistische Kräfte von der Macht fernzuhalten und einen politisch moderaten Ausweg zu konstruieren.

Doch dies gelang nicht. Die neue, von Washington protegierte Regierung blieb schwach und wurde der Unruhe im Land nicht Herr. Noch im September desselben Jahres kam es, angeführt von dem jungen Sergeanten Fulgencio Batista, zu der sogenannten „Revolte der Unteroffiziere", die höhere Löhne und bessere Lebensbedingungen verlangten. Ursprünglich war dieser Protest von eng begrenzter Zielsetzung; schnell entwickelte sich jedoch ein Zweckbündnis mit den mobilisierten Studenten und Gewerkschaften, die Revolte gewann an Schärfe und wuchs sich schließlich zu einem regelrechten politischen Umsturz aus. Auf Druck dieser Kräfte wurde eine neue Regierung ins Amt gebracht. Mit dem Medizinprofessor Ramón Grau San Martín als Präsident und dem jungen Arbeiterführer Antonio Guiteras als dessen „Regierungsminister" setzte sie ein beispielloses Programm wirtschaftlicher und sozialer Reformen auf die Tagesordnung.

In den nur vier Monaten, die sich die Regierung Grau im Amt halten konnte, veränderte sie die politischen Koordinaten Kubas grundlegend: Noch am Tag seiner Amtseinführung erklärte Grau das „Platt-*Amendment*" für null und nichtig. In der Folge löste die Regierung die durch den Pakt mit Machado diskreditierten Parteien auf, begann eine Agrarreform und erlaubte gewerkschaftliche Organisationsfreiheit, verfügte den Acht-Stunden-Tag und Mindestlöhne für alle Zuckerarbeiter und führte das Frauen-Wahlrecht ein. Unter dem Motto „Kuba den Kubanern" sollte auch die Dominanz der USA in der Ökonomie gebrochen und die Wirtschaft auf nationale Bedürfnisse ausgerichtet werden. So radikal die Maßnahmen waren, so sehr war es doch eine reformistisch, nicht revolutionär geprägte Regierung; sie optierte eher für Regulierungen als für Enteignungen, für die Verteilung von öffentlichem Land, nicht für die Verstaatlichung von Privatfarmen, für die Verteidigung der Arbeiterrechte, nicht für die Übernahme der Betriebe. Die Besetzungen einer ganzen Reihe von Zuckermühlen durch radikale Arbeiter wurde denn auch mit militärischer Repression beantwortet.

Dennoch waren die USA entsetzt über die Entwicklung in Kuba. „Es ist im Bereich des Möglichen", kabelte Botschafter Sumner Welles nur zwei Wochen nach Graus Amtsantritt nach Washington, „daß die in Gang gesetzte soziale Revolution nicht mehr aufzuhalten ist. Amerikanischer Besitz und amerikanische Interessen sind in Gefahr." Die Regierung sei „offen kommunistisch", die Armee „unter Kontrolle ultraradikaler Kräfte". Den Ruf seines Botschafters nach einer offenen Militärintervention wies Washington allerdings zurück. Aber die USA verweigerten, aller „Politik der guten Nachbarschaft" zum Trotz, der Regierung Grau schlichtweg die diplomatische Anerkennung – ein Akt auch von enormer ökonomischer Bedeutung, denn ohne diplomatische Anerkennung blieb Kuba von den lebensnotwendigen Zuckerabkommen mit den USA ausgeschlossen.

In Kuba selbst kam Grau von links („zu moderat!") wie von rechts („zu radikal!") unter Beschuß. Zusätzlicher Druck entstand aus der Angst vor dem drohenden wirtschaftlichen Kollaps, sollten die Vereinigten Staaten ihren Markt für die kubanische Zuckerrohrernte tatsächlich verschließen. Die internen Konflikte in der Regierung nahmen zu, und wo die Studenten und linken Parteien zum „Marsch für ein neues Kuba" riefen, wurde die Armee ein zunehmend weniger zuverlässiger Begleiter.

Zur Schlüsselfigur avancierte nun der Anführer jener „Rebellion der Unteroffiziere", die die Regierung Grau überhaupt erst ins Amt gebracht hatte: Fulgencio Batista, ein Mulatte, dem die Clubs der besseren Kreise Kubas schon ob seiner Hautfarbe keinen Einlaß gewährt hätten und dem die USA zunächst tief mißtrauten. Doch Botschafter Welles gelang es, Batista für seine Ziele zu gewinnen – und Washington davon zu überzeugen, daß dieser „die einzige Person ist, die heute in Kuba Autorität darstellt" und daß, so sein Bericht, „die ganz große Mehrheit der Geschäftsleute und der Finanzwelt in Kuba Schutz suchen und diesen Schutz nur in ihm [Batista] finden können".

Die weitere Entwicklung ging schnell. Im Januar 1934 kündigte Batista der Regierung Grau die Unterstützung der Armee auf, sprich: er drohte mit einem Putsch. Grau trat zurück, und nur fünf Tage später erkannten die USA die neu gebildete Regierung mit einem alten liberalen Politiker als Präsidenten an. Batista wurde als Armee-Chef formell bestätigt. Ein neues Handelsabkommen folgte, das dem kubanischen Zucker einen stabilen Absatzmarkt im Norden garantierte. Und jetzt, erst jetzt und erst gegenüber einer ihnen genehmen Regierung, gab Washington endlich auch das „Platt-Amendment" auf – jene Schlüsselforderung der nationalistischen Kräfte, deren Erfüllung sich nun ihre Gegner als Erfolg an die Brust heften konnten. Die „Republik des Platt-Amendments" war zu Ende gegangen; die Einflußnahme der USA auf die kubanische Politik mitnichten.

In der offiziellen Geschichtsschreibung Kubas stehen bürger-lich-reformistische Ansätze nicht hoch im Kurs. Die historische Aufmerksamkeit gebührt vielmehr den Streiks und dem bewaffne-ten Widerstand gegen Machado, die zusammen als „die Unvollen-dete Revolution von 1930" firmieren – als ein Vorläufer jener großen Revolution, die 1959 triumphieren sollte. In einer anderen Sicht aber verkörpert Graus kurzlebige „Regierung der 100 Tage" den weitestgehenden Versuch in Kubas Geschichte, ohne revolu-tionären Krieg und in zivilen politischen Formen die Abhängigkeit und strukturelle soziale Ungleichheit des Landes zu überwinden. Es war auch das Scheitern dieses reformistischen Versuchs, das der Revolution den Weg bereitete.

Die Ära Batista: Die unendliche Kluft zwischen Verfassung und Wirklichkeit

Die sozialen und politischen Kräfte, die Anfang der 30er Jahre ins Zentrum der kubanischen Politik rückten, sollten das Land in den darauffolgenden 25 Jahren prägen. Ramón Grau San Martín wurde von 1944–48 noch einmal Präsident des Landes, ent-täuschte jedoch die hohen in ihn gesetzten Erwartungen und tat sich in seiner zweiten Amtszeit weniger durch Reformen als viel-mehr durch ausufernde Korruption hervor. Und mit Fulgencio Batista war ein ehrgeiziger junger Militär auf der politischen Bühne erschienen, der während der meisten Zeit dieses Viertel-jahrhunderts die zentrale Machtposition in Kuba innehaben sollte – entweder als Armeechef und „Macht hinter dem Thron" oder direkt als Staatspräsident.

Nachdem die „Regierung der 100 Tage" gestürzt war, ging Prä-sident Grau ins Exil. Sein linker „Regierungsminister" Antonio Guiteras hingegen gründete in Kuba selbst eine radikale Unter-grund-Gruppe namens *Joven Cuba* („Junges Kuba"), die mit At-tentaten, Bomben und Sabotageakten den Kampf gegen die von Batista eingesetzte Regierung aufnahm; er wurde wenig später von der Armee ermordet. In dem Maße, in dem es dem Militär gelang, mit harter Repression „Ruhe und Ordnung" wiederherzu-stellen, wuchs Batistas Macht beständig an.

Dabei war jedoch auch die Ära Batista nicht von Anfang an jene durchgängig reaktionäre und brutale Diktatur, die sie bei ihrem

Von 1933 bis 1958 der starke Mann Kubas: Fulgencio Batista

Sturz durch die Guerilla Fidel Castros 1959 darstellte. Ende der 30er Jahre kam es sogar zur expliziten Aussöhnung der kommunistischen Partei (die damals als *Partido Unión Revolucionaria Comunista,* PURC, firmierte) mit Batista – auch wenn dies rückblickend nicht das größte Ruhmesblatt der Parteigeschichte ist. Den internationalen Hintergrund boten die Weisungen aus Moskau, die angesichts der Expansion des Faschismus in Europa die KPs in aller Welt zu reformistischen „Volksfront"-Strategien mit den bürgerlichen Kräften drängten. In Kuba erlaubte das Bündnis mit Batista der Kommunistischen Partei, ihre Parteipresse wieder öffentlich zu vertreiben, an Wahlen teilzunehmen und mit der Gründung des Gewerkschaftsdachverbands CTC ihre Kontrolle über die Arbeiterbewegung zu konsolidieren.

In diesem Klima relativer Liberalisierung des Regimes einerseits und einer moderaten Haltung der Opposition andererseits kam es 1940 auch zur Verabschiedung einer bemerkenswert progressiven neuen Verfassung. Diese ersetzte nicht nur endlich die im Geiste der *República Plattista* geschriebene Verfassung von 1901, sondern schrieb auch ein breites Spektrum politischer und sozialer Rechte fest, wie sie im Reformaufbruch der 30er Jahre gefordert worden waren: vom gleichen und geheimen Wahlrecht für Männer und Frauen bis zum Acht-Stunden-Tag und Mindestlöhnen, vom Streikrecht über Rentenversicherung bis zu Mutterschutz und Arbeitslosenunterstützung. Sie untersagte zudem jegliche Diskriminierung nach Hautfarbe, Geschlecht oder Religion und enthielt sogar ein Verbot von ländlichem Großgrundbesitz.

In der politischen Praxis blieb davon das allermeiste auf dem Papier. Für Batista war die neue Verfassung gleichwohl sein Bewerbungsschreiben für die Wahlen von 1940, für die er die Armee-Uniform ablegte und erstmals direkt in die politische Arena trat. Sein Gegenkandidat war der aus dem Exil zurückgekehrte Ex-Präsident Grau, der an die Erinnerung an seine erste Amtszeit appellierte. Doch indem Batista das Reformprogramm von Graus „Regierung der 100 Tage" weitgehend in der neuen Verfassung verankert hatte, gelang es ihm leicht, seinem Konkurrenten den Wind aus den Segeln zu nehmen und in durchaus sauberen Wahlen haushoch zu gewinnen. Auch die kommunistische Partei unterstützte Batista und stellte in seiner Regierung zwei Minister.

Kurz nachdem die USA in den Zweiten Weltkrieg eingetreten waren, folgte auch Kubas Kriegserklärung gegen Japan, Deutschland und Italien. Direktes Kriegsgeschehen erlebte die Insel jedoch kaum; der U-Boot-Krieg traf die Schiffsrouten in der Karibik und die kubanische Fischereiflotte, ein deutscher Spion wurde in Havanna festgenommen und hingerichtet. Massiver waren die ökonomischen Auswirkungen – und diese waren für Kuba in vielem vorteilhaft: Die Konkurrenz der kriegsgeschädigten Zuckerproduzenten in Europa und Asien fiel weg, der Preis auf dem Weltmarkt schnellte empor. Zwischen 1940 und 1944 stieg Kubas Produktion von 2,7 Millionen Tonnen auf 4,2 Millionen Tonnen an, der Wert der Ausfuhr verdoppelte sich.

Auch nach Kriegsende blieben die Weltzuckerpreise hoch und die ökonomische Großwetterlage für Kuba somit günstig. Umso größer war die öffentliche Enttäuschung, daß die auf die erste Amtszeit Batistas (1940–44) folgenden Regierungen von Ramón Grau San Martín (1944–48) und Carlos Prío Socarrás (1948–52) aus den großen finanziellen Möglichkeiten dieser Zeit keinerlei Entwicklungsperspektiven für das Land erschlossen. Dringend bedurft hätte es einer ökonomischen Diversifizierung, um die fatale Abhängigkeit der gesamten Wirtschaft von der Monokultur Zucker (90% der kubanischen Exporte 1948) zu überwinden; unverzichtbar gewesen wäre auch eine Landreform und eine Minderung der krassen sozialen Gegensätze sowie eine Festigung ziviler demokratischer Politik. Stattdessen erlebte das Land unter Grau und Prío eine massive Aufblähung des Staatsapparats (von 60 000 Personen 1943 auf fast 200 000 nur sieben Jahre später) und vor allem Korruption und Spekulation in ungeahntem Ausmaß.

In dieser Zeit hielt auch eine neue Vokabel Einzug in Kubas Politik: *Gangsterismo*. Bei dem Kampf um schnelles Geld und üppige Pfründe griffen die Politiker zunehmend auf bewaffnete Banden zurück, um Konkurrenten einzuschüchtern oder zu ermorden. Für die Gewerkschaften und die kommunistische Partei – inzwischen umbenannt in *Partido Socialista Popular*, PSP – brachen mit dem heraufziehenden Kalten Krieg Zeiten eines militanten Anti-Kommunismus an. Die Radiostation der Partei wurde konfisziert, einige ihrer Kader, darunter der Führer der Zuckerrohrarbeitergewerkschaft, Jesús Menéndez, fielen Mordanschlägen zum Opfer.

Zur Kristallisationsfigur der Opposition gegen Grau und Prío wurde jedoch einer ihrer ursprünglichen Weggefährten, Eduardo Chibás, der aus Protest gegen die Korruption mit ihnen gebrochen

---

Drei Ansichten (40er Jahre): Kuba und der Zucker

José Manuel Casanova, Vereinigung der Zuckermühlenbesitzer Kubas:
Ohne den Zucker gibt es keine Nation.

Raúl Cepero Bonilla, kubanischer Ökonom:
Durch den Zucker gibt es keine Nation.

Lázaro Peña, Gewerkschaftsführer:
Ohne die Arbeiter gibt es keinen Zucker.

---

und die „Partei des kubanischen Volkes" gegründet hatte. Ihr viel gebräuchlicherer Name war „die Orthodoxen", soll heißen: die den Idealen Martís treu Gebliebenen. In wöchentlichen Radiosendungen prangerte Chibás Machtmißbrauch und Bestechlichkeit an. Und während einer dieser Sendungen, im August 1951, nach einem emphatischen Aufruf an die Kubaner, „aufzuwachen" und „wirtschaftliche Unabhängigkeit, politische Freiheit und soziale Gerechtigkeit" zu erkämpfen, zog Eduardo Chibás völlig unerwartet und noch vor dem Mikrofon einen 38er-Colt und erschoß sich.

Die Opposition hatte ihren führenden Kopf verloren. Dennoch galt bei den Präsidentschaftswahlen, die für Juni 1952 angesetzt waren, der Nachfolger Chibás' an der Spitze der „Orthodoxen" als Favorit. Und in einem Bezirk Havannas kandidierte auf der Liste der „Orthodoxen" – ebenfalls mit guten Siegesaussichten – der 25jährige Anwalt Fidel Castro für einen Sitz als Abgeordneter im kubanischen Parlament. Doch als Fulgencio Batista, der selbst Präsidentschaftskandidat war, seine Chancen schwinden sah, riß er drei Monate vor den Wahlen die Macht in einem militärischen Coup an sich, sagte die Wahlen ab und setzte die Verfassung von 1940 außer Kraft.

Auch wenn Fidel Castro heute kein gutes Wort über die bürgerliche Demokratie verliert, sie als *Pluriporquería* (in etwa: „Mehrschweinereiensystem") und als „anti-kubanisches" Instrument des Yankee-Imperialismus beschimpft – in dieser Zeit verkörperte er selbst in prominenter Form den Anspruch auf eine authentische parlamentarische Demokratie mit konkurrierenden Parteien und kritischer Öffentlichkeit. In seiner berühmten Verteidigungsrede „Die Geschichte wird mich freisprechen" zeichnete Castro sogar ein übertrieben positives Bild der kubanischen Demokratie zum Zeitpunkt des Putsches (s. Kasten auf Seite 57).

Es ist müßig darüber zu spekulieren, wie die kubanische Geschichte verlaufen wäre, wenn die Wahlen 1952 stattgefunden hätten und Fidel Castro seine Karriere als jüngster Parlamentsabgeordneter der kubanischen Geschichte hätte antreten können. Aber die Revolution von 1959 war auch keineswegs so zwangsläufig, wie sie im Nachhinein oft erscheint. Zudem ist sie auch nicht allein aus der Heldenhaftigkeit ihrer Kämpfer oder der brillanten Strategie ihrer Führer zu erklären, sondern eine ihrer zentralen Ursachen war vielmehr das Scheitern der parlamentarischen Demokratie und das wiederholte Zunichtemachen ziviler politischer Reformalternativen in Kuba.

Der Weg zur Revolution

Fidel Castro: Ein Anwalt wird Guerillaführer

Im Osten Kubas, in dem kleinen Dorf Birán in der Provinz Holguín, steht das Geburtshaus Fidel Castros, nach einem Brand wieder aufgebaut, restauriert und wie ein Museum gepflegt. Doch Birán ist ein Museum im Wartestand, Besucher sind nur zögerlich zugelassen. Und auch „Haus" trifft es nicht ganz: Es ist ein eindrucksvolles Anwesen, eine filmreife Hacienda, die sanft in einer Senke zwischen Viehweiden und grünen Hügeln liegt. Allein das Gästehaus konnte 40 Personen gleichzeitig beherbergen. Alles ist wieder aufgebaut, so wie es einmal war, die gutseigene Schule, der gutseigene Laden, das gutseigene Telegraphenamt, auch die Hahnenkampfarena und sogar die armseligen Hütten, in denen die aus Haiti importierten Arbeiter der Farm lebten.

Fidel Castro ist der Sohn eines einfachen spanischen Einwanderers, wie es oft heißt, und dies ist nicht falsch; er ist aber auch der Sohn eines Großgrundbesitzers, der 500 Landarbeiter beschäftigte und dessen Vermögen 1950 auf eine halbe Million US-Dollar geschätzt wurde. Sein Vater Ángel Castro wurde in Galicien im Nordwesten Spaniens geboren und kam Ende des vorigen Jahrhunderts als Kavallerie-Quartiersmeister der spanischen Armee auf die Insel, um *Cuba Española* gegen die Unabhängigkeitskämpfer zu verteidigen. Nach der Niederlage mußte er nach Spanien zurück, kehrte jedoch schon im Jahre 1905 als Immigrant wieder zurück in das nun unabhängige Kuba. Seine Hoffnung, hier schnell zu Reichtum zu kommen, erfüllte sich in der Tat in beeindruckender Form.

Über das Geburtsjahr Fidel Castros streiten sich die Biographen, offiziell wird jedoch 1926 genannt (nach anderen Angaben war es 1927). Er rebellierte früh gegen den autoritären Vater, so die Erzählungen, und sein Sinn für soziale Gerechtigkeit führte ihn zur Verbrüderung mit den haitianischen Arbeitern und zur

Empörung über den Reichtum der United Fruit Company, die in der Umgebung sehr viel Land besaß (und mit der sein Vater einträgliche Geschäfte machte). Schon mit sechs Jahren schickten ihn seine Eltern in eine gute, natürlich katholische Schule nach Santiago de Cuba, wo er bei Pflegeeltern lebte. Er war ein guter Schüler, und 1940 schrieb er einen Brief an US-Präsident Roosevelt, in dem er ihm zur Wiederwahl gratulierte; der Dankesbrief des Außenministeriums der USA wurde in der Schule ausgehängt. Als 16jähriger wechselte Castro auf das Jesuitenkolleg Belén in Havanna. Er war ein herausragender Athlet, glänzte in Baseball und Basketball; 1944 wurde er zum vielseitigsten Schulsportler ganz Kubas gewählt.

Die Schuljahre bei den Jesuiten haben Fidel Castros Vorstellungen und Werte zweifelsohne geprägt, auch wenn er später nichts mehr mit Religion zu tun haben sollte. Seine Politisierung im eigentlichen Sinne erlebte er jedoch, als er 1945 das Jura-Studium an der Universität Havanna begann. Es waren Lehrjahre auf hartem politischen Pflaster. War die Universitätspolitik traditionell Kaderschmiede und Karriereleiter der nationalen Politik, so hatte jetzt auch hier der *Gangsterismo* Einzug gehalten; bewaffnete Banden gewannen auf dem Campus zunehmend an Terrain. Über Fidel Castros Rolle dabei gibt es viele Berichte und Mutmaßungen, von der Beteiligung Castros an Mordanschlägen bis zu wiederholten Attentatsversuchen gegen ihn, aber wenig davon läßt sich handfest dokumentieren. Sicher ist, daß Castro sich mit Vehemenz in die Universitätspolitik stürzte. Hier begann er auch, eine Schußwaffe zu tragen. Er selbst bezeichnete einmal seine Jahre an der Universität als gefährlicher als die des Guerilla-Krieges in der Sierra Maestra – halb im Scherz, aber wohl tatsächlich auch nur *halb* im Scherz.

Als Eduardo Chibás 1947 gegen die korrupte Herrschaft von Grau und Prío aufbegehrte, folgte ihm Castro. Er wurde Gründungsmitglied der „Orthodoxen", unterstützte Chibás' Wahlkampf 1948 und blieb acht Jahre lang loyales Parteimitglied. Chibás versprach zwar Ehrlichkeit und umfassende soziale Reformen, war gleichzeitig aber von einem starken Anti-Kommunismus geprägt, was Castro zu diesem Zeitpunkt offenbar wenig störte. Als Studentenführer und als Rechtsanwalt, der die Korruption der Regierung anklagte und die sozialen Verlierer verteidigte, gewann

Fidel Castro mit der Zeit öffentliche Bekanntheit – finanziell blieb er jedoch weiterhin von den Überweisungen seines Vaters abhängig. 1948 heiratete er eine Studienkollegin aus gutem Hause, Mirta Díaz-Balart, verbrachte mit ihr den Honeymoon in Miami und New York und wurde im Jahr darauf Vater seines ersten Kindes, Fidel Castro Díaz-Balart, der später bis zum Leiter des kubanischen Atomenergie-Programms aufsteigen sollte.

Als Eduardo Chibás 1951 Selbstmord beging, war dies für Castro ein Schock. Gleichzeitig beraubte Chibás' Tod die Opposition ihrer Führungsperson, und als Batistas Putsch die Wahlen von 1952 verhinderte, zweifelte Fidel Castro im Alter von 26 Jahren nicht daran, daß er es war, der dieses Loch füllen konnte. Denn auf den Coup Batistas hatte das politische Establishment, darunter auch die neue Parteiführung der „Orthodoxen", nur schwach mit verbalen Protesten und ohne klare Haltung reagiert.

Fidel Castro schlug einen anderen Weg ein. Zunächst reichte er Anklage gegen Batista ein, in der er dessen sofortige Inhaftierung wegen des Bruchs der Verfassung von 1940 verlangte – was, wie zu erwarten, vom Gericht abgelehnt wurde. In der Folge organisierte er den bewaffneten Widerstand. Ein gutes Jahr nach Batistas Putsch, am 26. Juli 1953, führte er schließlich eine 165 Personen starke, nur schlecht bewaffnete Gruppe in einen fast selbstmörderischen Angriff auf die Moncada-Kaserne im Zentrum von Santiago de Cuba, die zweitgrößte Armeeinrichtung des ganzen Landes. Militärisch gesehen war es ein Fiasko. Nur zwei Stunden brauchte die Armee, um die Angreifer zurückzuschlagen. Acht von ihnen starben im Gefecht, mehr als 50 wurden nach ihrer Gefangennahme vom Militär erschossen. Castro selbst wurde gefangengenommen und vor Gericht gestellt. Die Kühnheit des Angriffs aber machte ihn über Nacht im ganzen Land bekannt; zusätzliches Prestige gewann er durch seine Unbeugsamkeit vor Gericht, wo der Anwalt Fidel Castro seine eigene Verteidigung übernahm und den Richtern eine flammende Anklagerede gegen den Putschisten Batista, die Korruption und die soziale Ungerechtigkeit im Land hielt.

So eklatant der Überfall auf die Moncada-Kaserne militärisch auch gescheitert war, so sehr brachte die Aktion Fidel Castro aber den politischen Durchbruch auf der nationalen Bühne. Der Bruch mit der Parteistruktur der „Orthodoxen" war offenkundig. Seine

Fidel Castro (1953): Die Geschichte wird mich freisprechen

Ich werde Ihnen [*an die Richter gewandt*] eine Geschichte erzählen. Es war einmal eine Republik. Die hatte ihre Verfassung, ihre Gesetze, ihre Freiheiten; Präsident, Kongreß, Gerichte; alle konnten sich versammeln, organisieren und in völliger Freiheit reden und schreiben. Die Regierung erfüllte die Bedürfnisse des Volkes nicht, aber das Volk konnte die Regierung wechseln und es fehlten nur noch einige Tage, um dies zu tun. Es gab eine respektierte und geachtete öffentliche Meinung, und alle Probleme von kollektivem Interesse wurden frei diskutiert. Es gab politische Parteien, programmatische Radiosendungen, kritische Fernsehberichte, öffentliche Demonstrationen und das Volk sprühte vor Enthusiasmus. ... Es hatte ein edles Vertrauen in die Sicherheit, daß niemand es wagen würde, jenes Verbrechen zu begehen und seine demokratischen Institutionen anzugreifen. Es wollte einen Wandel, eine Verbesserung, und sie schien ihm nah. Seine ganze Hoffnung lag in der Zukunft. Armes Volk! Eines Morgens wachten die Bürger erschüttert auf; im Schatten der Nacht hatten sich die Geister der Vergangenheit verschworen ... Nein, es war kein Alptraum, es war die traurige und schreckliche Realität: Ein Mann namens Fulgencio Batista hatte das fürchterliche Verbrechen begangen, das niemand erwartet hatte. ...

Kuba leidet unter einem brutalen und schändlichen Despotismus, und Ihnen entgeht nicht, daß der Widerstand gegen den Despotismus legitim ist; dieses Prinzip wird weltweit anerkannt, und unsere Verfassung von 1940 verankert es ausdrücklich in Artikel 40, 2. Absatz ... Das Recht auf Widerstand, das Artikel 40 der Verfassung formuliert, ist vollständig gültig. Ist er vielleicht aufgenommen worden für Zeiten, in denen die Republik ihren normalen Gang ging? Nein, er war für die Verfassung vielmehr das, was ein Rettungsboot für ein Schiff auf hoher See ist, das man nur dann zu Wasser läßt, wenn das Schiff von Feinden aus dem Hinterhalt versenkt worden ist. Wo nun die Verfassung der Republik verraten worden und dem Volk alle seine Rechte genommen worden sind, bleibt ihm nur noch dieses Recht, das ihm keine Macht nehmen kann, das Recht auf Widerstand gegen die Unterdrückung und Ungerechtigkeit. ...

Was mich angeht, weiß ich, daß das Gefängnis hart sein wird, so wie es nie zuvor für jemanden gewesen ist, voll Drohungen, voll niederträchtiger und feiger Wut, aber ich fürchte es nicht, wie ich auch nicht die Wut des elenden Tyrannen fürchte, der 70 meiner Brüder ums Leben brachte. Verurteilt mich, es macht nichts, die Geschichte wird mich freisprechen.

politische Gefolgschaft sammelte Castro nun in der „Bewegung 26. Juli" (*Movimiento 26 de julio,* kurz: M-26-7), benannt nach dem Datum des Überfalls auf die Moncada-Kaserne. Zu sechs Jahren Gefängnis wurde er verurteilt. Als die „Moncadistas" im Zuge einer Amnestie Batistas 1955 vorzeitig aus dem Gefängnis entlassen wurden, war Fidel Castro für niemanden in Kuba mehr ein ambitionierter Nachwuchs-Politiker, sondern ein politisches Schwergewicht mit großer Ausstrahlung und eigener Basis, ein ernstzunehmender Widersacher Batistas und Konkurrent der etablierten *Políticos.* Der Moncada-Angriff ist bis heute der Ursprungsmythos der kubanischen Revolution. Auch der offizielle Revolutionsfeiertag ist nicht der 1. Januar – der Tag, an dem die Revolution im Jahre 1959 triumphierte –, sondern eben jener 26. Juli, an dem Fidel Castro den bewaffneten Kampf begann.

Als Castro aus dem Gefängnis kam, blieb er keine zwei Monate in Kuba, dann ging er ins mexikanische Exil. „Ich verlasse Kuba", gab er bekannt, „weil mir alle Türen zu einer friedlichen Auseinandersetzung verschlossen worden sind". Die für 1954 angesetzten Wahlen hatte Batista im Vorhinein so manipuliert, daß alle anderen Kräfte sie schließlich boykottierten. Die traditionellen Parteien versuchten, dem derart „wiedergewählten" Batista das Versprechen auf neue und faire Wahlen abzuringen – vergeblich. Politische Änderung schien nur noch gewaltsam möglich. Konspirationsversuche von Armeeoffizieren scheiterten jedoch ebenso wie der Sturm auf den Präsidentenpalast, mit dem die radikalen Studenten des *Directorio Revolucionario* 1957 Batista töten wollten (was ihnen fast sogar gelungen wäre).

Fidel Castro nutzte das Exil, um auch seinerseits erneut den bewaffneten Kampf vorzubereiten. Sein jüngerer Bruder Raúl Castro, der ebenfalls am Moncada-Angriff teilgenommen hatte, wartete in Mexiko bereits auf ihn, und dort schloß sich seinem Vorhaben auch ein junger argentinischer Arzt an, Ernesto Guevara, genannt „Che", der später in der halben Welt zum Inbegriff des revolutionären Helden werden sollte. Auf einer Reise in die USA konnte Fidel aber auch bei wohlhabenden Kreisen der kubanischen Exilgemeinde politische und finanzielle Unterstützung für sich gewinnen. Er kaufte für 15 000 Dollar einem US-amerikanischen Ehepaar eine Motoryacht namens „Granma" ab, Waffen wurden erstanden, militärische Trainingslager absolviert, und am

25. November 1956 schließlich brachen 82 Mann auf einem völlig überladenen Boot mit gelöschten Lichtern und gedrosseltem Motor auf, um Kuba zu befreien.

Von der Sierra Maestra nach Havanna:
Der Triumph der Rebellenarmee

Kuba war zu diesem Zeitpunkt ein Land harter sozialer Gegensätze. Aber die Insel war keineswegs das Armenhaus Lateinamerikas. Ganz im Gegenteil. Sie war das, was der Entwicklungsjargon hoffnungsvoll ein „Schwellenland" nannte, mit einem Teil moderner Wirtschaftssektoren und einer vergleichsweise breiten urbanen Mittelschicht, wie es noch heute in der Architektur von Havanna abzulesen ist. Ein paar Daten sind bezeichnend: 1957 lag Kuba im lateinamerikanischen Vergleich bei der Dichte an Fernsehgeräten (eines pro 25 Einwohner) und Telefonen (eines pro 38 Einwohner) genauso an der Spitze wie bei Zeitungen (eine Ausgabe pro 8 Einwohner) und privaten Motorfahrzeugen (eines pro 40 Einwohner). Und bei aller Abhängigkeit von den USA hatte mit dem großen und rein kubanischen Rum-Produzenten „Bacardí" auch das nationale Unternehmertum ein in aller Welt bekanntes Flaggschiff.

Dennoch sah sich Ende der 50er Jahre Kubas Mittelschicht in einer offenen Krise. Konsummuster und Lebensstil waren auf die USA ausgerichtet. Niemand verglich sich mit Lateinamerika, sondern mit Miami oder New York. Und hier fiel das Land immer weiter zurück. Während in den USA die Einkommen kontinuierlich stiegen, stiegen in Kuba vor allem die Preise. Auch in den besseren Kreisen bekam man zunehmend Probleme, den gewohnten Lebensstil aufrechtzuerhalten; diese tiefe Krise und Verunsicherung der bürgerlichen Mittelschicht war entscheidend dafür, daß schließlich große Teile von ihr die Revolution unterstützten, sei es mit echten Hoffnungen oder auch nur als das „kleinere Übel".

Gleichzeitig war aber das Gefälle zwischen Mittel- und Unterschicht enorm und die Kluft zwischen der Hauptstadt und dem Rest des Landes tief. Auf dem Land herrschten vielfach noch immer halb-feudale Verhältnisse; medizinische Versorgung war für die Allermeisten unerreichbar, Rechtsschutz ein Fremdwort, die Lebensbedingungen waren miserabel. Lag Kubas Alphabetisierungsrate insgesamt bei 76%, betrug sie auf dem Land nur noch 58% und im vernachlässigten Osten der Insel weniger als 50%. Kam in Havanna ein Arzt auf 227 Einwohner, war das Verhältnis im Osten 1 zu 2423. Die Zuckerrohrplantagen gaben nur saisonale Arbeit; in der „toten Zeit" zwischen den Ernten waren ihre rund 475 000 Beschäftigten chronischer Arbeitslosigkeit ausgeliefert.

Insgesamt waren nach seriösen Schätzungen fast 60% der kubanischen Erwerbsbevölkerung von Arbeitslosigkeit oder Unterbeschäftigung betroffen. Auch in den Städten waren Armut und soziale Ungleichheit tief in die Gesellschaft eingegraben und gingen mit einer offenen Diskriminierung der Mulatten und Schwarzen einher. Die in den Straßen Havannas so sichtbaren Prostituierten und Bettler waren nur die Spitze des Eisbergs. Und die Zyklen und Preisschwankungen des Zuckers zogen noch immer die gesamte Ökonomie des Landes empor oder in den Abgrund.

Dies war, grob skizziert, die Lage in Kuba, als Fidel Castro im November 1956 mit seinen Leuten von Mexiko aus aufbrach. Sein Unterfangen schien jedoch zunächst ein ähnliches Debakel zu werden wie der Angriff auf die Moncada-Kaserne. Die Überfahrt dauerte länger als geplant, und der auf ihre vorgesehene Ankunft terminierte Aufstand der „Bewegung 26. Juli" in Santiago de Cuba war längst niedergeschlagen, als die *Granma* schließlich an der kubanischen Küste mehr strandete als landete. Zudem geriet die Expeditionstruppe schnell in einen Hinterhalt der Armee; die Hälfte der Leute wurde erschossen oder gefangengenommen, die übrigen auseinandergetrieben. Fidel Castro blieb nur eine Handvoll Leute; er selbst sprach einmal von 12, was historisch vermutlich nicht exakt ist, sich als Zahl jedoch festsetzte – nicht zuletzt, weil sie das religiöse Bild vom „Erlöser" mit seinen „12 Aposteln" wachrief. Dieser Resttruppe der „Granma"-Überfahrt gelang es schließlich, sich in die unwegsame Berggegend der Sierra Maestra zurückzuziehen.

Hier boten sich den Guerilleros nun jedoch erheblich günstigere Bedingungen, als sie selbst erwartet hatten. Sie fanden in der Sierra Maestra eine tief verwurzelte, wenn auch diffuse Tradition der Rebellion vor, an die sie anknüpfen und die sie mit neuem Inhalt füllen konnten. Denn rund die Hälfte der Bewohner in der

Sierra waren eben keine etablierten, ihrer Scholle verhafteten Bauern, sondern Landbesetzer, die in latentem Konflikt mit den Landbesitzern und dem Militär lebten. Hinzu kam eine erhebliche Zahl von Personen, die – aus den unterschiedlichsten Gründen – vor der Verfolgung durch Gesetz und Staatsmacht in die Berge geflohen waren. Jeder Angriff auf einen Militärposten mehrte den Ruf der Guerilleros; auf der anderen Seite trieb die blindwütige Repression Batistas immer mehr Bewohner der Sierra geradezu zwangsläufig in die Reihen des „Rebellenheers" (*Ejército Rebelde*), das ausgesprochen schnell anwuchs. Mitte 1957, nur ein halbes Jahr nach der so mißglückten Landung, erreichten die Rebellen, daß die Armee ihre isolierten Außenposten in den Bergen aufgab. Damit aber überließ sie der Guerilla ein weites Terrain, das Fidel Castro sogleich als *Territorio libre,* als „befreites Gebiet" ausrufen konnte.

Fast genauso wichtig wie die militärischen Erfolge war die Öffentlichkeitsarbeit der Revolutionäre – und hier bewies Fidel Castro politische Meisterschaft. Ein genialer Schachzug gelang ihm mit der Einladung des Star-Reporters der *New York Times,* Herbert L. Matthews, zu einem geheimen Treffen in der Sierra Maestra im Februar 1957. Castro machte großen persönlichen Eindruck auf Matthews. Er forderte die Wiedereinsetzung der Verfassung von 1940 und vertrat ein Programm sozialer Reformen, das auch in den USA breite Akzeptanz finden konnte. Darüber hinaus schaffte er es auch, dem Journalisten den Eindruck einer schlagkräftigen und großen Rebellenarmee zu vermitteln – zu einem Zeitpunkt, als er gerade einmal rund drei Dutzend Leute mit noch weniger Waffen unter sich hatte. Matthews' Berichte erschienen auf Seite Eins der *New York Times* und verschafften Fidel ungeahntes internationales Renommee. Vor allem aber wurde damit in einer dermaßen auf die USA fixierten politischen Kultur wie der kubanischen auch auf der Insel selbst seine Position enorm aufgewertet. Die Sierra Maestra wurde zum Mythos, auf den die höchsten Erwartungen projiziert werden konnten.

Politisch führte Fidel Castro dabei im Grunde einen Zwei-Fronten-Krieg: Zum einen, natürlich, gegen die Batista-Regierung und ihre Armee; zum anderen aber gleichzeitig auch um die Vorherrschaft innerhalb der Opposition. Wer immer mit Castro politische Bündnismöglichkeiten diskutieren wollte, mußte zu ihm in die

Berge kommen, nicht umgekehrt. Ein Heimvorteil, der nicht zu unterschätzen war. Noch im Sommer 1957 pilgerten etwa Felipe Pazos, der ehemalige Präsident der kubanischen Nationalbank, und Raúl Chibás, der Bruder des toten Eduardo Chibás, zu ihm in die Sierra Maestra. In einem gemäßigten Programm riefen sie zur Bildung einer „breiten zivilen Revolutionsfront" auf; ihre Erklärung nannten sie „Manifest der Sierra", und schon dieser Name machte klar, wer das Sagen hatte.

Militärisch baute das Rebellenheer 1958 seine Stärke und seinen Aktionsradius aus; mehrere Guerillafronten operierten nun unter Führung von Raúl Castro, Che Guevara, dem charismatischen Camilo Cienfuegos und dem einzigen schwarzen *Comandante* des Rebellenheers, Juan Almeida. Sie setzten die Regierung gezielt unter ökonomischen Druck, zerstörten Brücken und Eisenbahnlinien und steckten – „Mit Batista keine Ernte!", so die Parole – die Zuckerrohrfelder in Brand. Angesichts der Gewalttaten und Sabotageakte in den Städten war auch der Tourismus weitgehend zum Erliegen gekommen. Für Kubas wirtschaftliche Machtgruppen, die Batista lange unterstützt hatten, wurde dieser zunehmend untragbar. Im Militär kam es wiederholt zu Verschwörungen, die jedoch niedergeschlagen wurden. Als schließlich sogar die Regierung in den USA von ihrem langjährigen Verbündeten in Havanna abrückte und im Frühjahr 1958 einen Stopp der Waffenlieferungen verhängte, schienen Batistas Tage gezählt.

Doch der Diktator weigerte sich, einen „geordneten Rückzug" anzutreten und mit moderateren Kräften eine Verhandlungslösung zu suchen. Stattdessen inszenierte er 1958 einen Wahlsieg seines Marionettenkandidaten, der nicht einmal von den USA anerkannt wurde. Der große Nutznießer dieser Verhärtung und der damit einhergehenden Polarisierung der politischen Optionen war Fidel Castro. Im Sommer 1958 hatte er die Hegemonie über die Anti-Batista-Opposition gewonnen. Ein neuer Pakt mit moderaten Gruppen erkannte den bewaffneten Aufstand als einzigen Weg auch formell an – und damit die Führung Castros. Sogar die Kommunistische Partei, die Fidels Rebellenarmee bislang als Konkurrenz gesehen und ihn als „Abenteurer" gebrandmarkt hatte, unterstützte ihn nun, wenn auch zögernd.

Batista versuchte zur gleichen Zeit, mit einer 12 000 Mann starken militärischen Großoffensive das Blatt zu wenden. Als jedoch ein schneller Sieg ausblieb, fielen die demoralisierten Truppen auseinander, Tausende von Soldaten desertierten oder liefen zu den Aufständischen über. Die Gegenoffensive der Rebellenarmee traf vielerorts kaum noch auf Widerstand. Fidel und Raúl Castro zogen einen Belagerungsring um Santiago de Cuba, Camilo Cienfuegos und Che Guevara marschierten mit ihren Verbänden quer über die Insel nach Westen. Am 29. Dezember kam es in Santa Clara, dem Verkehrsknotenpunkt im Zentrum, zur größten Schlacht des Krieges, in der die Rebellen das letzte Aufgebot von Batistas Armee aufrieben. Der Weg nach Havanna war frei. In der Silvesternacht 1958 floh Batista mit einem Flugzeug aus dem Land, am 1. Januar zogen die Rebellen triumphierend in Havanna ein. Ein neues Jahr hatte begonnen. In Kuba eine neue Zeitrechnung.

Radikalisierung der Revolution

Fidel Castros Triumph: Macht der Waffen und Mobilisierung der Massen

Am 1. Januar 1959 war Kubas alte Ordnung zusammengebrochen, aber die neue noch nicht errichtet. Und es war auch noch nicht klar, wie diese aussehen würde. Noch am Morgen des 1. Januar versuchte ein General aus Batistas Armee, das Ruder an sich zu reißen. Doch die Macht war längst bei den Revolutionären. Sie riefen zum Generalstreik auf, und noch am gleichen Tag mußte die Armee endgültig kapitulieren und ihre wichtigsten Befestigungen in Havanna an die Guerilleros unter Che Guevara und Camilo Cienfuegos übergeben. Fidel Castro war derweil fern der Hauptstadt in Santiago de Cuba geblieben. Um dennoch seinen Anspruch auf die politische Macht im Lande unmißverständlich zu erheben, griff er zu einem für seinen politischen Stil so typischen Schachzug: Er rief kurzerhand Santiago zur vorübergehenden Hauptstadt Kubas aus.

Nach traditionellem Politikverständnis kam es in einer solchen Umbruchsituation darauf an, möglichst schnell Kontakt zu den Machtzentren des Landes zu suchen: dem US-Botschafter, den Wirtschaftsbaronen, den Spitzen der politischen Verbände und Organisationen. Nicht so Fidel Castro. Der 32jährige besaß die politische Kühnheit, in den Tagen nach dem Sturz Batistas nicht in Havanna zu sein. Stattdessen reiste er die 1000 Kilometer von Santiago de Cuba nach Havanna über Land, einmal quer über die Insel, durch zahllose Orte, denen die etablierten *Políticos* nie eine Minute ihrer kostbaren Zeit gewidmet hatten, und immer wieder unterbrochen von jubelnden Menschenmengen. Die Fahrt wurde zu einem beispiellosen Triumphzug. Erst eine ganze Woche nach dem Sieg, am 8. Januar, hielt Fidel Castro schließlich in Havanna Einzug.

Fidel Castro hatte zu diesem Zeitpunkt weder wirtschaftliche Macht, noch stand eine Partei oder sonst eine schlagkräftige, landesweit verbreitete Organisation hinter ihm. Für den anstehenden Machtkampf hatte er bis dahin nur eine starke Karte: die siegreiche Rebellenarmee, die Macht der Waffen. Sein Triumphzug durch das Land legte jedoch den Grundstein für das, was für die

Fidel Castro (1959): Rede nach dem Einzug in Havanna, 9. Januar 1959

Landsleute!

Wir stehen an einem Scheidepunkt unserer Geschichte. Die Tyrannei ist überwältigt. Die Freude ist riesig, aber trotzdem: es bleibt viel zu tun. Wir dürfen uns nicht der Täuschung hingeben, daß das, was vor uns liegt, einfach wäre. Vielleicht wird all das, was vor uns liegt, noch schwieriger sein. ...

Es gibt viele Arten von Revolutionären und viele Arten von Revolution. Seit langer Zeit hören wir von Revolutionen. ... Soundso war in dieser oder jener Schlacht, und Soundso war ein Revolutionär. Im Namen der Revolution entstand eine Kaste, und es gab Revolutionäre, die auf Kosten der Revolution ein gutes Leben führen wollten. Und möglicherweise haben diejenigen, die am lautesten reden, am wenigsten getan; und bestimmt gehen sie in die Ministerien, um einen öffentlichen Posten für sich zu ergattern, um ihren persönlichen Nutzen aus der Revolution zu ziehen. Wir dürfen derartiges nicht zulassen. ...

Wenn ich höre, wie von Einheiten, militärischen Fronten, Truppen die Rede ist, dann werde ich immer nachdenklich. Denn unsere beste Einheit, unsere beste Front, die einzige Truppe, die den Krieg gewinnen konnte, war allein das Volk. Ich bin gefragt worden, welche Truppen ich am liebsten befehligen wollte, und ich habe gesagt: ich ziehe es vor, das Volk zu befehligen. ...

Wenn die Führer in der jetzigen Regierung sich ihrer Position nicht als würdig erweisen, dann hat das Volk das Recht, sie hinauszuwerfen, sie nicht zu bestätigen, ich meine über Wahlen; denn wenn jeder weiß, daß sie nichts taugen, dann ist dies das letztgültige Mittel: Wahlen. Wir haben mit Putsch und Staatsstreich für immer Schluß gemacht. ... Jetzt gibt es keine Zensur, die Presse ist frei, und Ihr könnt sicher sein, daß eine Zensur niemals wieder eingeführt wird. Heute gibt es keine Folter, keine Attentate, keine Diktatur. Heute gibt es nur Freude. ... Der Präsident der Republik hat mich zum Oberkommandierenden aller Luft-, Land- und Seestreitkräfte der Republik ernannt. Dies ist keine Ehre, die ich verdient habe, denn es bedeutet für mich ein Opfer; und so bin ich nicht stolz oder dankbar dafür, sondern ich will, daß das Volk mir sagt, ob ich diese Pflicht annehmen soll. ...

Ich glaube, heute ist ganz Havanna hier. Die riesige Menge, die sich versammelt hat, diese erstaunliche Masse von Menschen wird auf Fotografien zu sehen sein. Ich glaube, daß das Volk zu viel getan hat, denn dies ist mehr als wir verdienen. Ich glaube, daß wir nie wieder eine solche Menschenmenge erleben werden. Dabei bin ich sicher, daß sich wieder eine solche versammeln wird, wenn wir zu Grabe getragen werden; wir wollen uns eine solche Menschenmenge verdienen, denn wir werden unser Volk nie betrügen.

kommenden Jahrzehnte der zweite Pfeiler seiner Macht werden sollte: die Mobilisierung der Massen.

Fidel Castro war zudem nicht nur ein leidenschaftlicher und mitreißender Redner, sondern er entwickelte auch ein eigenes System des rhetorischen Dialogs mit dem Publikum: eine direkte und auf ihn persönlich bezogene Kommunikation, oft in Form eines Frage-und-Antwort-Spiels, mit der er sich zum Sprecher „des Volkes" machte und sich von seinen Zuhörern zur Annahme von Ämtern oder zur Durchführung bestimmter Maßnahmen gleichsam „zwingen" ließ. Keiner der traditionellen Politiker, für die die Staatsangelegenheiten wie selbstverständlich eine Sache der Eliten war, hatte diesem Einbruch der mobilisierten Massen in die Politik etwas entgegenzusetzen.

Dabei hatte Castro die zentralen öffentlichen Ämter zunächst bereitwillig mit Kräften aus dem bürgerlichen Lager besetzt. Noch am 1. Januar machte er den honorigen Richter Manuel Urrutia zum Staatspräsidenten, wenige Tage später wurde der Rechtsanwalt Miró Cardona Ministerpräsident. Dieses erste Kabinett vereinigte viele der respektabelsten Personen des liberalen Kuba. Fidel selbst gehörte ihm nicht einmal an. Entscheidender für ihn war zu diesem Zeitpunkt, daß die Rebellenarmee ihr Monopol über die Waffengewalt im Land konsequent durchsetzte: durch die Auflösung der alten Armee und Polizeikräfte, aber auch durch die Ausschaltung konkurrierender revolutionärer Gruppen. In der Doppelherrschaft zwischen liberaler Regierung und revolutionärer Führung saß Fidel Castro am längeren Hebel.

Die Eskalation: Radikale Umwälzung, Bruch mit den USA und Bündnis mit der Sowjetunion

Die *Barbudos*, die „Bärtigen", wie Castros Guerilla-Kämpfer genannt wurden, steuerten einen Balanceakt: Zum einen wollten sie tiefgreifende soziale, wirtschaftliche und politische Veränderungen, zum anderen wahrten sie zunächst das aus dem Anti-Batista-Kampf gewachsene Bündnis mit den bürgerlichen Kräften. Zwar wurden die korrupten politischen Parteien der Batista-Zeit – mit Ausnahme der Kommunistischen Partei – kurzerhand aufgelöst, aber Pluralismus und Wahlen zu einem geeigneten Zeitpunkt blieben die erklärten Ziele. Rund 500 echte oder vermutete Batista-

Anhänger wurden in öffentlichen Schauprozessen abgeurteilt und erschossen, was internationale Proteste hervorrief. Gleichzeitig aber machte Castro einen Vertreter des bürgerlichen Establishments zum Außenminister, der Kubas Verpflichtung zur Demokratie und die feste Verankerung in der (von den USA dominierten) Organisation Amerikanischer Staaten versprach. Auch Castro selbst dementierte jede Neigung zum Kommunismus. Die Revolution, so ihr *Comandante* am 21. Mai 1959, wolle einen Weg gehen „zwischen dem Kapitalismus, der die Menschen aushungert, und dem Kommunismus, der ihre wirtschaftlichen Probleme löst, aber dafür die Freiheiten unterdrückt, die ihnen so teuer sind. ... Wir sind weder mit dem einen noch mit dem anderen einverstanden ... Unsere Revolution ist nicht rot, sondern olivgrün. Sie trägt die Farbe der Rebellenarmee der Sierra Maestra."

Dennoch war an Konflikten kein Mangel. Schon am 16. Februar übernahm Fidel Castro das Amt des Premierministers und sogleich setzte er radikale Reformen auf die Tagesordnung: Mit einem Federstrich kürzte er die Mieten für die Unterschicht um 30 bis 50%. Auch die Tarife für Strom und Telefon sowie die Preise für Medikamente wurden gesenkt und per Dekret die Löhne der Zuckerrohrarbeiter erhöht. Ein Teil der besitzenden Klasse Kubas war entsetzt. Vor allem in der Industrie aber hofften viele Unternehmer noch immer, daß mit der Revolution endlich

---

Fidel Castro (1959): Die neue Regierung

Der Ministerrat ist aus großartigen revolutionären Elementen gebildet. ... Aber wir können nicht alles in ein, zwei oder drei Tagen bewältigen. Das Volk sollte nicht erwarten, daß diese Minister wissen, wie man Minister zu sein hat. Es sind neue Aufgaben für sie. Wir selbst wußten auch nichts über Kriegsführung, und auch Che Guevara verstand nichts von Strategie oder dergleichen. Er hatte keinerlei Ahnung von militärischen Dingen. Warum? Weil er sich nie damit beschäftigt hatte. Möglicherweise wird das gleiche bei den Ministern der Fall sein, aber ich bin sicher, daß sie in ein, zwei Monaten mehr als genug wissen. Das wichtigste ist ihr Wille zu lernen, dem Volke zu dienen und ihre Arbeit gut zu machen. Wie werden sie wissen, wie das geht? Moral und Ehrlichkeit werden ihre Lehrmeister sein. ...

einem modernen, sozialen und kubanischen Kapitalismus der Weg bereitet würde.

Als Fidel Castro im April 1959 in die USA reiste, wurde der Bruch jedoch unübersehbar. Präsident Eisenhower verweigerte dem kubanischen Revolutionsführer den Empfang und überließ dies seinem Vize Nixon, der Castro zu große Nähe zu den Kommunisten und die Aufschiebung der angekündigten Wahlen vorwarf. Castro seinerseits lehnte zur allgemeinen Verblüffung jegliche Finanzhilfen von Seiten der USA, der Weltbank oder des IWF ab, die für den Wiederaufbau des Landes doch so dringlich schienen. Die Revolution, die er wollte, würde nur gegen, nicht mit Washington möglich sein.

Als Castro kurz darauf in der ersten Agrarreform auf einen Schlag allen Großgrundbesitz enteignete, kam es – nur ein halbes Jahr nach dem Sieg der Revolution – zum offenen Bruch auch mit den bürgerlichen Kräften in Kuba selbst. Sechs liberale Kabinettsmitglieder mußten den Hut nehmen, und am 17. Juli forderte Castro auf eine für ihn so typische Weise auch Präsident Urrutia heraus. Er könne es nicht mehr verantworten, wie Urrutia die dringend nötigen sozialen Reformen verschleppe, verkündete Castro über Radio und Fernsehen; deshalb würde er, Castro, von seinem Amt als Premierminister zurücktreten. Fidel konnte dabei auf die Mobilisierung der Massen vertrauen. Wie es in den kubanischen Geschichtsbüchern heißt: „Fidel Castro akzeptierte auf einer Massenkundgebung auf Drängen einer Million Menschen seine Wiedereinsetzung als Premierminister". Präsident Urrutia blieb nur noch der Rücktritt. An seiner Stelle setzte Castro den Anwalt Osvaldo Dorticós ein. Dieser blieb 17 Jahre lang Präsident Kubas, wobei das Amt sich jedoch auf weitgehend repräsentative Funktionen ohne eigenständige Macht beschränkte. Erst seit 1976 ist Fidel auch formales Staatsoberhaupt Kubas.

Nicht nur aus dem bürgerlichen Lager, auch innerhalb der revolutionären Bewegung kam es zu Abspaltungen und Loyalitätsverweigerungen, gegen die die Führung um Fidel Castro mit harter Hand vorging. Am prominentesten wurde der Fall von Huber Matos, der in der Sierra Maestra mit Castro gekämpft hatte und den hohen Rang eines *Comandante* bekleidete. Im Oktober 1959

Der Einzug der Revolutionäre in Havanna: Fidel Castro, links neben ihm Comandante Camilo Cienfuegos; rechts von ihm nur noch die Hand des Comandante Huber Matos – Foto: Alberto Korda

protestierte er gegen den wachsenden kommunistischen Einfluß in der Regierung. Wegen Verrats wurde er zu 20 Jahren Haft verurteilt, die er bis auf den letzten Tag absaß. Heute lebt er verbittert in Miami. Wegen ihm wird das berühmteste Foto vom Einmarsch in Havanna offiziell nur noch in einem hochformatigen Ausschnitt gezeigt: Fidel Castro in der Mitte, links neben ihm Camilo Cienfuegos; und rechts von ihm ist nur noch eine Hand zu sehen, die ein Gewehr umfaßt hält. Es ist die Hand des in Ungnade gefallenen *Comandante* Huber Matos. Den Rest von ihm schneidet der Bildausschnitt ab.

Camilo Cienfuegos, der neben Fidel und Che populärste Führer der Revolution, kam Ende Oktober 1959 bei einem Flugzeugunglück ums Leben. Wie so oft bei tödlichen Unfällen hoher Politiker gibt es auch hier diverse Spekulationen, ob der US-amerikanische Geheimdienst dahinter steckte oder ob es Castro selbst war, der per Flugzeugabsturz einen potentiellen Konkurrenten aus dem Weg geräumt hat. Beweise dafür gibt es bis heute allerdings keine. Camilo Cienfuegos wird in Kuba offiziell als einer der größten Helden der Revolution verehrt, und sein Bruder Osmany war bis in die späten 90er Jahre in hohen Ämtern tätig, zuletzt als Tourismusminister.

Es ist Gegenstand endloser Diskussionen, ob Castro insgeheim immer schon Kommunist war und anfangs nur eine liberale Fassade wahrte, oder ob erst die USA mit ihrer konfrontativen Politik „Kuba in die Arme der Sowjets getrieben" hätten. Vielleicht war es aber einfach zwangsläufig, daß eine Radikalisierung der revolutionären Umwälzung in Kuba (und die hat Castro zweifelsohne bewußt vorangetrieben) zum offenen Konflikt mit den USA führen mußte. Dieser war für die Regierung in Havanna nur dann zu bestehen, wenn die kleine Karibikinsel mächtige Verbündete fand – und dafür gab es in der Ära des Kalten Krieges letztlich nur eine einzige Option: die Allianz mit der Sowjetunion.

Die ersten offiziellen Kontakte zu Moskau hatte Che Guevara Mitte 1959 aufgenommen. Als im Febuar 1960 der sowjetische Vize-Premier Anastas Mikojan zu einem spektakulären Besuch in Kuba eintraf und beide Länder das erste große Handelsabkommen unterzeichneten, wurde dies in den USA als ungeheurer Affront erlebt. Mitten im Kalten Krieg und direkt vor der Küste Floridas forderte die Sowjetunion die Supermacht heraus –

Fidel spricht zu einer Menschenmenge, 1. Deklaration von Havanna vom 2. September 1960, Platz der Revolution, Foto: Raúl Corrales

und auch die seit bald anderthalb Jahrhunderten geltende außenpolitische Doktrin der USA, die mit dem Slogan „Amerika den Amerikanern" europäischen Mächten jegliche Expansion in der Westlichen Hemisphäre untersagte. In Washington schalteten die Alarmsignale auf tiefstes Rot. US-Präsident Eisenhower wies am 17. März 1960 den Geheimdienst CIA an, mit der militärischen Ausbildung von Exil-Kubanern für eine Invasion der Insel zu beginnen.

Die Eskalation des Konflikts wurde nun zu einer Kettenreaktion mit rasantem Tempo, die in kürzester Zeit zum völligen Bruch zwischen Washington und Havanna führte. Als Kuba begann, sowjetisches Erdöl zu importieren, weigerten sich die ausländischen Ölraffinerien, dieses zu verarbeiten. Daraufhin ließ die kubanische Regierung sie Ende Juni 1960 kurzerhand enteignen. Im Gegenzug kürzte der US-Kongreß Kubas Zuckereinfuhrquote. Zwei Tage später erließ der kubanische Ministerrat ein Gesetz zur Nationalisierung US-amerikanischer Unternehmen; 26 US-Firmen wurden enteignet, darunter die Elektrizitätsgesellschaft und die

Cuban Telephone Company. Am Tag darauf strichen die USA Kubas Zuckerquote komplett. Vier Tage später erklärte die Sowjetunion, daß sie Kuba allen ursprünglich für den US-Markt vorgesehenen Zucker abkaufen würde. Noch im selben Monat unterzeichneten Castro und Chruschtschow das erste offizielle Militärabkommen.

Anfang August setze Kubas Regierung die Enteignung aller US-amerikanischen Großbetriebe in Industrie und Landwirtschaft in die Tat um, Mitte September wurden alle US-Banken konfisziert, und Mitte Oktober hob die Regierung allen – auch kubanischen – städtischen Immobilienbesitz auf. Per Gesetz vom 13. Oktober wurden nun auch alle rein kubanischen Unternehmen enteignet, die die ökonomischen Pläne der Revolution sabotiert hätten, darunter 105 Zuckermühlen, 3 Drogerien, 6 metallverarbeitende Betriebe, 13 Kaufhäuser, 18 Rum-Destillen, 3 Seifen- und Parfümfabriken, 2 Süßwarenproduzenten, 60 Textilfabriken, 7 papierproduzierende Betriebe, eine Lampenfabrik, eine Druckerei, 10 Kaffeeröstereien und 11 Kinos. Am 19. Oktober 1960 verbot Washington US-Exporte nach Kuba, ausgenommen Medikamente und Nahrungsmittel; später wurden erst diese Ausnahmen gestrichen, dann ein generelles Handelsembargo gegen die Insel verhängt. Dieses ist, mit einer Reihe von zusätzlichen Sanktionen und Verschärfungen, bis heute in Kraft.

Zum Jahresende 1960 war der gesamte kubanische Großhandel und das Bankenwesen, der größte Teil der Industrie, des Baugewerbes, des Transportwesens und des Einzelhandels sowie mehr als ein Drittel der Landwirtschaft in die Hände des Staates übergegangen. Der Sozialismus war zwar noch nicht ausgerufen, aber der Kapitalismus war eindeutig nicht mehr die dominante Wirtschaftsform des Landes.

Die Revolution behauptet sich:
Die Invasion in der Schweinebucht

Im Januar 1961 brachen die USA die diplomatischen Beziehungen zu Kuba ab. Die von Eisenhower begonnenen Invasionspläne erbte sein Nachfolger John F. Kennedy. Dieser stoppte die Pläne nicht, sondern wies die CIA an, die „Operation Pluto", so der Deckname, in Gang zu setzen: Am 17. April 1961 landete eine von den USA ausgebildete Truppe von Exil-Kubanern an der Süd-küste Kubas, in der sogenannten „Schweinebucht" (*Bay of Pigs*), wie es in den USA heißt, beziehungsweise am „Strand von Girón" (*Playa Girón*), wie es in der kubanischen Wortwahl heißt. Es wurde ein militärisches Fiasko.

Noch fünf Tage vor der Landung hatte Kennedy in einer Presse-erklärung erklärt: „Eine Invasion Kubas durch die Streitkräfte der USA wird nicht stattfinden. ... Die Auseinandersetzung über die Zukunft Kubas findet nicht zwischen den USA und Kuba, sie findet zwischen den Kubanern selbst statt." Es war für ihn von großer Bedeutung, daß die rund 1500 Mann der „Brigade 2506" allesamt Kubaner waren, nicht US-Soldaten, und daß sie nicht von den USA, sondern von einem Hafen in Nicaragua aus starte-ten. Gleichzeitig aber war klar, daß diese Truppe ohne US-Unter-stützung keine Chance hatte. Die Revolutionsführung hatte der militärischen Organisation von Anbeginn höchste Priorität bei-gemessen. Kubas „Revolutionäre Streitkräfte" waren unter Füh-rung von Fidels Bruder Raúl Castro und mit materieller Unter-stützung der sozialistischen Verbündeten eine gut ausgerüstete, disziplinierte Armee geworden. Hinzu kamen die neu aufgebauten Polizeikräfte, und das Innenministerium verfügte zudem über einen funktionierenden Sicherheitsapparat, Geheimdienst sowie Spezialtruppen. Bereits im ersten Jahr der Revolution waren auch Milizen gegründet worden, über die der größte Teil der erwachse-nen Bevölkerung Kubas in der einen oder anderen Form in die mi-litärische Landesverteidigung integriert war. Und schließlich war die Popularität Fidel Castros zu diesem Zeitpunkt ohne Frage so groß, daß es erheblicher ideologischer Verblendung bedurfte, um zu glauben, daß die Landung der exil-kubanischen Truppe zu spontanen Aufständen in der Bevölkerung führen würde.

Kennedys Verhalten war in der Folge ambivalent. Zwar wollte er eine direkte Beteiligung von US-Truppen vermeiden, dennoch ließ er zwei Tage vor der Invasion die wichtigsten Stützpunkte der kubanischen Luftwaffe von US-Flugzeugen bombardieren. Damit aber war jegliches Überraschungsmoment dahin. Fidel Castro rief den Alarmzustand aus und mobilisierte alle Truppen und Mi-lizen. Und mehr noch: Am 16. April 1961, einen Tag vor der Landung der Invasionstruppe, verkündete er offiziell den „sozia-listischen Charakter" der kubanischen Revolution. Ein Wink mit dem ganz dicken Zaunpfahl: Kuba, so die Botschaft, ist Teil des sozialistischen Lagers, und eine Invasion der USA hätte die Vergeltung durch die Sowjetunion und ihre Verbündeten zu fürchten.

Dem Plan der CIA zufolge sollte die Invasionstruppe einen Brückenkopf auf dem Land errichten, wohin dann die in den USA wartende „provisorische Regierung" einfliegen würde; diese sollte dann die militärische Hilfe der USA erbitten. Doch dazu kam es nie. Innerhalb von 24 Stunden waren die Anti-Castro-Kämpfer umzingelt, innerhalb von 72 Stunden war auch ihre letzte Stellung eingenommen und die Kapitulation komplett. Die Hilferufe an die Kriegsschiffe der US-*Navy* blieben ohne Antwort. Die Düsenjets auf dem Flugzeugträger, der 50 Meilen vor der Schweinebucht lag, starteten nicht. Kennedy hatte zwar grünes Licht für die Invasion gegeben, aber er war nicht bereit, einen Krieg mit Kuba zu riskieren, der ein militärischer Konflikt zwischen den Supermächten zu werden drohte. Für die Hardliner des kubanischen Exils in den USA gilt Kennedy dafür bis heute als Verräter.

Die Invasion in der Schweinebucht wurde eine erniedrigende Niederlage für die Exil-Kubaner und für die USA; auf der anderen Seite war der „Sieg von Girón", wie er in Kuba heißt, ein enormer Triumph für Fidel Castro, der die kubanischen Truppen vor Ort persönlich befehligt hatte. Gleichzeitig war die Regierung auch gegen alle Gegner im Innern, ob bewaffnete Gruppen oder zivile Opposition, mit harter Hand vorgegangen. Ende April waren rund 100 000 Personen inhaftiert oder unter Arrest gestellt. Nach dem Scheitern der Invasion wurden die meisten wieder freigelassen, doch ihre politischen Organisationen waren auf Dauer zerschlagen. Von nun an suchten die Gegner der Revolution vor

---

Roberto Fernández Retamar (1977): Zeit der Töchter

Unsere älteste Tochter hat das Alter
der Revolution;
unsere jüngste Tochter
das Alter des Sieges von Girón.

Es gibt andere Formen, die Zeit zu messen:
Diese zieht das Herz vor.

---

allem einen Weg: den zum nächsten Flugzeug in die USA. Monat für Monat verließen Tausende aus der alten Ober- und Mittelschicht die Insel. Für die große Mehrheit der Kubaner aber war Castro mehr denn je ein Held. Die Revolution war um einen Mythos reicher. Der David hatte den Goliath besiegt.

Die Welt am Rande des Atomkriegs: Die Raketenkrise 1962

Der Kalte Krieg zwischen Ost und West erreichte seinen Höhepunkt: Im August 1961 wurde in Berlin die Mauer gebaut; im Jahr darauf, im Oktober 1962, wurde Kuba zum Schauplatz der „Raketenkrise", dem großen Showdown der beiden Supermächte. Es waren dramatische Tage, in denen die Welt am Rande eines Atomkriegs stand.

Ausgangspunkt der Krise war eine Reise des kubanischen Armee-Chefs Raúl Castro nach Moskau im Juli 1962, um weitere militärische Unterstützung für die Insel zu gewinnen. Dachten die Kubaner an Schußwaffen und Kriegsschiffe, Panzer und Flugzeuge, hatten die Sowjets noch eine andere Idee: die Stationierung atomarer Mittelstreckenraketen auf Kuba, die Ziele in den USA treffen könnten und damit quasi den Wert von Interkontinentalraketen erhalten würden. Dabei ging es weniger um die Verteidigung der Insel als vielmehr um das strategische militärische Gleichgewicht zwischen den Supermächten. Castro sagte zu. In geheimer Operation wurden die Raketen geliefert.

Am 14. Oktober lieferte ein Aufklärungsflugzeug den USA eindeutige Fotos von im Bau befindlichen Raketenabschußbasen auf Kuba. In Washington herrschte Alarmstufe rot. Sowjetische Atomraketen 90 Meilen südlich der USA waren nicht hinnehmbar. Kennedy fürchtete aber auch die Eskalation, die eine militärische Reaktion in Gang setzen könnte. So entschied er sich zunächst für eine See-Blockade der Insel, um Druck auf die Sowjetunion auszuüben. Ein zähes diplomatisches Tauziehen begann. Nachdem aber weder Diplomatie noch die „Quarantäne" (wie die USA die See-Blockade offiziell nannten) einen Abzug der Raketen erreichten, schien der US-Führung ein militärischer Schlag zunehmend unausweichlich. Dabei wurden nicht nur Luftangriffe auf die Raketenbasen und andere Ziele vorbereitet, auch für einen offenen Krieg in vollem Umfang wurden die Einsatzpläne konkret

ausgearbeitet: Allein für den ersten Tag waren dabei 1190 Luftangriffe vorgesehen; 140 000 Soldaten, so rechnete man, würden
zum Einsatz kommen.

In dieser Situation kam es zur dramatischen Zuspitzung, als
ein US-amerikanisches Aufklärungsflugzeug vom Typ „U2" über
Kuba abgeschossen wurde – von einer sowjetischen Luftabwehr-
stellung, aber, wie wir heute wissen, gegen den Willen der Kreml-
Führung. Castro feierte den Abschuß als Heldentat; bis heute sind
auf Hochglanz polierte Metallteile des Flugzeugs in Havanna im
Revolutionsmuseum zu sehen. In den USA hingegen wurde der Abschuß der „U2" als offene Provokation erlebt. Die Politik des
„Blockieren-Drohen-Abwarten" schien am Ende. „Die Frage war
nur noch", so der damalige Verteidigungsminister Robert McNamara später, „ob wir den Angriff bis Mittwoch oder noch bis
Donnerstag hinauszögern konnten." Würde dies in einen offenen
Krieg mit der Sowjetunion ausarten? „Die Chancen stehen 50 : 50",
hatte Kennedy seinen Beratern gesagt. Und zu seinem Pressespre-
cher gewandt: „Glaubst Du, daß die Leute in diesem Zimmer begriffen haben, was passiert, wenn wir einen Fehler machen? Daß
dies vielleicht 200 Millionen Menschen das Leben kosten kann?"

Auch Fidel Castro ging von einer unmittelbar bevorstehenden
militärischen Auseinandersetzung aus. Am 26. Oktober forderte
er Chruschtschow schriftlich auf, im Falle einer US-Invasion in
Kuba „die Gefahr des US-Imperialismus für immer auszuschal-
ten": „Es wäre eine absolute Notwehrhandlung ... Man darf nicht
dem Aggressor das Privileg der Entscheidung zugestehen – überdies nicht, wenn es um den Einsatz der Nuklearwaffe geht." Diese
gewundene Formulierung verstand Chruschtschow als Ruf nach
einem nuklearen Erstschlag, und so war sie wohl auch gemeint –
auch wenn Castro dies später als ein Mißverständnis darstellte.

Brief Chruschtschows an Fidel Castro (30. Oktober 1962):

„Sie haben uns vorgeschlagen, als erste einen nuklearen Schlag
gegen das Territorium des Feindes auszuführen. Sie wissen sicher-
lich, was das für uns für Folgen haben würde. Dies wäre nicht nur
ein einfacher Schlag, sondern der Beginn des thermonuklearen
Krieges. Lieber Genosse Fidel Castro, ich halte Ihren Vorschlag für
unkorrekt."

Es ist heute kaum noch nachvollziehbar, wie bruchlos in Havanna die Parole des „Sozialismus oder Tod" auch für einen möglichen Atomkrieg übernommen wurde. In den Straßen von Havanna skandierten begeisterte Menschen: *„Que vengan! Que vengan!"*- „Sollen Sie doch kommen! Sollen sie doch kommen!" Und Che Guevara schrieb genauso berauscht: „Es ist das fiebererregende Beispiel eines Volkes, das bereit ist, sich im Atomkrieg zu opfern, damit noch seine Asche als Zement diene für eine neue Gesellschaft... Woran wir festhalten ist, daß wir auf dem Weg der Befreiung bleiben müssen, selbst wenn er durch einen Atomkrieg Millionen Opfer kostet, weil wir im Kampf auf Leben oder Tod zwischen zwei Systemen nichts anderes denken können als den endgültigen Sieg des Sozialismus oder den Rückschritt durch den atomaren Sieg der imperialistischen Aggression."

In Moskau war man entsetzt über die kubanischen Verbündeten. Die Sache drohte zu entgleiten. Chruschtschow entschied sich gegen eine weitere Eskalation und unterbreitete Kennedy einen Vorschlag zur Beendigung der Krise: einerseits Abzug der sowjetischen Raketen in Kuba, andererseits Verzicht auf jegliche US-amerikanische oder US-unterstützte Invasion in Kuba. Genau auf dieser Basis wurde der Konflikt wenig später beigelegt – und zwar als Kompromißlösung zwischen den beiden Supermächten, ohne weitere Rückfrage in Havanna.

Die kubanische Regierung blieb von dem Verhandlungspoker über den Abzug der Atomraketen genauso ausgeschlossen wie einst die kubanischen Unabhängigkeitskämpfer von den Friedensverhandlungen zwischen Spanien und den USA. Fidel Castro hat dies rückblickend mit großer Bitterkeit kommentiert: „Wir haben davon aus dem Radio erfahren. Wir haben Momente der Erniedrigung erlebt."

Realpolitisch war Castro dennoch der große Sieger. Auch wenn es danach noch immer Sabotageakte, Anschläge und CIA-Operationen gegen die Regierung Castro gab, so sollte es doch nie wieder einen militärischen Invasionsversuch geben. Drei Jahre nach ihrem Triumph hatte die Revolution nicht nur eine radikale sozioökonomische Umwälzung gegen die alten Eliten durchgesetzt, sondern auch ihre Herrschaft nach innen und außen verteidigt. Jetzt konnte es an den Aufbau des neuen Staates gehen. Und der sollte sozialistisch sein.

John F. Kennedy/Nikita S. Chruschtschow (1962):
Beilegung der Raketenkrise

Telegramm Kennedys an Chruschtschow, 27. Oktober 1962:

Ich habe Ihren Brief gelesen. Die zentralen Punkte Ihrer Vorschlä-
ge – die, so wie ich sie verstehe, generell akzeptierbar scheinen –
sind demnach:
1) Sie stimmen zu, diese Waffensysteme unter Beobachtung und
Aufsicht der Vereinten Nationen aus Kuba abzuziehen; und, bei geeigneten Sicherheitsgarantien, auch auf die zukünftige Einfuhr derartiger Waffensysteme nach Kuba zu verzichten. 2) Wir für unseren
Teil würden zustimmen..., a) umgehend die gegenwärtig wirksamen
Quarantäne-Maßnahmen [gegen Kuba] aufzuheben, und b) Garan-
tien zu geben, keine Invasion Kubas zu unternehmen, und ich bin
sicher, daß auch die anderen Nationen der Westlichen Hemisphäre
zu gleichem bereit sind...

Telegramm Chruschtschows an Kennedy, 28. Oktober 1962:

Sehr geehrter Herr Präsident: Ich habe Ihre Botschaft vom 27. Oktober erhalten. Ich drücke Ihnen meine Zufriedenheit und Dankbarkeit
aus über Ihren Sinn für Verhältnismäßigkeit und Ihr Verständnis der
Verantwortung, die Sie in diesem Augenblick für den Erhalt des Welt-
friedens tragen. Ich verstehe auch sehr gut Ihre Sorge und die Sorge
des Volkes der Vereinigten Staaten in Bezug auf diese Waffen, die sie
„offensiv" nennen, und die in der Tat schreckliche Waffen sind. Sie
und ich, wir verstehen, um was für eine Art von Waffen es sich han-
delt.
Um diesen für den Frieden gefährlichen Konflikt schnell zu beenden,
um allen friedenssehnenden Völkern Vertrauen zu geben, und um
das amerikanische Volk zu beruhigen, das, da bin ich sicher, genauso
sehr Frieden wünscht wie das Volk der Sowjetunion, hat die sowjetische Regierung... den neuen Befehl gegeben, die Waffen, die Sie
„offensiv" nennen, abzubauen, sie einzulagern und sie in die Sowjetunion zurück zu transportieren. ...
Ich betrachte mit Vertrauen und Respekt Ihre Erklärung in der Mittei-
lung vom 27. Oktober 1962, daß es keinen Angriff auf Kuba und
keine Invasion Kubas geben wird, weder von Seiten der USA noch
durch eine andere Nation der Westlichen Hemisphäre...

Sozialismus mit kubanischem Antlitz

Der Aufbau des „Cuba Socialista":
Bildungswesen und Gesundheitssystem

Zum Zeitpunkt der Revolution wies Kuba rund eine Million Analphabeten auf. Waren Schweinebucht und Raketenkrise die heroischen Momente der Verteidigung, wurde die Alphabetisierungskampagne zum Inbegriff des sozialistischen Aufbaus. 270 000 Alphabetisierer, viele selbst noch Teenager, zogen aus, um an abgelegenen Orten armen Bauern und Tagelöhnern das ABC beizubringen. Die meisten der improvisierten Jung-Lehrer stammten aus der Mittelschicht und entdeckten ein Kuba, das ihnen bis dahin unbekannt war. Für viele von ihnen wurde die Alphabetisierungskampagne zur prägenden Erfahrung ihrer Sozialisation. Und auch für diejenigen, die von ihnen Lesen und Schreiben beigebracht bekamen, war dies ein Schlüsselerlebnis. Der Stolz über das Lesen- und Schreiben-Können verband sich vielfach mit dem Gefühl, in der Gesellschaft einen würdigen Platz einzunehmen, mit der Hoffnung auf eine bessere Zukunft und mit tief empfundener Dankbarkeit gegenüber der Revolution und Fidel. Am 22. Dezember 1961 konnte Fidel Castro feierlich verkünden, daß Kuba „vom Analphabetismus befreites Territorium" war. Es war ein Erfolg, der vor allem in der Dritten Welt enorme Anerkennung fand. Mochten Castros Gegner den Sozialismus auch noch so anprangern, so kam die Anklage nun postwendend zurück gegen einen Kapitalismus, der zwar immense Reichtümer schaffen konnte, aber noch in keinem einzigen der unterentwickelten Länder eine Leistung wie die Alphabetisierung der Bevölkerung zustande gebracht hatte.

In der Folge baute Kuba das Erziehungswesen als eine der zentralen Errungenschaften der Revolution weiter aus. In einem symbolträchtigen Schritt wurden 69 Kasernen des Militärs in Schulen umgewandelt; wer in Santiago de Cuba die Moncada-Kaserne besucht, die Fidel Castro einst angegriffen hat, kann dort ein kleines Museum besuchen – und eine große Schule erleben, in der Scharen von Kindern in Schuluniformen die Räume bevölkern, von denen aus einst Batistas Armee den Osten Kubas beherrschte.

(Bei aller Symbolik dieser Umwidmungen: Kasernen wurden im sozialistischen Kuba nicht abgeschafft, sondern an anderen Orten neu errichtet.)

Die privaten, vor allem kirchlichen Schulen wurden verstaatlicht, und für die Bevölkerung wurde das gesamte Erziehungswesen vom Kindergarten bis zur Universität kostenlos. Auf der ganzen Insel entstanden Grundschulen, die Zahl der Lehrer auf dem Land verdoppelte sich. Der Schulbesuch wurde zunächst für mindestens sechs, später für neun Jahre obligatorisch. Auch in Provinzstädten wurden Universitäten gegründet, spezialisierte Hochschulen für Kunst, Musik und Sport ins Leben gerufen. Vor allem in den 60er und 70er Jahren gab es von den sozialistischen Bruderstaaten in Übersee zudem ein breites Angebot von Stipendien; bis heute sind die Erinnerungen an die unglaublichen Minus-Grade in Moskauer Wintern Stoff für viele Anekdoten, und die Fotos von damals, im Schnee und mit Fellmütze auf dem Kopf, werden den staunenden Enkeln gezeigt.

Das kubanische Bildungssystem ist international viel gerühmt und als vorbildlich gefeiert worden. Dabei ist manches unter den Tisch gefallen. Den Marxismus-Leninismus-Unterricht der 70er Jahre oder die Lehrbücher der sozialistischen Ökonomie findet heute auch unter Kubas Lehrern kaum noch jemand vorbildlich. Die Ernteeinsätze von Schülern und Studenten, Kern der polytechnischen Erziehung, haben die Trennung von Kopf- und Handarbeit mitnichten aufgehoben – die allermeisten Ärzte, Ingenieure oder Literaturwissenschaftler sind auch in Kuba froh über jeden Kartoffelpflückeinsatz, zu dem sie nicht gerufen werden. Und schließlich waren die Universitäten nun zwar tatsächlich kostenlos, aber dennoch nicht gleichermaßen „für alle" offen; Studien- und Karrieremöglichkeiten waren mal mehr, mal weniger eng an das „richtige" Engagement für die sozialistische Gesellschaft gebunden.

Und dennoch, es bleibt schlicht beeindruckend, was die Revolution im Bildungsbereich geleistet hat. Ein Zuckerrohrschnitter, dessen Vater schon Zuckerrohrschnitter war, weil auch dessen Vater schon Zuckerrohrschnitter war, konnte erleben, wie seine Tochter Lehrerin wurde und der Sohn Motoren für Erntemaschinen entwickelte. Die Bildungsrevolution eröffnete der halben Bevölkerung ungeahnte Zukunftshorizonte und soziale Aufstiegs-

chancen. Es ist umso bitterer zu erleben, wie in der Wirtschaftskrise der 90er Jahre auch das Bildungswesen sehr viel seiner
früheren Qualität eingebüßt hat.

Die zweite „historische Errungenschaft" der Revolution wurde
das Gesundheitssystem. Auch hier war die Ausgangslage ähnlich. Kuba hatte zwar modern ausgestattete Krankenhäuser und
gute Ärzte, allerdings weitgehend nur für die Mittel- und Oberschicht in den Städten. Die Revolution brachte auch in diesem Bereich eine Veränderung, die kaum überschätzt werden kann. Die
Zahl der Ärzte hat sich von 6000 auf rund 60 000 verzehn-
facht, 60 Krankenhäuser wurden in den Provinzen errichtet, und
die ganze Insel mit Gesundheitsposten überzogen. Alle staatlichen
Gesundheitsdienste sind kostenlos. Impfprogramme wurden flä-
chendeckend durchgeführt, die hygienischen Bedingungen verbessert. Massenkrankheiten wie Malaria oder Typhus konnten
praktisch ausgerottet werden. Die Lebenserwartung in Kuba ist
mit durchschnittlich 75 Jahren die höchste in Lateinamerika.
Auch bei anderen Gesundheitsindikatoren (beispielsweise einer
Kindersterblichkeit von 6,5 auf 1000) rangiert die Insel unter den
Ländern der „Ersten Welt". Kubas Ärzte gelten als sehr gut ausgebildet, und in den Forschungszentren der Insel konnten Impf-
stoffe entwickelt werden, die das Land heute mit Erfolg exportiert.

Andererseits hat im Gesundheitsbereich die Wirtschaftskrise
der letzten Jahre noch tiefere Wunden geschlagen als im Bildungs-
sektor. In den Arztpraxen und Apotheken sind nur noch wenige
Medikamente erhältlich, in den Krankenhäusern fehlen Ersatzteile, Röntgenfilme und Strom. Zudem hat der Wertverfall der
kubanischen Währung die Arbeit im Gesundheitssektor finanziell
sehr unattraktiv werden lassen, und nicht wenige Ärzte, Kran-
kenschwestern und Laborassistenten haben ihren Beruf aufgegeben.

Gleichzeitig bietet der Staat seit einigen Jahren einen Gesund-
heitstourismus für Ausländer an und hat für diesen Devisensektor
neue Krankenhäuser gebaut, in denen kein Medikament fehlt und
wo mit modernsten Geräten gearbeitet wird. Außenwirtschaftlich
ist dies durchaus erfolgreich: Vor allem die lateinamerikanische
Mittelklasse reist zu Behandlungen und Operationen nach Kuba,
die in den privatisierten Gesundheitssystemen ihrer Heimatländer

ein Vielfaches kosten würden. Von vielen Kubanern allerdings werden diese Dollar-Krankenhäuser als Wiederkehr eines Zwei-klassensystems in der Gesundheitsversorgung empfunden. Die soziale Wahrnehmung der großen Errungenschaft ist damit heute zwiespältig: Gerade weil die Kubaner eine so umfassende medizinische Versorgung gewohnt waren, sind ihnen die heutigen Mängel besonders schmerzlich bewußt.

Che Guevara: Der „Revolutionär ohne Grenzen"

So wie Fidel Castro der unbestrittene Führer der kubanischen Revolution ist, so wurde Che Guevara zur Symbolfigur ihres utopischen Gehalts. Das Foto, das ihn mit wehenden Haaren und dem Blick fest in die Ferne (in die Zukunft?) gewandt zeigt, wurde auf der ganzen Welt zur Ikone des revolutionären Helden. Auch in Kuba selbst wird Che Guevara bis heute eine ganz besondere Verehrung zuteil. „Ser como el Che!" („Sein wie der Che!") ist die Losung, die Kubas Kindern schon in der Grundschule beigebracht wird.

„Der Che", das war mit bürgerlichem Namen Ernesto Guevara de la Serna, ein Argentinier aus gutem Hause, 1953 zum Dr. med. promoviert, selbst zeitlebens asthmakrank. Sein politisches Schlüsselerlebnis hatte der junge Arzt während eines Aufenthalts in Guatemala, wo Präsident Jacobo Arbenz ein ernsthaftes soziales Reformprojekt in Gang gebracht hatte. Che sympathisierte mit den Anliegen der Regierung, bot dem Gesundheitsministerium seine Dienste an, las ausgiebig Marx und Lenin – und mußte 1954 miterleben, wie die United Fruit Company mit Unterstützung der CIA die demokratisch gewählte Regierung aus dem Amt putschte. „Guatemala überzeugte ihn ein für allemal von der Notwendigkeit, mit den Waffen in der Hand gegen den Imperialismus zu kämpfen", so Ches damalige Frau Hilda Gadea.

Nach dem Sturz des guatemaltekischen Präsidenten ging Guevara nach Mexiko und traf Fidel Castro, der von dort aus die Befreiung Kubas vorbereitete. „Ich lernte ihn in einer dieser kalten mexikanischen Nächte kennen", berichtete Guevara über diese Begegnung, „und erinnere mich, daß unsere erste Diskussion über internationale Politik ging. Innerhalb weniger Stunden derselben Nacht – in der Morgenfrühe – wurde ich einer der künftigen Ex-

Che Guevara, März 1960, Foto: Alberto Korda

peditionsteilnehmer." In der Guerilla der Sierra Maestra stieg Che
schnell zu einem der engsten Vertrauten Castros auf. Daß er kein
Kubaner war – sein Spitzname „Che" ist eine Anspielung auf den
argentinischen Akzent, den Guevara nie ablegte –, tat seiner Popularität auf der Insel keinen Abbruch. Che war maßgeblich am
Aufbau der Allianz mit der Sowjetunion beteiligt. Gleichzeitig
schien ihm der bürokratische Sozialismus der Sowjetunion aber zu
halbherzig; der „neue Mensch", der ohne materielle Interessen
seine Erfüllung in der Arbeit für das Volk und die Revolution findet, sollte nicht erst in einer späteren Phase des vollendeten Kommunismus erreicht werden, sondern bereits hier und jetzt. Es hat
die Ausstrahlung und Faszination Che Guevaras ausgemacht, daß
er selbst diesen sich aufopfernden „neuen Menschen" für viele
glaubwürdig vorlebte. Seine „freiwilligen Arbeitseinsätze" in der
Zuckerrohrernte zu einem Zeitpunkt, als er bereits Minister war,
sind legendär – und sie sind auch auf der Rückseite des kubanischen 3-Peso-Scheines verewigt.

   Nach dem atemberaubenden militärischen Triumph der kubanischen Guerilla schien Guevara auch in der wirtschaftlichen Um-

Che Guevara (1965): Der neue Mensch

In dieser Phase des Aufbaus des Sozialismus können wir miterleben, wie der neue Mensch geboren wird. ... Die Produktionsmittel gehören der Gesellschaft, und die Maschine ist nur der Schützengraben, an dem er seine Pflicht erfüllt. Der Mensch beginnt, seinen Geist von dem leidigen Tatbestand zu befreien, daß die Arbeit eine Notwendigkeit ist, um seine animalischen Bedürfnisse zu befriedigen. Er beginnt, in dem Werk seiner Arbeit sich selbst und seine menschliche Größe zu erkennen...

Es geht nicht darum, wieviel Kilogramm Fleisch man ißt oder wie oft jemand pro Jahr Urlaub am Meer machen kann, und auch nicht darum, wie viele schöne Sachen aus dem Ausland man mit den heutigen Löhnen kaufen kann. Es geht vielmehr darum, daß der Einzelne sich erfüllter fühlt, mehr inneren Reichtum verspürt und mehr Verantwortung trägt. In unserem Land weiß jeder Einzelne, daß die ruhmreiche Zeit, in der zu leben ihm zufiel, eine Zeit der Opfer ist...

gestaltung des Landes alles möglich, wenn nur revolutionärer Wille und Entschlossenheit am Werke waren. „Seid realistisch, versucht das Unmögliche!", propagierte Che Guevara und ging auch hier mit gutem Beispiel voran: Er löste den renommierten Ökonomen Felipe Pazos als Präsident der kubanischen Zentralbank ab und übernahm selbst dieses Amt, wofür er, wie er bereitwillig eingestand, keinerlei Fachwissen mitbrachte. Kurz darauf wurde er Industrieminister. Daneben war er aber auch eine Art Super-Außenminister des revolutionären Kuba, reiste in die Sowjetunion, Tschechoslowakei, DDR, nach China und Nordkorea, nach Indien und Algerien. Im uruguayischen Punta del Este hielt er eine flammende Rede gegen den US-Imperialismus, die in Lateinamerika enormen Widerhall fand. Wo die Sowjetunion sich auf das Konzept einer „friedlichen Koexistenz" mit den kapitalistischen Staaten einließ, fand die Idee der Weltrevolution in Che Guevara einen glühenden Verfechter: „Wir dürfen nie vergessen, daß unsere Revolution ... auch Verpflichtungen jenseits der Grenzen Kubas hat: die Verpflichtung, die Idee der Revolution in alle Länder Amerikas zu tragen, in alle Gegenden der Welt ..."

Später äußerte sich Che Guevara deshalb zunehmend distanziert über die Sowjetunion und begann stattdessen mit ihrem großen kommunistischen Konkurrenten, der Volksrepublik China, zu liebäugeln. Diese Entwicklung sowie eine ganze Reihe anderer Anzeichen deuten darauf hin, daß mit der Zeit die Differenzen zwischen dem „Revolutionär ohne Grenzen" Che Guevara und dem Realpolitiker Fidel Castro immer größer wurden. Dennoch gibt es über die genauen Umstände ihrer Trennung (beziehungsweise ihres Bruchs) nach wie vor wenig Gewißheit. Im Frühjahr 1965 jedenfalls trat Che Guevara von allen Ämtern zurück und verschwand aus der Öffentlichkeit. „Andere Völker der Welt verlangen nach meinen bescheidenen Bemühungen", heißt es in seinem Abschiedsbrief, den Fidel in Havanna vor Hunderttausenden verlas.

Aus den Erfahrungen in Kuba hatte Che Guevara allgemeine Grundsätze über Strategie und Taktik des Revolutionskrieges abgeleitet, die sogenannte Fokus-Theorie: Revolutionäre bräuchten nicht das Heranreifen „objektiver Bedingungen" (ein genügend großes Industrieproletariat, Gewerkschaften, Parteiorganisation etc.) abzuwarten, wie es die orthodoxen Kommunistischen Parteien predigten. In unzugänglicher Gegend könnte vielmehr eine Handvoll entschlossener Kämpfer einen Guerilla-Fokus etablieren; durch bewaffnete Aktionen würde sich ihr Ruf ausbreiten und die Guerilla Zulauf erhalten. Auf der anderen Seite würde das herrschende Regime durch die militärischen Niederlagen und durch die Brutalität seiner Repression seinen Rückhalt verlieren. Die Revolutionäre, so Guevara, könnten die „objektiven Bedingungen" für ihren Triumph durch ihre Aktionen selbst schaffen.

Im festen Glauben an die weltweite Anwendbarkeit dieses Rezeptes ging Che Guevara 1965 in geheimer Mission in den Kongo. Mit ein paar Dutzend kubanischen Mitstreitern und zusammen mit der dortigen Unabhängigkeitsbewegung machte er sich daran, den Kampf gegen den Imperialismus auf afrikanischem Boden fortzuführen. Das Unterfangen endete in einem Fiasko. Che kehrte geschlagen nach Kuba zurück, doch nur zu einem kurzen Aufenthalt, bei dem er die nächste Expedition vorbereitete: den Aufbau einer Guerilla in den bolivianischen Anden. Keiner der kubanischen Guerilleros sprach Quechua oder Guaraní, die Sprachen der bolivianischen Indios. Auch dem Umstand, daß in Bolivien erst wenige Jahre zuvor eine Revolution stattgefunden hatte, wurde keine weitere Bedeutung beigemessen – schließlich war es keine sozialistische Revolution gewesen. Es war dabei jedoch eine Landreform durchgeführt worden, in deren Folge viele einfache Bauern – ganz im Gegensatz zu der Situation in der Sierra Maestra – ordentliche Besitzer ihres Landes geworden waren; sie hatten damit also keineswegs „nichts zu verlieren als ihre Ketten", wie Marx einst über das Proletariat als Subjekt der Revolution geschrieben hatte. Letztlich gelang es Che Guevara und seiner Truppe nie, in Bolivien eine stabile soziale Basis zu finden. Innerhalb nur eines Jahres wurde die gesamte Guerilla aufgerieben. Che wurde gefangengenommen und am 8. Oktober 1967 vom bolivianischen Militär ermordet.

Che Guevaras „Bolivianisches Tagebuch" wurde daraufhin zu einer zentralen Lektüre der Linken in Lateinamerika und der 68er-Bewegung in Europa. Gerade in seinem heroischen Scheitern wurde Che zum Mythos. Daß Guevara nach dem Einzug in Havanna als Kommandant der Festung La Cabaña persönlich die Order gab, Dutzende von tatsächlichen oder vermeintlichen Batista-Anhängern nach kurzem Prozeß an die Wand zu stellen, hat in der Erinnerung keine Chance gegen das Bild des Che als dem kompromißlosen Humanisten der Revolution, der mit Leidenschaft die höchsten Ziele formulierte und der immun war gegen die Mittelmäßigkeiten der Bürokratie und die Niederungen alltäglicher Politik – und der bereit war, für das Ziel der Befreiung der unterdrückten Völker selbstlos alles zu geben, auch sein Leben.

Che Guevara (1965): Eine neue Generation wird geboren

Von besonderer Bedeutung ist die Jugend, denn sie ist die formbare Tonerde, aus der man den neuen Menschen erschaffen kann, der frei ist von den Erblasten der Vergangenheit. Die Jugend erfährt eine unseren ehrgeizigen Zielen entsprechende Behandlung. Ihre Ausbildung wird immer vollständiger, und wir vergessen auch nicht, sie vom ersten Moment an in die Arbeit zu integrieren. Unsere Oberstufenschüler verrichten körperliche Arbeit in ihren Ferien oder parallel zum Studium. Die Arbeit ist dabei in bestimmten Fällen eine Auszeichnung, in anderen ein Instrument der Erziehung, aber niemals eine Strafe. Eine neue Generation wird geboren.

1997 fanden kubanische Archäologen im bolivianischen Valle-grande die Leiche Che Guevaras, die die Militärs unter der Flug-piste des Ortes verscharrt hatten. Die Gebeine wurden nach Kuba transportiert und in einem feierlichen Akt in einer eigens erbauten Gedenkstätte in Santa Clara beigesetzt.

Die politische Struktur: Comandante, Kommunistische Partei und Massenorganisationen

Im November 1961 hatte Fidel Castro verkündet, er sei Marxist-Leninist und werde es bis ans Ende seiner Tage bleiben. Die Parole der Guerilleros *Patria o Muerte!* („Vaterland oder Tod!"), die tief in der politischen Tradition Kubas verwurzelt ist („fürs Vaterland sterben, heißt leben" beschwört dies schon die Nationalhymne von 1868), wurde nun abgelöst durch *Socialismo o Muerte!* Der kubanische Sozialismus, den man dann aufbaute, blieb in der Praxis jedoch in vielem mehr „fidelistisch" als „marxistisch-leni-nistisch". Zentrum der Politik war die Person Castros, nicht die Partei der Arbeiterklasse. Ideologische Leitlinie waren die Reden Fidels, nicht die Schriften von Marx und Engels. Und wer sich für Fidel und die Revolution begeisterte, der freundete sich nun auch mit ihrem neuen ideologischen Bekenntnis an. *„Si Fidel es comu-nista, que me pongan en la lista!"* („Wenn Fidel Kommunist ist, dann setzt auch mich auf die Liste!"), drückte dies eine populäre Parole jener Zeit aus.

Das Verhältnis Castros zur Kommunistischen Partei ist aller-dings kompliziert gewesen. Denn in Kuba war es nicht die Kom-munistische Partei, die die Revolution organisierte, sondern viel-mehr organisierte sich die Revolution nun die Kommunistische Partei, die sie zur Überführung ihres Triumphes in eine dauerhafte Ordnung brauchte. In dem Maße, in dem sich die Revolution ra-dikalisierte, waren innerhalb von Castros ideologisch wenig fest-gelegter „Bewegung des 26. Juli" zunehmend Konflikte aufgebro-chen. Castro antwortete auf diese Kritik aus den eigenen Reihen, indem er viele ihrer Führer als „kleinbürgerlich" beschimpfte und die „Bewegung des 26. Juli" gezielt selbst ins politische Abseits manövrierte.

Stattdessen rückten bereits seit Mitte 1959 zunehmend die an straffe Hierarchien gewöhnten Kader der Kommunistischen Partei, der *Partido Socialista Popular* (PSP), an die Schaltstellen der Macht. Nach dem Sieg der Revolution war die PSP als einzige der alten Parteien erlaubt geblieben. Dabei hatten die Kommunisten die Guerilla Fidel Castros lange als „Abenteurer" abgelehnt und erst spät unterstützt. Durch diesen „Geburtsfehler" hatte die Partei keine echte historische Legitimation aus eigener Kraft, sondern nur die, die sie durch die Anerkennung Fidels erhielt.

Im Sommer 1961 löste Castro dann die „Bewegung 26. Juli", das konkurrierende „Revolutionäre Studentendirektorat" sowie die *Partido Socialista Popular* als eigenständige politische Kräfte auf und führte sie neu unter einem Dach zusammen als „Integrierte Revolutionäre Organisationen", kurz: ORI, der Vorläufer der heutigen KP. Deren „Organisationssekretär" wurde der PSP-Kader Aníbal Escalante; die Auswahl der Mitglieder und die Struktur der Partei wurden entsprechend gestaltet. Nachdem auf diese Weise eine effektiv organisierte Kaderpartei entstanden war, griff Castro just ihren Organisator, Aníbal Escalante, als „Sektierer" an: Er habe den „Glauben in die revolutionäre Führung verloren", sich „von den Massen entfernt" und die Übernahme der Macht geplant. Wieder einmal entschied Castro die Machtfrage für sich, bevor sich ein von ihm unabhängiger Machtpol überhaupt herausbilden konnte. Escalante wurde in die Tschechoslowakei geschickt. Der Generalsekretär der PSP, Blas Roca, pries Castro als den „besten und effizientesten Marxisten-Leninisten unseres Landes" – und blieb zeitlebens in hohen Ämtern. Sonderausschüsse wurden eingesetzt, die die Parteimitglieder „überprüften"; in diesem Jahr erreichte die Mitgliederfluktuation fast 50% des Bestands.

Seitdem untersteht die Partei ohne Wenn und Aber der Revolutionsführung, keineswegs umgekehrt, wie es sich für einen „Marxismus-Leninismus" gemäß den sowjetischen Lehrbüchern gehört hätte. 1965 wurde die Partei offiziell in „Kommunistische Partei Kubas" (PCC, *Partido Comunista de Cuba*) umbenannt, erst 1975 hielt sie ihren ersten Parteitag ab. Fidel Castro ist, natürlich, Erster Sekretär der Partei, aber sein viel entscheidenderer Titel ist immer der des *Comandante en Jefe de la Revolución Cubana* geblieben, des Oberbefehlshabers der kubanischen Revolution, ob nun die Verfassung eine solche Position vorsieht oder nicht. (Die Bezeichnung *Máximo Líder,* wörtlich: „oberster Führer" der ku-

Hans Magnus Enzensberger (1969): Fidel Castro und die Kommunistische Partei Kubas (PCC)

Die politische Macht in Cuba liegt ausschließlich in den Händen von einer verschwindend kleinen Zahl von Personen, die sich um Fidel scharen, und für die keinerlei Parteidisziplin maßgebend ist, sondern einzig und allein ihre persönliche Loyalität dem Comandante-en-jefe gegenüber. Es ist deshalb auch völlig unerheblich, welche Parteiämter sie innehaben, ja ob sie der PCC überhaupt angehören. (Einige der einflußreichsten Vertrauten Castros sind ihr bis heute nicht beigetreten.) ...

Fidel braucht die Partei und kann sie nicht leiden. Sie ist ihm lästig. Ihre Sitzungen besucht er kaum. Er kann auf ihren Apparat nicht verzichten und fürchtet ihn als Mühlstein um seinen Hals. Der Avantgarde, die er herbeiruft, läuft er mit großer Ausdauer davon. Niemals wird sie ihn einholen.

banischen Revolution, ist in Kuba kaum noch gebräuchlich; der Ausdruck wird aber noch immer viel und gerne in der internationalen Presse verwendet.)

Die Partei ist eine „Avantgarde"-Organisation, die nur „die Besten" vereinigen soll und folglich zahlenmäßig relativ klein blieb (heute hat sie rund 600 000 Mitglieder, knapp 6 % der Bevölkerung). Zur flächendeckenden Integration und Mobilisierung des gesamten Volkes wurden unterdessen eine Reihe revolutionärer „Massenorganisationen" geschaffen: die „Komitees zur Verteidigung der Revolution" (CDR), die in jedem Häuserblock und in jedem kleinsten Dorf die Basiseinheit der revolutionären Macht und ihre wachsamen Augen und Ohren darstellen sollen; die Einheitsgewerkschaft (CTC); der Verband der Kubanischen Frauen (FMC); der Kleinbauernverband (ANAP); der Studentenbund (FEU); die Schülervereinigung (FEEM); und schließlich die Jungen Pioniere für die Kinder ab der ersten Schulklasse.

Diese Massenorganisationen sollen zum einen Interessenvertretung der jeweiligen Gruppe sein, zum anderen aber auch die Funktion von „Transmissionsriemen" haben, mit denen die Beschlüsse der Revolutionsführung nach unten vermittelt werden. Sie sind institutionell und personell auf das engste mit dem Staat und der Kommunistischen Partei verflochten. So ist etwa die Vorsitzende des Frauenverbands seit seiner Gründung Vilma Espín,

Ehefrau von Armeechef Raúl Castro. Die Komitees zur Verteidigung der Revolution unterstehen dem Innenministerium.

In der Gründungsphase waren die Organisationen vom Enthusiasmus breiter Teile der Bevölkerung getragen. Allerdings blieb jener Minderheit, die diese Begeisterung nicht teilte, auch kaum eine Alternative. „In einem revolutionären Prozeß", proklamierte Fidel Castro 1960, „gibt es keine Neutralen; es gibt nur Unterstützer der Revolution oder Feinde der Revolution!" Wer sich den Massenorganisationen nicht anschloß, fiel praktisch automatisch in die zweite Kategorie, was Unannehmlichkeiten verschiedenster Art bis hin zu offenen Schikanen oder auch harten Repressalien bedeuten konnte. Die meisten Kubaner sind so bis heute Mitglied der sie jeweils betreffenden Organisationen – allerdings in einer Bandbreite, die von aktivem Engagement aus Überzeugung bis zu einem passiven Verhalten reicht, bei dem man zwar Mitglied ist und auch zu den Versammlungen geht, aber letztlich nur, um der Form Genüge zu tun und nicht negativ aufzufallen.

Neben diesen Massenorganisationen gibt es noch eine Reihe offizieller Berufsverbände wie den Schriftstellerverband, UNEAC, oder die Journalistenvereinigung, UPEC. (Bereits 1960 waren alle „konterrevolutionären" Zeitungen, Rundfunksender und Fernsehstationen von der Regierung geschlossen oder übernommen worden.) Diese Berufsorganisationen sind ebenfalls praktisch obligatorisch für alle, die innerhalb des etablierten Rahmens tätig sein wollen. Etwas anders liegt der Fall bei dem Kommunistischen Jugendverband (UJC), der keine Massenorganisation für das breite Volk ist, sondern die Nachwuchsorganisation der Kommunistischen Partei (die Altersgrenze liegt bei 30 Jahren). Wie die KP folgt auch ihr Jugendverband einem Avantgarde-Konzept: Die Mitgliedschaft bleibt denen vorbehalten, so der Anspruch, die ein besonders hohes sozialistisches Bewußtsein bewiesen haben. So exklusiv wie früher ist die UJC allerdings nicht mehr; gegenwärtig zählt sie rund 500 000 Mitglieder.

Weg vom Zucker, hin zum Zucker:
Wirtschaftliche Transformation und Entwicklungsstrategie

Kubas Unterentwicklung, da waren sich die Revolutionäre 1959 mit vielen Liberalen im Land völlig einig, war eng verbunden mit seiner Abhängigkeit von einem einzigen Produkt: Zucker. In den 50er Jahren hatte „König Zucker" durchschnittlich 81 % der kubanischen Exporte ausgemacht. Wohl und Wehe der gesamten Wirtschaft hingen vom Ergebnis der *Zafra*, der Zuckerrohrernte, und den Schwankungen des Weltmarktpreises ab. Der Zucker verkörperte die halbfeudalen Arbeitsverhältnisse auf dem Land genauso wie die ökonomische Vorherrschaft der USA. Kurzum: Die neue Entwicklungsstrategie mußte die Abhängigkeit der Insel von der Monokultur Zucker brechen.

Die revolutionäre Regierung verfolgte dazu zum einen eine Diversifizierung der landwirtschaftlichen Produktion – schließlich importierte Kuba viele Nahrungsmittel, die man auch ohne weiteres im Land selbst anbauen konnte; zum anderen setzte sie auf den schnellen Aufbau einer nationalen Industrie, von Chemiefabriken bis zur Maschinenproduktion. Die Umsetzung erfolgte dabei in einer Mischung aus zentraler Planung, die als der Schlüssel zu sozialistischem Fortschritt galt, und kühner Improvisation, wie man sie im Guerilla-Krieg erlernt hatte. Finanziert werden sollte der direkte Sprung zum Industrieland durch Kredite der sozialistischen Bruderstaaten. Industrieminster Che Guevara schwebten jährliche Wachstumsraten von 20 % vor.

Es war politisch ausgesprochen hilfreich, daß der unzufriedene Teil der Mittelschichten nach der Revolution Kuba zu Zehntausenden verließ. Ökonomisch war damit jedoch ein enormer *Braindrain* verbunden. Während in der offiziellen Rhetorik revolutionärer Wille und Opferbereitschaft das Fachwissen der „kleinbürgerlichen" Ingenieure, Techniker und Ökonomen mühelos kompensierten, war in der Praxis der Betriebe die Abwanderung des qualifizierten Personals nicht so leicht zu verkraften. Hinzu kamen fehlende Ersatzteile für die Anlagen und Maschinen, die fast alle aus den USA stammten. Die größte und modernste Nickelmine des Landes in Moa etwa, die für die Industrialisierungspläne Kubas zweifelsohne einen wichtigen Anknüpfungspunkt hätte bieten können, stand nach ihrer Nationalisierung jahrelang schlichtweg still, weil fast das gesamte Leitungs- und Fachpersonal gegangen war. Die hochfliegenden Industrialisierungspläne liefen so schon bald auf Grund. Die industrielle Revolution erwies sich als langwieriger als die politische.

In der Landwirtschaft war auf die erste Agrarreform von 1959, die den Großgrundbesitz enteignet hatte, 1963 eine zweite gefolgt, die nun auch die mittleren Betriebe verstaatlichte. (Maximale Größe für privaten Landbesitz blieben 67 ha.) Das enteignete Land wurde jedoch nicht an landlose Bauern zur privaten Existenzgründung verteilt, sondern in große Staatsbetriebe und staatlich gelenkte Genossenschaften überführt. Die Zuckerrohrernte fiel in der Folge von knapp 6 Millionen Tonnen 1958 auf 3,8 Millionen 1963. Gravierender für die Entwicklungsstrategie der Revolution war, daß auch die übrige Landwirtschaft, insbesondere die Lebensmittelproduktion für den Grundbedarf, einen Niedergang erlebte: Statt 323 Millionen Pfund Reis 1960 wurden fünf Jahre später nur 55 Millionen Tonnen, gerade noch ein Sechstel, produziert; die Produktion der kartoffelähnlichen Knollengewächse Maniok (*yuca*) und Boniato, in Kuba wesentlicher Bestandteil der Ernährung der einfachen Leute, fiel auf ein Drittel.

Während die Revolution sich Anfang der 60er Jahre politisch und militärisch erfolgreich behauptete, erlebte sie wirtschaftlich ihre erste große Krise. Als die Versorgungsengpässe immer gravierender wurden, verfügte die Regierung im März 1962 die Rationierung der Nahrungsmittel: Ein Gutscheinsystem, die sogenannte *Libreta* (= Heftchen), garantierte nun allen Kubanern eine festgelegte Menge der verschiedenen Grundnahrungsmittel, die zu minimalen Preisen bei staatlichen Verteilungsstellen mehr abzuholen als zu kaufen waren. Ursprünglich als Notmaßnahme gedacht, wurde das System der *Libreta* später auch auf andere Konsumgüter ausgeweitet und ist bis heute in Kraft.

Angesichts der Krise in der Landwirtschaft, dem Scheitern der großen Industrialisierungspläne und einem rasant gestiegenen Defizit in der Außenhandelsbilanz nahm die Regierung Castro 1964 Abschied von dieser Entwicklungsstrategie. „Zurück zum Zucker" hieß es nun. Ein weitreichendes Handelsabkommen mit der UdSSR garantierte Kuba einen stabilen Absatzmarkt für seinen Zucker und sicherte gleichzeitig eine großzügige Versorgung mit Erdöl sowie Industrieprodukten. Der Zucker, einst Inbegriff der Abhängigkeit, sollte nun unter sozialistischem Vorzeichen „Motor der Entwicklung" sein. Das Vorhaben einer Industrialisierung des Landes wurde nicht aufgegeben, aber auf die Weiterverarbeitung der natürlichen Ressourcen und der landwirtschaftlichen Produkte konzentriert.

Die neue Strategie und die vorteilhaften Handelsbeziehungen mit den sozialistischen Staaten zeigten positive Resultate: Für die Jahre 1963–1970 weisen die offiziellen Statistiken ein jährliches Wachstum von durchschschnittlich 5,3% aus. Der Preis dafür war aber auch eine spürbar wachsende Abhängigkeit von der Sowjetunion. Als Fidel Castro, der unermüdliche Verteidiger nationaler Unabhängigkeit, 1968 den sowjetischen Einmarsch in Prag guthieß, war dies für viele ein Schock. Innenpolitisch fing Castro diese Krise mit einer neuerlichen Radikalisierung auf: In der sogenannten „Revolutionären Offensive" verstaatlichte die Regierung den größten Teil der noch in Privathänden verbliebenen Kleinunternehmen, insgesamt 57000 Handwerksbetriebe und Geschäfte, Hot-Dog-Stände und Cafés, Werkstätten und Restaurants. Castro proklamierte nun den „gleichzeitigen Aufbau von Sozialismus und Kommunismus", bei dem derartige privatwirt-

---

Rudi Dutschke u.a. (1968): Der gleichzeitige Aufbau von Sozialismus und Kommunismus in Kuba

Der Versuch auf Kuba, das Geld abzuschaffen, Enteignungen durch Kampagnen überflüssig zu machen und auf materielle Stimulanzien möglichst zu verzichten, sind im Rahmen dessen zu begreifen, was Fidel als die Gleichzeitigkeit des Aufbaus von Sozialismus und Kommunismus bezeichnet. ... Diese „kubanischen Prinzipien" stoßen bei der Verwirklichung auf Kuba auf sehr große Hindernisse. Durch die Wirtschaftsblockade des US-Imperialismus, durch die Weigerung der UdSSR, die Kosten der Revolution zu bezahlen und durch die Verzögerung der lateinamerikanischen Revolution ist die kubanische Revolution ununterbrochen in Gefahr, nicht durch „innere", sondern durch „äußere" Zwänge zurückgeworfen zu werden. Kuba ist eine belagerte Festung; ohne ein zweites und drittes Vietnam wird sich der beginnende Befreiungskampf in der 3. Welt und in den Metropolen – in wechselseitiger Abhängigkeit – gegen die Konterrevolution und den modernen Revisionismus nicht entfalten können.

schaftliche „Relikte der Vergangenheit" nicht mehr zu akzeptieren waren.

Der kubanische Sozialismus blieb in den 60er Jahren von Ad-hoc-Entscheidungen und heroischen Kampagnen oft mehr geprägt als von bürokratischer Verwaltungsrationalität und Fünf-Jahres-Plänen. Höhepunkt dieser Herangehensweise wurde die *Gran Zafra*, die „Große Zuckerrohrernte", von 1970. Sollte die Zuckerwirtschaft einst gezielt beschnitten werden, schlug das Pendel nun in das andere Extrem aus: Fidel Castro schwor das Land auf das Ziel einer 10-Millionen-Tonnen-Zucker-Ernte ein, koste es was es wolle. Die 10 Millionen – doppelt so viel wie der durchschnittliche Jahresertrag – wurden zu einer Obsession. Die gesamte Ökonomie des Landes wurde auf das Erreichen der magischen Zahl ausgerichtet; alle verfügbaren Ressourcen, vom Düngemittel bis zum Benzin, von Arbeitsstiefeln bis zum Essen, wurden auf die Zuckerrohrernte konzentriert. Neben den 300 000 regulären Zuckerarbeitern wurden 100 000 Soldaten und nicht weniger als 1,2 Millionen Arbeiter und Arbeiterinnen aus allen Bereichen zum Einsatz in der Ernte mobilisiert. „Dies ist mehr als ein ökonomisches Ziel", so Castro, „es ist zu einer Frage der Ehre dieser Revolution geworden!"

Es ist vermutlich eine der schwersten Reden Fidel Castros gewesen, als er seinem Volk schließlich erklären mußte, daß allen Anstrengungen zum Trotz das 10-Millionen-Ziel nicht erreicht worden war. 8,5 Millionen Tonnen hatte man erzielt, zwar die höchste Ernte der kubanischen Geschichte, aber das konnte wenig trösten. Die völlige Fixierung auf die Zuckerrohrernte hatte die gesamte übrige Ökonomie in ein heilloses Chaos gestürzt. Das revolutionäre Kuba erlebte seine zweite tiefe Wirtschaftskrise.

Sowjetische Hilfe: Entwicklung und neue Abhängigkeiten

Das Scheitern der „Großen Zuckerrohrernte" markiert einen Wendepunkt. Die Sowjetunion war nicht mehr gewillt, die enormen Subventionen ihrer Kuba-Hilfe für derartige Experimente draufgehen zu sehen. Der Voluntarismus der kubanischen Wirtschaftspolitik, bei dem allzuoft der revolutionäre Wille über realistisches Kalkül gestellt wurde, mußte nun der Übernahme der nüchternen Planwirtschaft sowjetischen Typs weichen. Die von

Che Guevara so verachteten „materiellen Anreize" hielten wieder Einzug, und die Löhne sollten zumindest teilweise an die Leistung gekoppelt werden. 1972 trat Kuba auch dem Rat für Gegenseitige Wirtschaftshilfe (RGW) bei, dem Wirtschaftsverbund der sozialistischen Staaten (auch Comecon genannt).

Kuba war nun Teil der internationalen sozialistischen Arbeitsteilung, eingebunden in die in Moskau ausgehandelten Rahmenpläne. Von einst groß verkündeten Projekten, etwa jegliche Wohnmieten zu eliminieren oder das Geld überhaupt abzuschaffen, war nun keine Rede mehr. Die Entwicklungsstrategie wurde nun von einem „neuen Realismus" geprägt, wurde pragmatischer und unspektakulärer – und in ihren ökonomischen Ergebnissen erfolgreicher. Nicht mehr der schnelle „große Sprung" nach vorne war das Ziel, sondern ein stetiges Wachstum. In der Tat konnte das Land in den 70er Jahren eine kontinuierliche Verbesserung der Wirtschaftsdaten vorweisen; das Sozialprodukt wuchs, die Arbeitsproduktivität stieg. 1974 erzielte Kuba auch das erste Mal seit der Revolution wieder ein Plus im Außenhandel. Der Anteil des Zuckers an den Exporten ging nun wieder zurück, von 90 % im Jahr 1975 auf 65 % zehn Jahre später; trotzdem blieb die Zuckerwirtschaft immer das Rückgrat der nationalen Ökonomie.

Mit der Einführung des Breschnew'schen „Systems der Wirtschaftslenkung und -planung" ging seit 1980 auch die Übernahme der vorsichtigen ökonomischen Reformschritte der Sowjetunion einher. Wegweisend war hier die Zulassung freier Bauernmärkte

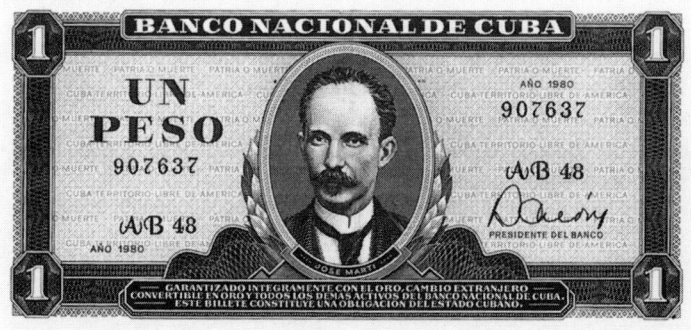

José Martí auf dem kubanischen 1-Peso-Schein

nach dem Vorbild der sowjetischen Kolchosmärkte. Die Wirtschaft erreichte eine größere Stabilität, und die Versorgung mit Lebensmitteln und Konsumgütern verbesserte sich spürbar. Waren die ersten Jahre nach der Revolution die „euphorischen Jahre", dann kann man die Zeit zwischen 1980 und 1986 ökonomisch als die „goldenen Jahre" des kubanischen Sozialismus bezeichnen.

So begrenzt sie auch waren, so kratzten die Liberalisierungen der 80er Jahre allerdings auch an der materiellen Gleichheit der Gesellschaft. Wer auf dem Markt verkaufte, konnte leicht ein Vielfaches des Lohnes in Staatsunternehmen verdienen. Die Kehrseite des Wachstums der 80er Jahre war zudem ein chronisches Außenhandelsdefizit, das Kuba durch eine rasant ansteigende Auslandsverschuldung finanzierte. Die Verschuldung gegenüber kapitalistischen Gläubigern verdoppelte sich innerhalb von nur vier Jahren von 2,8 Milliarden US-Dollar 1983 auf 6,1 Milliarden Dollar 1987.

Das entscheidende Fundament des kubanischen Wirtschaftsmodells waren jedoch die Handelsbeziehungen mit den RGW-Staaten, mit denen Kuba mehr als drei Viertel seines Außenhandels abwickelte. Über die genaue Höhe der Subventionen der Sowjetunion gibt es dabei weit auseinandergehende Schätzungen. Die zentralen Mechanismen der sozialistischen Staatssolidarität waren zum einen „gerechte Preise", sprich: weit über dem Weltmarkt liegende Preise für kubanischen Zucker und weit unter dem Weltmarkt liegende Preise für sowjetisches Erdöl und andere Produkte, die Kuba einführte; zum anderen immer neue Kredite, auf deren Rückzahlung nicht bestanden wurde. Gegenüber der Sowjetunion addierte sich Kubas Verschuldung schließlich auf 15,5 Milliarden sogenannter „Verrechnungs-Rubel", gegenüber der DDR auf rund 2,0 Milliarden. Mit der deutschen Vereinigung erbte die Bundesregierung diese Außenstände der DDR; sie besteht bis heute auf einer Rückzahlung dieser Alt-Schulden.

Die Institutionalisierung des Sozialismus: Verfassung, „Volksmacht", Wahlen

Parallel zu der Übernahme sowjetischer Modelle in der Ökonomie fand nun auch in bezug auf die politische Ordnung ein „Prozeß der Institutionalisierung" nach sowjetischen Vorbildern statt. Deren Höhepunkt bildete 1976 die Verabschiedung einer neuen sozialistischen Verfassung, die die KP als „führende Kraft in Gesellschaft und Staat" genauso festschrieb wie die „brüderliche Freundschaft mit der Sowjetunion".

Die neue Verfassung (1976): „Kuba ist ein sozialistischer Staat"

Art. 1) Die Republik Kuba ist ein sozialistischer Staat der Arbeiter und Bauern sowie der übrigen körperlichen und geistigen Arbeiter.

Art. 5) Die Kommunistische Partei Kubas, die organisierte marxistisch-leninistische Avantgarde der Arbeiterklasse, ist die führende Kraft in Gesellschaft und Staat.

Art. 8. b) Der sozialistische Staat garantiert:
– daß es keinen Kranken gibt, der ohne medizinische Versorgung ist;
– daß es kein Kind gibt, das nicht die Schule besucht, keine Nahrung oder keine Kleidung hat;
– daß es keine Person gibt, die nicht Zugang zu Ausbildung, Kultur und Sport hat.

Art. 11) Die Republik Kuba ist Teil der sozialistischen Weltgemeinschaft.

Art. 14) In der Republik Kuba herrscht das sozialistische Wirtschaftssystem auf der Basis des sozialistischen Eigentums der Produktionsmittel durch das ganze Volk.

Art. 52 (1) Den Bürgern wird die Freiheit des Wortes und der Presse gemäß den Zielen der sozialistischen Gesellschaft zuerkannt. Die materiellen Voraussetzungen für ihre Ausübung sind dadurch gegeben, daß Presse, Radio, Fernsehen, Kino und andere Massenkommunikationsmittel in staatlichem oder gesellschaftlichem Eigentum sind und in keinem Falle Gegenstand privaten Eigentums sein können, was garantiert, daß sie ausschließlich im Dienste des arbeitenden Volkes und im Interesse der Gesellschaft genutzt werden können.

Die Verfassung etablierte ein neues politisches Institutionenge-
füge, das sogenannte System der *Poder Popular,* der „Volksmacht". Auf lokaler, regionaler und nationaler Ebene wurde, wie
in Osteuropa, eine sozialistische Variante parlamentarischer Gre-
mien eingeführt. Diese beruht auf dem Prinzip der Gewalten-
einheit (statt der Gewaltenteilung in Exekutive, Legislative und
Judikative wie in der westlichen Demokratie üblich) und des „demokratischen Zentralismus", der die Weisungsbefugnis der jeweils übergeordneten Instanzen auch formal verankert.

Die 589 Abgeordnete zählende „Nationalversammlung der
Volksmacht" (*Asamblea Nacional del Poder Popular*) ist demnach das oberste Staatsorgan. Sie tritt in der Regel allerdings nur
zweimal im Jahr für wenige Tage zusammen und bestätigt im wesentlichen die von der politischen Führung getroffenen Entschei-
dungen. Sie wählt die 31 Mitglieder des Staatsrats (*Consejo de
Estado*). Der Staatsratsvorsitzende ist zugleich Vorsitzender des
Ministerrats (*Consejo de Ministros*), des formal höchsten Exe-
kutivorgans, und Staatsoberhaupt. In der Praxis sind allerdings
die Strukturen des Staates und die der Partei auf das engste miteinander verknüpft. Fidel Castro ist zugleich Vorsitzender von
Staats- und Ministerrat und damit Staatspräsident, Erster Sekretär
des Politbüros und des Zentralkomitees der Kommunistischen
Partei sowie Oberbefehlshaber der Streitkräfte. In all diesen Ämtern ist der Vize sein Bruder Raúl Castro.

Seit dieser Institutionalisierung des Sozialismus finden auch wie-
der periodische Wahlen statt. Wurden ursprünglich nur die *Poder
Popular*-Versammlungen auf Gemeindeebene direkt gewählt, fin-
den seit einer Verfassungsänderung 1992 auch die Wahlen für die
Provinz- und die Nationalversammlung in direkter Wahl durch
das Volk statt. Wahlberechtigt sind alle Kubaner über 16 Jahren.
Die Wahlen sind dabei „frei, geheim und gleich" – allerdings im
Rahmen dessen, was ein Einparteiensystem darunter versteht. Das
Problem beginnt bereits bei der Nominierung der Kandidaten.
Diese obliegt einem Komitee aus lokaler *Poder Popular* und offi-
ziellen Massenorganisationen – und steht damit gänzlich unter der
Kontrolle des Parteiapparats. So sind zwar derzeit durchaus einige
Abgeordnete in der Nationalversammlung vertreten, die nicht der
KP angehören, sie sind aber in jedem einzelnen Falle explizit von
der Parteihierarchie gutgeheißen und unterstützt worden. Für

Oppositionelle hingegen ist es de facto unmöglich, sich als Kandidat aufstellen zu lassen.

Treue Feinde: Die USA und das kubanische Exil

Miami liegt näher an Havanna als Leipzig an Bonn. Es ist keine Stunde Flugzeit. Florida gilt als der „natürliche Ort" für Kubaner, wenn sie denn nicht auf der Insel leben – und das schon seit José Martí vor mehr als 100 Jahren die kubanischen Tabakarbeiter in Tampa und St. Petersburg für den Unabhängigkeitskampf in ihrem Heimatland agitierte. Auch Fidel hatte vor der Revolution in Florida Station gemacht, um von der Exilgemeinde Geld für seine Umsturzpläne zu sammeln. Doch nach der Revolution Castros verließen nicht einige Hundert oder Tausend die Insel, sondern Hunderttausende. Das veränderte alles.

In den ersten vier Jahren allein waren es über 200 000; bis Mitte der 80er Jahre kamen insgesamt knapp eine Million Kubaner in die USA. Die Mehrheit von ihnen ließ sich in und um Miami nieder. Im Unterschied zu allen anderen Migrationsbewegungen aus Lateinamerika war es in diesem Fall die Ober- und Mittelschicht, mehrheitlich „weiß", gebildet und wohlhabend, die in die USA auswanderte. Zudem standen sie im Kalten Krieg politisch auf der richtigen Seite. Was ihren legalen Status und staatliche Unterstützung betraf, erhielten die Flüchtlinge aus Castros Kuba eine Vorzugsbehandlung. Die Hoffnung aber, daß „der Spuk in Havanna" bald vorbei sein würde und sie in Kürze zurückkehren könnten, schwand mit der Zeit; was blieb, ist viel Verbitterung. Ihrem Gefühl nach blieben die Kubaner immer im „Exil", als Immigranten jedoch wurden sie zu einer beispiellosen Erfolgsstory. Miami wurde zum Symbol. Was bis dahin ein verschlafener Badeort für betuchte Rentner war, wurde dank des Zustroms der Kubaner zu einer der dynamischsten Metropolen der USA. *Los Cubanos* dominieren längst die Stadt. Die größte Zeitung, der *Miami Herald,* erscheint täglich komplett in einer englischen und einer spanischen Ausgabe. Miami, das erscheint manchen nicht mehr als USA, sondern als das kapitalistische Kuba.

Politisch blieb die Mehrheit der Emigranten auf einen unversöhnlichen Anti-Castro-Kurs eingeschworen. Zwar degenerierten die paramilitärischen Übungen immer älter werdender Herren in den Everglades-Sümpfen mit der Zeit zu einer Art martialischer Folklore. Doch darf darüber nicht übersehen werden, daß Exil-Kubaner tatsächlich all die Jahre über zahllose Sabotageakte und terroristische Anschläge gegen kubanische Ziele ausführten – oft genug im Auftrag oder in Kooperation mit der CIA. Auch in Miami selbst wurden Exil-Kubaner, die sich der Castro-Regierung gegenüber „zu dialogbereit" zeigten, Opfer von Bombenattentaten. Der wohl blutigste Anschlag exil-kubanischer Terroristen, bei dem 1976 ein *Cubana*-Flugzeug in Barbados in die Luft gesprengt wurde und 73 Menschen ums Leben kamen, schockierte die Weltöffentlichkeit. Gegen Fidel Castro selbst wurden, wie Anhörungen im US-Kongreß offenlegten, zwischen 1960 und 1965 mindestens acht Attentatspläne unter direkter Mitwirkung der CIA vorbereitet. (Das kubanische Innenministerium gab unlängst die Zahl von insgesamt 637 registrierten Mordversuchen gegen Castro bekannt.)

Politisch bedeutsam wurde aber noch eine andere Entwicklung: Die *Cuban-Americans,* wie sie mit der Zeit genannt wurden, entdeckten ihre Macht im politischen System der USA und organisierten sie in ziviler, höchst effizienter Form. Dem Bundesstaat Florida kommt bei den Präsidentschaftswahlen strategische Bedeutung zu, und die kubanischstämmigen Wähler bilden das Zünglein an der Waage. 1980 entstand so die hart anti-kommunistische *Cuban-American National Foundation (CANF)* als dollar-schwere und ausgesprochen effiziente politische Lobby-Organisation. Die „Nationalstiftung" hat mehrere Gesetzesinitiativen zur Verschärfung des US-Embargos lanciert und übt bis heute, auch nach dem Tod ihrer Führungsfigur Jorge Mas Canosa, großen Einfluß auf die Washingtoner Kuba-Politik aus. Dieser Anti-Castrismus in Schlips und Kragen geht dabei einher mit oft kaum nachvollziehbaren Emotionsausbrüchen der Exilgemeinde wie zuletzt im April 2000, als im Sorgerechtsstreit um den Flüchtlingsjungen Elián González schließlich US-Fahnen und Autoreifen in Miami brannten, nachdem die Regierung Clinton gegen die ex-kubanischen Verwandten und für den in Kuba lebenden Vater entschied.

Die Exil-Kubaner hätten aber keineswegs eine solche Machtposition, wenn sie nicht auf die Stimmung des konservativen US-Establishment aufbauen könnten. Die Demütigung durch Castro sitzt hier tief, und die US-Politik gegen Kuba ist seit 1959 von verläßlicher Feindschaft geprägt. Eine Ausnahme bildete die Amtszeit Jimmy Carters von 1976 bis 1980, in der die Beziehungen ihre einzige Entspannungsphase erlebten. 1977 wurden „ständige Vertretungen" als Botschaftsersatz in beiden Hauptstädten eingerichtet; die kubanische Regierung begann einen Dialog mit moderaten Gruppen des Exils; erstmals reisten in größerem Umfang Kubaner aus den USA zu Familienbesuchen auf die Insel; eine ganze Reihe von Abkommen, etwa über Fischfangrechte oder Drogenbekämpfung, wurden unterzeichnet.

Doch zur gleichen Zeit schickte die Regierung in Havanna massive Armeeverbände nach Afrika. Kubaner kamen als Soldaten zum Einsatz, um die sozialistische Regierung in Angola gegen interne Rebellen und die Interventionstruppen des Apartheidstaates Südafrika zu verteidigen. Militärisch war Kubas Intervention durchaus erfolgreich; außenpolitisch wurde sie jedoch zu einer Zerreißprobe für das Verhältnis zu den USA. Hinzu kam, daß Kuba von 1979 bis 1982 den Vorsitz der Bewegung der blockfreien Staaten innehatte und dabei eine Art „natürliche Allianz" der blockfreien (zumeist Dritte-Welt-) Staaten mit der Sowjetunion propagierte. Kubas außenpolitische Unterordnung unter die Linie der Sowjetunion erlebte einen weiteren Höhepunkt, als Castro 1979 den sowjetischen Einmarsch in Afghanistan unterstützte. Als Fidel 1980 schließlich über den Hafen von Mariel eine Massenflucht von 125 000 Kubanern in die USA zuließ (darunter auch Tausende von Straftätern, die nur zu diesem Zweck aus dem Gefängnis entlassen worden waren), galt Carters Kuba-Politik als gescheitert. Die Wahl Ronald Reagans im gleichen Jahr brachte dann die Rückkehr zum gewohnten Kalten Krieg in den bilateralen Beziehungen.

Die große Krise: Kuba seit 1989

Die Krise wirft ihre Schatten voraus: Auf Gegenkurs zur Perestroika

Die Jahre 1989/90 markieren einen dramatischen Einschnitt auf der Insel. Als die sozialistischen Verbündeten und Handelspartner in Osteuropa einer nach dem anderen zusammenbrachen, stürzte die Insel in eine tiefe, alle Bereiche erfassende Krise. Der von vielen erwartete Sturz der Regierung in Havanna blieb jedoch aus. „Die letzte Stunde Fidel Castros", so der Titel eines Bestsellers in den USA, wurde lang und länger. In Kuba war die sozialistische Ordnung nicht mit den Panzern der Sowjetunion ins Land gekommen, und sie stürzte auch nicht zusammen mit ihnen. Auch mehr als zehn Jahre nach dem Fall der Mauer halten sich das Einparteiensystem und der *Comandante en Jefe* Fidel Castro an der Macht. Dennoch hat sich in dieser Zeit nicht nur die Welt um Kuba, sondern auch die Insel selbst grundlegend verändert.

Bereits seit Mitte der 80er Jahre hatte die drohende Krise ihre Schatten vorausgeworfen. Während in der Sowjetunion Gorbatschows *Perestroika*-Politik begann, ging Castro auf Gegenkurs. Der 1986 begonnene Prozess der *Rectificación*, der „Korrektur von Irrtümern", brachte im politischen Bereich eine Rückbesinnung auf den nationalistischen Charakter der Revolution. Ökonomisch war es eine Anti-Markt-Reform: Die Bauernmärkte wurden abgeschafft, die Wirtschaft wurde re-zentralisiert, und statt materieller Anreize sollten nun wieder moralische Kampagnen und das Vorbild des Che die Arbeitskräfte motivieren. Gorbatschow begann zudem damit, die sowjetischen Subventionen für Kuba vorsichtig herunterzufahren. Bei einem Staatsbesuch im April 1989 wurde zwar noch die „unverbrüchliche Freundschaft" gefeiert, doch bereits drei Monate später verbot Castro die Einfuhr der Perestroika-Publikationen *Sputnik* und *Novedades de Moscú*.

Fidel Castro (1993): Die Irrtümer der UdSSR

Wir dürfen niemals in die Irrtümer verfallen, denen die sozialistischen Länder verfallen sind oder die UdSSR. Denn in der UdSSR hatte man begonnen, darüber zu reden, daß man etwas verbessern wollte. Tatsächlich gab es in der UdSSR viele Fehlentwicklungen, wir wissen das wohl. Sie sagten, daß sie den Sozialismus verbessern wollten, und alle Welt war zufrieden, sehr gut, sie wollen den Sozialismus verbessern, was für eine großartige Sache, den Sozialismus zu verbessern. Der Sozialismus mußte verbessert werden. Aber er mußte keinesfalls zerstört werden! Niemals hätte man dem Yankee-Imperialismus die Weltherrschaft schenken dürfen, wie sie das getan haben, ohne einen einzigen Schuß abzugeben!

Zeitgleich mit dem Beginn der Perestroika in der UdSSR waren 1986 aber auch Kubas wirtschaftliche Beziehungen zu den kapitalistischen Staaten auf einem Tiefpunkt angekommen. Das Land konnte seine so stark angewachsenen Devisenschulden nicht mehr bedienen und mußte de facto seine Zahlungsunfähigkeit gegenüber westlichen Gläubigern erklären. Wo andere Staaten der Dritten Welt sich in einer solchen Situation den berüchtigten Sparprogrammen des IWF hätten unterwerfen müssen, gab es für die Regierung in Havanna einen Ausweg: Sie entschied, den Handel mit dem Westen auf ein Minimum zu reduzieren und den Außenhandel noch stärker als sowieso schon auf die sozialistischen Staaten zu konzentrieren. 1989 wickelte Kuba so mehr als 85 % seiner Ex- und Importe mit den RGW-Staaten ab. Umso härter traf es die Insel, als diese zusammenbrachen. Erst jetzt, als Kuba keine privilegierten Beziehungen innerhalb der sozialistischen Welt mehr Zuflucht boten, sah sich die Ökonomie den Zwängen und Anforderungen des Weltmarkts ausgesetzt. Und erst jetzt wurde auch das seit Jahrzehnten bestehende Wirtschaftsembargo der USA mit voller Wucht wirksam.

Innenpolitisch erlebte Kuba 1989 einen Paukenschlag: die Verhaftung und Hinrichtung von Armeegeneral Arnaldo Ochoa, dem ranghöchsten Militär nach den Castro-Brüdern, Kommandant der kubanischen Truppen bei zahllosen „internationalistischen Missionen" und im langen Angola-Krieg. Nun mußten die Kubaner miterleben, wie diesem hochdekorierten „Helden der Revolution" der Prozeß wegen Hochverrat, Korruption und Drogenhandel gemacht wurde. Neben Ochoa waren eine Reihe weiterer hoher Kader aus der Abteilung für Devisenbeschaffung des Innenministeriums angeklagt. Offengelegt wurden abenteuerliche Deals, vom Elfenbeinverkauf in Afrika bis zu Drogengeschäften mit dem kolumbianischen Kokain-Kartell: In mindestens 15 Fällen war Kokain mit Flugzeugen in den kubanischen Badeort Varadero gebracht und von dort per Schnellboot in die USA weitergeleitet worden. Bis heute bleiben viele Fragen offen. Die Beweisführung des Militärstaatsanwalts ist nie unabhängig nachprüfbar gewesen. Zudem scheint es vielen Beobachtern kaum denkbar, daß Fidel und Raúl Castro nicht von den Aktivitäten der Devisenbeschaffungsabteilung gewußt haben sollen. Und unklar ist auch, ob mit der Hinrichtung Ochoas nicht nur die „Ehre der Revolution" verteidigt, sondern auch ein in Volk und Armee ausgesprochen populärer Konkurrent aus dem Weg geräumt werden sollte, dem Diskrepanzen mit Fidel und Sympathien für Reformen nachgesagt wurden.

Das Verfahren gegen Ochoa & co. wurde als Schauprozeß inszeniert und vom Fernsehen übertragen. Viele der Angeklagten ergingen sich in Selbstbeschuldigungen, die teilweise wie Karikaturen wirkten, und forderten exemplarisch hohe Strafen gegen sich. Ochoa und drei Mitangeklagte wurden zum Tode verurteilt. In der Folge unterzog man den gesamten Sicherheitsapparat einer rigiden Säuberung, und das Innenministerium wurde einem engen Vertrauten Raúl Castros, Armeegeneral Colomé Ibarra, unterstellt. Während sich nur ein paar Monate später in den sozialistischen Staaten Osteuropas Reformkräfte und Verteidiger des Status quo offen gegenüberstanden, hatte Kubas Führung nach dem „Fall Ochoa" keine Abweichler in den Reihen von Partei und Armee zu befürchten.

„Período Especial": Das Notprogramm

Der Absturz war tief. Nach 1989 brachen die Abnehmer für Kubas Exportprodukte weg, und die Lieferungen aus den sozialistischen Bruderstaaten blieben aus. Alles wurde knapp. Es gab nicht mehr genügend Rohstoffe für die Fabriken und keine Ersatzteile für Autos und Maschinen, nicht genug zu essen und nicht genug Benzin. Die Zuckerrohrernte brach ein, von 8,4 Millionen Tonnen 1989 auf gerade noch 3,3 Millionen 1995. Zahllose Betriebe im ganzen Land standen still. Nach offiziellen Zahlen fiel Kubas Importkapazität von 8,1 Milliarden Dollar 1989 auf nur noch 1,9 Milliarden 1994.

Allein das Erdöl: Die Sowjetunion hatte früher jedes Jahr 13 Millionen Tonnen geliefert – weit mehr als die kubanische Wirtschaft brauchte. Rund drei Millionen Tonnen davon konnte das Land auf eigene Rechnung auf dem Spot-Markt in Rotterdam weiterverkaufen, gegen harte Dollars. 1992 importierte Kuba gerade noch 5 Millionen Tonnen. Von einem kostenlosen Devisenbringer war Öl zu einem alle Wirtschaftsbereiche nach unten ziehenden Mangelprodukt geworden. Ein bitterer Witz machte in Havanna die Runde: Frage an Radio Eriwan: „Gibt es einen Ausweg in einer

Situation ohne Ausweg?" – Antwort von Radio Eriwan: „Wir mischen uns nicht ein in die inneren Angelegenheiten Kubas."

Die Regierung Castro reagierte auf die wirtschaftliche Notsituation mit kämpferischen Durchhalteparolen und mit einem rigiden Sparprogramm, der sogenannten *Período Especial en Tiempos de Paz* (Sonderperiode in Friedenszeiten). Öffentlicher Verkehr und Transport kamen weitgehend zum Erliegen. Um Energie zu sparen, wurden Stromsperren verfügt, die gefürchteten *Apagones*, die 1993 und 1994 bis zu fünf, sieben oder gar zwölf Stunden am Tag die Bevölkerung ohne Strom für Kühlschrank und Ventilator ließen, Hochhäuser ohne Fahrstuhl und ganze Stadtteile ohne Licht. Normaler Verkauf „Geld gegen Ware" wurde auch in den staatlichen Läden fast gänzlich abgeschafft. Fast alle Waren wurden rationiert. „Was wir haben ist praktisch eine Kriegswirtschaft", charakterisierte Castro dies selbst. Die Zuteilungen an Grundnahrungsmitteln waren knapp, die von Bratöl, Eiern oder gar Fleisch fielen oft ganz aus. Auch grundlegende Konsumartikel von der Seife bis zur Zahnpasta, von Damenbinden bis Unterhosen wurden zu schwer beschaffbarer Mangelware.

Deutlich wurde in der Krise auch, wie sträflich über die reichlich fließenden Importe aus Osteuropa die einheimische Nahrungspro-

---

Anonym (1990): Sonett vom Nahrungsmittelplan

Der Maniok, der aus Litauen kam,
die Mango, süße Frucht aus Krakau,
der Ñame, wie er wächst in Warschau
und der Kaffee, den man in Deutschland pflanzt.

Die gelbe Malanga aus Rumänien,
der moldawische Boniato in seiner Feinheit,
aus Sibirien der Mamey in seiner Reinheit
und die grünen Bananen der Ukraine.

All dies fehlt, und nicht aus unserer Schuld.
Um den Nahrungsmittelplan zu erfüllen,
führt man eine harte, intensive Schlacht,

und man sieht bereits den ersten Beweis,
daß die notwendige Anstrengung erbracht wird:
Es gibt schon Essen im Fernsehen und in der Zeitung.

duktion vernachlässigt worden war. Denn die karibischen Knollengewächse wie Boniato, Malanga und Ñame, tropische Früchte wie Mango und Mamey fehlten nun genauso wie die Importwaren aus Übersee. Ein „Nahrungsmittelplan" (*Plan Alimentario*) sollte mit Appellen und Kampagnen die Produktion ankurbeln, doch seine Ergebnisse blieben mager. Ein anonym bleibender kubanischer Literat drückte dies damals in bissiger Ironie, aber in klassischem Versmaß in seinem „Sonett vom Nahrungsmittelplan" aus, das freilich auf Kuba nie publiziert wurde, sondern nur von Hand zu Hand und von Mund zu Mund zirkulierte.

Die Quasi-Kriegswirtschaft konnte den harten Fall des Lebensstandards kaum bremsen, sie ermöglichte es aber, seine sozialen Kosten einigermaßen gleichmäßig zu verteilen. Mit ihr einher ging allerdings auch eine kontrollierte Öffnung nach außen, denn das Land brauchte unweigerlich neue Devisenquellen. Zentral dabei waren die Forcierung des internationalen Tourismus und das Werben um ausländische Joint-venture-Unternehmen. Hinter dieser dualistischen Wirtschaftsstrategie steckte die Hoffnung, daß erstens die sozialistische Peso-Wirtschaft und die neuen Inseln der Dollar-Ökonomie säuberlich voneinander getrennt existieren könnten, und daß zweitens sich mit den Überschüssen der letzteren die Defizite der ersten ausgleichen ließen. Beides war nicht der Fall.

Die Erträge der neuen Dollar-Sektoren waren viel zu gering, um den Sturz der sozialistischen Gesamt-Ökonomie kompensieren zu können. Und getrennt halten ließen sich beide Sphären nur in der Theorie. In der Praxis wuchs der Schwarzmarkt rasant an und wurde für das alltägliche Auskommen unverzichtbar. Bereits 1992 gingen offizielle kubanische Schätzungen davon aus, daß mehr Pesos in der Grauzone zwischen Schwarzmarkt und Familienbeziehungen umgesetzt wurden als in der formalen Ökonomie. Und das immer weitere Auseinanderklaffen zwischen Dollar- und Peso-Sphäre spiegelte sich im Wertverfall der kubanischen Währung auf dem Schwarzmarkt: Offiziell 1:1 zum Dollar fiel sie auf rund 130 Pesos pro Dollar Mitte 1994. Wo der Lohn in der staatlichen Ökonomie unverändert bei knapp unter 200 Pesos blieb, waren dies umgerechnet ganze $1^{1}/_{2}$ Dollar. Natürlich sind dabei die Zuteilungen über die *Libreta,* das kostenlose Bildungs- und Gesundheitssystem und die fast symbolischen Preise der Wohnungsmiete mit in Rechnung zu stellen. Dennoch wurden die Diskrepanzen gewaltig: Was ein Kellner in einem Touristenhotel bei einem einzigen Frühstück als Trinkgeld bekam, konnte leicht den Monatslohn eines Stahlarbeiters oder eines Facharztes übersteigen.

Allen moralischen Kampagnen zum Trotz wurde in dieser Situation die Versuchung allgegenwärtig, am Füllhorn der Dollar-Welten teilzuhaben – und zwar bis hinauf zur allerhöchsten Ebene: Carlos Aldana, der mächtige Ideologie-Chef der KP und „dritte Mann" hinter den Castro-Brüdern, wurde wegen Korruption unehrenhaft aller Ämter enthoben; er hatte, so einer der Vorwürfe, sich von einem Sony-Vertreter auf der Insel zwei Kreditkarten auf seinen Namen geben lassen. Für die einfachen Leute waren bei der Jagd nach dem Dollar andere Ziele eher erreichbar; allen voran die Jahr für Jahr wachsende Zahl der Touristen.

Tourismus: Dollarwelten mit Konsequenzen

Tourismus hat Tradition in Kuba. Bereits Mitte des letzten Jahrhunderts war die Insel Ziel von Reisenden aus den USA. Der große Aufschwung begann jedoch in den 20er Jahren dieses Jahrhunderts; 1927 verzeichnete die Insel bereits mehr als 100 000 ausländische Gäste. In dieser Zeit kamen auch Kreuzfahrten in Mode, und der Stop in Havanna wurde für die Karibikrouten zum

---

Guillermo Cabrera Infante (1967): Showtime in Havanna
(Der Beginn des Romans *Drei Traurige Tiger*)

Showtime! Meine Damen und Herren. *Ladies and gentlemen.* Einen wunderschönen Abend Ihnen allen, meine Damen und Herren. *Good-evening, ladies & gentlemen. Tropicana,* der FABELhafteste Nachtclub der Welt... „*Tropicana", the most fabulous nightclub in the WORLD*... präsentiert... *presents*... seine *neue* Revue (...) Ich möchte mich, wenn es mir die sprichwörtliche Liebenswürdigkeit des hochverehrten kubanischen Publikums erlaubt, an unsere RIIIIEsige amerikanische Besucherschar wenden: an die ehrenwerten und strahlenden Touristen, die das Land der *gay senyoritaes and brave caballeros* besuchen... *For your exlusive pleasure, ladies and gentlemen*...

fast obligatorischen Höhepunkt. Doch Tourismus ist eine krisenanfällige Branche; die Weltwirtschaftskrise 1929 und der Zweite Weltkrieg brachten den Fremdenverkehr praktisch zum Erliegen.

Mit umso mehr Macht lebte der Tourismus in den 50er Jahren wieder auf. In den USA wurde Kuba zum beliebtesten Reiseziel der Karibik. 1955 überschritt man die Marke von einer Million Besucher. Varadero wurde zum international bekannten Strandparadies. Das Hauptreiseziel aber war das quirlige Havanna, das – für Menschen mit Geld – seine „goldenen 50er Jahre" erlebte. Es gab zahllose Nightclubs und Casinos, verrufene Bordelle und anspruchsvolle Jazz-Lokale, noble Restaurants und exklusive Clubs. Einer der großen kubanischen Romane, *Drei Traurige Tiger* von Guillermo Cabrera Infante, spielt nicht nur in diesem lebendigen Nachtleben Havannas, sondern macht es gleichsam zur „Hauptperson" des Buches.

Dutzende von neuen Hotels wurden in dieser Zeit gebaut. Der enorme neoklassizistische Bau des „Hotel Nacional", der in den 30er Jahren zum Wahrzeichen Havannas geworden war, bekam nun Konkurrenz durch moderne Hochhaustürme: das „Capri", dessen Nachtclub zum berüchtigten Treffpunkt der Halbwelt Havannas wurde, das elegante „Riviera", dessen Bau der Mafia-Boß Meyer-Lanski persönlich in Auftrag gab, und schließlich das „Havanna Hilton", dessen 25 Stockwerke die Skyline Havannas überragten und zu dessen Einweihung 1958, neun Monate vor dem Triumph Fidel Castros, Conrad Hilton persönlich angereist kam.

Mit der Revolution brach diese Welt über Nacht zusammen. Im *Havanna Hilton* schlugen Castro, Che & co. das erste Hauptquartier der neuen Regierung auf. Nicht einmal zwei Jahre später war das Hotel nationalisiert und hieß nun *Habana Libre* („Freies Havanna"). Das Havanna der 50er Jahre wurde zum Inbegriff kapitalistischer Dekadenz. Die Frankfurter Rundschau berichtete unter der Überschrift „Das verlassene Paradies" (18.6.1960): „Havanna ist, solange die revolutionäre Regierung herrscht, für den Fremdenverkehr wohl tot; auch wenn sich Castros Politik ändern sollte, wird die Chance verspielt sein. Es wird seinen alten Rang im Herzen der Amerikaner nicht zurückerobern."

Der sozialistische Aufbau in den folgenden Jahren sah einen Tourismus ganz anderer Art: „Der Strand dem Volk", hieß die Parole. Die Strände im Osten von Havanna wurden zu einem beliebten Ausflugsziel der Hauptstädter. Staat und Armee, Betriebe und Gewerkschaften übernahmen die Hotels und organisierten Urlaubsaufenthalte der Arbeiter am Meer oder in den Bergen. Hochzeitspaare bekamen ein paar Nächte im schönen Hotel geschenkt, und Auszeichnungen für besondere Verdienste in Arbeit und Gesellschaft wurden in Form von Hotelgutscheinen vergeben. Ausländische Besucher kamen vor allem in Form von Delegationen und „Freundschaftsreisen" ins Land, nicht als sonnenhungrige Pauschalurlauber.

Seit Ende der 80er Jahre ist nun wieder alles ganz anders. Die Regierung hat den internationalen Tourismus zum Kernstück der Re-Integration Kubas in die Weltwirtschaft erhoben. Die zweistelligen jährlichen Zuwachsraten sind in der Tat beeindruckend; 1999 besuchten rund 1,7 Millionen Reisende die Insel, darunter weit über 200 000 Deutsche. Ohne Frage ist der Tourismus heute ein zentraler Devisenbringer des Landes, auch wenn sein Netto-Ertrag um einiges geringer ist als manche Zahlen suggerieren. Denn ein hoher Anteil der Tourismus-Einnahmen fließt umgehend wieder ab für Importe, von den Fahrstühlen der Hotels über die japanischen Reisebusse, das Surfbrett und das deutsche Bier, das viele auch im Urlaub in der Karibik nicht missen mögen.

Die sozialen Konsequenzen der Tourismus-Strategie waren erheblich. Die Dollar-Welten der Ausländer lebten einen Wohlstand vor, der in bitterem Kontrast zu den Versorgungsengpässen und Notmaßnahmen der *Período Especial* stand, die die Kubaner erlebten. Wo diesen nicht nur die Kaufkraft fehlte, sondern ihnen bis 1993 jeglicher Devisenbesitz per Gesetz verboten war, machte das bittere Wort von der „Dollar-Apartheid" die Runde. Zum weithin sichtbaren Symbol der neuen Diskrepanzen wurde das 5-Sterne-Hotel „Meliá Cohiba", dessen weiße Fassade auch dann 22 Stockwerke hoch hell angestrahlt wird, wenn rundherum die Stadt von Stromsperren verdunkelt ist. Der kritische Liedermacher Pedro Luis Ferrer handelte sich viel Ärger mit den Behörden ein, als er den auf zahllosen Stellwänden zu findenden Regierungs-Slogan „100 % kubanisch!" ironisch auf die neue Realität anwandte.

Pedro Luis Ferrer (1992): 100 % kubanisch!

Mein Kuba ist ja
hundertprozentig kubanisch
und so reservier' ich mir morgen
das beste Hotel von Havanna.

Dann fahr ich nach Varadero
und miet' mir ein Haus am Strand
mit diesem meinem Geld,
das ich mir bei der Zuckerrohrernte verdient hab.

Mein Kuba ist ja
hundertprozentig kubanisch
und so reservier' ich mir morgen
eine Yacht im Hafen von Barlovento.

Ich will einen Nachmittag lang
Langusten fischen gehen
und in all seiner Pracht
den Reichtum meiner Küsten genießen.

Kuba, schön wie ein Spiegel
wenn wir gleichmäßig teilen.
Kuba, kubanisch zu hundert Prozent,
und als erstes bekommen die Kubaner!

Mein Kuba ist ja
hundertprozentig kubanisch
und so lad' ich mit meinem kubanischen Geld
gern auch die Ausländer ein.

Ich werd' in allen Läden kaufen,
die in meinem Land offen sind,
mit diesem meinem Geld,
das so kubanisch ist wie ein Mambí.

Mein Kuba ist ja
hundertprozentig kubanisch
und so reservier' ich mir morgen,
einen Platz im Flugzeug.

Ich will in den Süden reisen
um die Armut zu sehen
und zurückkommen in meine Heimat
als Kubaner, hundertprozentig kubanisch.

Staat und Partei organisierten ihre Teilhabe an den touristischen Dollar-Welten in vielfältigen Formen. Die legendäre Hemingway-Kneipe „Bodeguita del Medio", Pflichtprogramm jedes Havanna-Besuchers, ist beispielsweise dem Kommunistischen Jugendverband zur eigenständigen Devisenerwirtschaftung übertragen. Es ist ein offenes Geheimnis, daß „Gaviota", eines der größten Unternehmen im Tourismus-Bereich, der Armee gehört. Ein besonderes Element dieser Strategie war die Gründung quasi-staatlicher, aber formal als „Aktiengesellschaften" (*Sociedad Anónima*, kurz: *S. A.*) organisierter Unternehmen, die zumeist im Außenhandel oder im Umfeld des Tourismus tätig sind, auf Dollar-Basis operieren und von zuverlässigen Kadern geführt werden. Auslandsunternehmen können ihr Personal ausschließlich über offizielle Beschäftigungsgesellschaften anstellen, so daß auch hier der Staat über die Vergabe der begehrten Posten in der Dollar-Welt mitentscheidet.

Auch für viele, die bei diesem „Kaderkapitalismus" außen vor blieben, wurden die Touristen zu einem zentralen Bestandteil ihrer persönlichen Überlebensökonomie: durch den Verkauf von selbstgefertigtem Handwerk oder von „organisierten" Zigarren aus staatlicher Produktion, über das Angebot privater Unterkünfte oder Taxifahrten, durch improvisierte Stadtführungen oder Dolmetscher-Dienste. Ein Tourist ist, wie es zuweilen in Kuba heißt, *un fula con patas,* ein „Dollar mit Füßen".

Damit einher ging auch ein massives Anwachsen der Prostitution – Ergebnis der tiefen Kluft zwischen Dollar- und Peso-Welt, aber auch, und dies sollte nicht unterschlagen werden, der „Nachfrage" seitens der nach Kuba reisenden Männer. Die in diesem Metier tätigen Frauen werden *Jineteras* genannt, was wörtlich „Reiterinnen" heißt und am ehesten dem deutschen Begriff „leichtes Mädchen" entspricht. So wie diese Bezeichnung den Übergang zwischen Urlaubs-Flirt und professioneller Prostitution verschwimmen läßt, so sind auch in der Realität die Übergänge fließend. Mit einer gewissen romantischen Verklärung gehören die *Jineteras* inzwischen fast zum Lokal-Kolorit neuerer Kuba-Romane. In der täglichen Praxis sind die *Jineteras* nicht nur von ihren Kunden abhängig, sondern in aller Regel sind sie auch auf eine durch Dollars geschmierte Zusammenarbeit mit dem Personal und den Sicherheitskräften der Hotels angewiesen, um in die Bars, Diskotheken und Zimmer der Touristen zu kommen. Gleichzeitig ist Prostitution offiziell verboten, und die Polizei geht immer wieder mit Razzien gegen die Frauen vor, denen im schlimmsten Fall mehrjährige Freiheitsstrafen drohen. Daß hingegen ein Tourist gesetzlich belangt worden wäre, ist noch nicht bekannt geworden.

Krise, Reform, Kontrolle: Ein prekäres Mischsystem entsteht

Kubas Wirtschaftskrise erreichte ihren Tiefpunkt im Sommer 1993. In Havanna kam es in den langen Nächten ohne Strom zu „Akten des Vandalismus", so die Parteizeitung. Und als die Zuckerrohrernte einen neuen Negativrekord verzeichnete, drohte dem Staat ein akuter Devisenengpaß: Die Importkapazität drohte unter 2 Milliarden Dollar zu fallen, was den Planern der Regierung als kritische Überlebensmarke der kubanischen Ökonomie gilt. In dieser Situation griff die Führung zu einem radikalen Schritt. Ausgerechnet am Revolutionsfeiertag, dem 26. Juli 1993, verkündete Fidel Castro die Legalisierung des US-Dollars in Kuba.

Diese Maßnahme veränderte die Grundkoordinaten der kubanischen Wirtschaft. Denn angesichts des Wertverlusts des kubanischen Peso bedeutete die Dollar-Freigabe nicht das Zulassen einer „Zweitwährung", sondern in der Konsequenz das Akzeptieren des US-Dollars als einziger harter Währung des Landes. Wo die Revolution ihre historische Legitimation aus der Behauptung der Nation gegen die Abhängigkeit von den USA zieht, berührte die Kapitulation vor der Währung des Feindes auch die ideologischen Fundamente des politischen Systems.

Ökonomisch allerdings war die Dollarfreigabe tatsächlich ein Rettungsanker. Sie erschloß dem Land eine neue Devisenquelle von kaum zu überschätzender Bedeutung: die nun legal zu empfangenden Geldüberweisungen von Verwandten aus dem Ausland. Was sich nach Kleingeld anhört, ist inzwischen einer der zentralen Wirtschaftszweige der kubanischen Ökonomie. Nach verschiedenen Schätzungen bringen die Rücksendungen der emigrierten Kubaner zwischen 500 und 1100 Millionen US-Dollar jährlich, womit sie die größte Deviseneinnahmequelle Kubas darstellen, noch vor dem Zucker und den Netto-Einnahmen durch den Tourismus. Über die rasch ausgeweiteten staatlichen Dollar-

Pedro Monreal, Ökonom (1999): Die Bedeutung der Überweisungen

Die Emigration und die Geldüberweisungen haben heute eine zentrale Stellung in der kubanischen Wirtschaft und Gesellschaft inne, die ohne Beispiel in der jüngeren Geschichte des Landes ist. De facto wirken die Überweisungen als Mechanismus der Weltmarktintegration und „Modernisierung" Kubas. Auch wenn dies für manche eine beunruhigende Vorstellung sein mag: Das Phänomen der Überweisungen kann Ausdruck davon sein, daß für Kuba heute der Export von Arbeitskräften einer der Sektoren mit den größten „komparativen Vorteilen" des Landes ist – und daß sich de facto ein erheblicher Teil des „modernen" Sektors der kubanischen Wirtschaft außerhalb der Landesgrenzen befindet. Eine der möglichen Implikationen daraus wäre, daß das Wohlergehen der Kubaner auf der Insel in beträchtlichem Maße von den Einnahmen aus den familiären Auslandsüberweisungen abhängt, die dem Land ein höheres Konsumniveau erlauben als es die „nationale Wirtschaft" allein erwarten ließe.

shops, die von Seife bis zum Videorecorder alles anbieten, was in der sozialistischen Normalökonomie fehlt, wandern diese Überweisungen aus dem Exil zuverlässig in die Kassen des Staates. Aus den *Traidores* („Verrätern"), so der Volksmund, wurden *Traedólares,* („Dollarbringer").

Im „Sommer der Reform" 1993 wurden noch drei weitere Schritte zum Umbau der Wirtschaft getan:

Erstens, die Zulassung einer Reihe von Gewerben als „Arbeit auf eigene Rechnung" (*Trabajo por Cuenta propia*). Zahlreiche Restriktionen sollen dabei jedoch ausdrücklich das Entstehen von „Klein-Unternehmern" verhindern, und bis heute sind nicht mehr als 5% der kubanischen Bevölkerung legal als Fahrradreparateur oder Klempner, Friseuse oder Feuerzeugnachfüller registriert.

Zweitens, die Umwandlung des Großteils der ländlichen Staatsbetriebe in sogenannte UBPC-Genossenschaften (UBPC = Basiseinheit der genossenschaftlichen Produktion). Als „dritte Agrarreform" tituliert und mit großen Hoffnungen bedacht, blieben diese neuen Genossenschaften in der Praxis bislang weitgehend unter der Fuchtel rigider Planvorgaben und staatlicher Stellen.

Und drittens ein Sparprogramm zur Sanierung der öffentlichen Finanzen, das die Preise für Tabak und Alkohol, aber auch für öffentliche Dienstleistungen wie Strom und Wasser erhöhte.

Die sozialen Kosten liegen auf der Hand, doch hier ist auch der sichtbarste Erfolg erzielt worden: Die kubanische Währung gewann wieder an Wert und pendelte sich Ende der 90er Jahre relativ stabil bei rund 20:1 ein. Dies ist immer noch überaus niedrig für diejenigen, die Peso-Einkommen beziehen, aber doch auch weit entfernt von dem freien Fall des Peso in den Jahren zuvor.

Derweil nahm zwischen 1990 und 1994 die Absetzbewegung aus Kuba massiv zu. Hunderte von Künstlern und Intellektuellen verließen die Insel oder verlängerten ihre Auslandsaufenthalte auf unbestimmte Zeit, ohne sich durch radikale Erklärungen den Rückweg zu verbauen – vom Volksmund „samtenes Exil" genannt. Wer solche Möglichkeiten nicht hatte, mußte weniger elegante Wege wählen. Da die USA in der Vergabe legaler Visa überaus restriktiv waren – 1993 waren es ganze 964 –, gleichzeitig aber alle über den Seeweg fliehenden Kubaner mit offenen Armen empfingen, stieg die Zahl der *Balseros* (*balsa* = Floß) rapide an. In den 4^1/$_2$ Jahren nach 1990 registrierte die kubanische Küstenwache nicht weniger als 45 000 Fluchtversuche über das Meer.

Im Sommer 1994 eskalierte die soziale Krise. Am 5. August kam es auf Havannas Küstenstraße, dem *Malecón,* erstmals zu offenen Unruhen gegen die Regierung. Am hellichten Tage wurden die Scheiben von Dollarläden eingeworfen und Anti-Castro-Parolen skandiert. Bereits nach zwei, drei Stunden hatten die Sicherheitskräfte die Lage wieder unter Kontrolle, ohne Panzer und ohne Blutvergießen. Fidel Castro selbst marschierte an der Spitze des schnell mobilisierten Demonstrationszugs, der den *Malecón* wieder für die Revolution in Besitz nahm. Dennoch markiert dieser 5. August 1994 in Kuba einen Einschnitt: Die Tiefe der gesellschaftlichen Erosionsprozesse war sichtbar geworden – und auch die Regierung registrierte dies. Nur wenige Tage später trat Castro die Flucht nach vorn an und gab die Grenzen für alle Floßflüchtlinge frei. Die Folge war ein Massenexodus. In weniger als einem Monat flohen mehr als 32 000 Kubaner auf selbstgezimmerten Flößen und in lebensgefährlicher Überfahrt Richtung Florida. Das Land erlebte eine Untergangsstimmung. Das Schicksal jener *Balseros,* die bei ihrem Fluchtversuch starben, blieb in der Gesellschaft als Trauma zurück.

Auch wirtschaftspolitisch sah sich die Regierung zu einer Antwort auf die Krise gezwungen. Nur eine Woche, nachdem Fidel

Castro die Grenzen wieder für geschlossen erklärte, ließ er seinen Bruder Raúl die bis heute bedeutendste interne Reformmaßnahme verkünden: die Wiederzulassung der 1986 abgeschafften Märkte für Agrarprodukte. „Heute ist es das wichtigste politische, militärische und ideologische Problem des Landes, nach Nahrungsmitteln zu suchen!", so der Armeechef. Es gibt eine Reihe von Einschränkungen, aber im Prinzip werden die Preise dort durch Angebot und Nachfrage definiert. „Die Preise mögen hoch sein", so die bemerkenswerte Erklärung Raúl Castros, „aber sie werden in jedem Falle niedriger sein als auf dem Schwarzmarkt".

In der Tat haben die Märkte die Versorgungslage der Bevölkerung spürbar verbessert, und auch für die landwirtschaftliche Produktion haben sie echte Anreize geschaffen. Mit dem Zustrom der Überweisungen, dem Wachstum der Dollar-Sektoren und der relativen Stabilisierung des Peso wurde eine gewisse Entspannung der ökonomischen Situation erreicht. Die offiziellen Statistiken zeigen seit 1994 wieder ein vorsichtiges Wirtschaftswachstum. Im Juni 1995 wurden private Kleinrestaurants, die sogenannten *Paladares,* zugelassen. Doch dann schlug das wirtschaftspolitische Pendel wieder um. Gegen die Freiberufler gab es nun eine Flut von Kontrollen, Gebühren und Inspektionen, ideologisch wurde zu Felde gezogen gegen „Keimzellen einer einheimischen Bourgeoisie, die früher oder später der Konterrevolution zu Diensten wäre". In einer von Raúl Castro verlesenen „Erklärung des Politbüros" griff die Parteiführung im März 1996 in martialischem Ton die Reformdiskussion in Kubas akademischen Studienzentren frontal als „Fünfte Kolonne des Feindes" an.

Seitdem legte der wirtschaftliche Reformprozeß vielfach wieder den Rückwärtsgang ein. Zahllose *Paladares* wurden geschlossen, Tausende von „auf eigene Rechnung Arbeitenden" sahen sich gezwungen, ihre Lizenz wieder zurückzugeben. Erneut gewinnt der Schwarzmarkt an Gewicht. Was die Regierung an Reformen weiterhin durchführt, konzentriert sich seitdem im wesentlichen auf den Außensektor (Freihandelszonen für Auslandsfirmen, Werben um neue Auslandsinvestitionen, Ausweitung der Dollar-Läden etc.), den Ausbau der touristischen Infrastruktur (Anlegesteg für Kreuzfahrtschiffe in Havanna, Modernisierung des Flughafens etc.) sowie auf eher technisch-administrative Fragen (Einführung eines zweistufigen Bankensystems, Aufbau der Steuerverwaltung etc.).

Die Koexistenz grundverschiedener Währungen und Wirtschaftsmechanismen, von Dollar und Peso, Plan und Markt, Rationierungskarte und Schwarzwirtschaft, hat zur Herausbildung eines eigenwilligen Mischsystems geführt, das viele Nischen schafft, aber insgesamt mit enormen Verzerrungen in Ökonomie und Gesellschaft einhergeht. Hinzu kommt eine Auslandsverschuldung in Hartwährung, die in den Jahren der Krise auf jetzt 11 Milliarden US-Dollar angestiegen ist, so daß ein großer Teil jeglicher ökonomischer Zuwächse allein für Zinszahlungen draufgeht.

Die Bilanz mag als das berühmte Glas Wasser erscheinen, das die einen halb voll und die anderen halb leer sehen werden. Wer nach 1989 den Zusammenbruch des sozialistischen Kuba für eine ausgemachte Sache hielt, muß zur Kenntnis nehmen, daß sich das System als widerstands-, aber auch wandlungsfähiger erwiesen hat als weithin angenommen wurde. Die Untergangsstimmung der Jahre 1993/94 ist wieder einer prekären Normalität gewichen. Der Niedergang des Gesundheits- und Bildungssystems ist bitter, aber noch immer gibt es eine grundlegende medizinische Versorgung, wenn auch mit gravierenden Mängeln, und noch immer geht in Kuba jedes Kind zur Schule. Die gesellschaftlichen Polarisierungsprozesse sind bislang geringer geblieben als es die Tiefe der wirtschaftlichen Krise erwarten lassen könnte. Gerade angesichts der neuen Armut, die Einzug gehalten hat, sind auch die geschrumpften Rationen der *Libreta*-Versorgung für etliche Kubaner wichtiger denn je. Gleichzeitig aber wurden gravierende strukturelle Probleme nur vertagt, nicht gelöst. Die Spaltung der Ökonomie in Dollar- und Peso-Sektoren schreitet scheinbar unaufhaltsam voran, und die wachsenden sozialen Unterschiede zehren am Fundament der Gesellschaft. Überwunden ist die Krise noch keineswegs, und die alltägliche Lebenssituation der meisten Bewohner der Insel ist nach wie vor bedrückend. Und immer noch ist Kuba weit von einer ökonomischen Perspektive entfernt, die unter den neuen internationalen Bedingungen ein umfassendes Gesundheits-, Bildungs- und Sozialversicherungssystem für elf Millionen Kubaner finanzieren könnte, wie es einst der Stolz der Revolution war.

Democracy made in USA: Das Helms-Burton-Gesetz

Entscheidende Bedeutung für den Machterhalt des kubanischen Sozialismus hat die Frontstellung zu den USA. Alle internen politischen Auseinandersetzungen werden in dieses außenpolitische Freund-Feind-Schema gegossen. Die Aggressionen des übermächtigen Nachbarn machen es unverzichtbar, so die zentrale Legitimation der Regierung, die Reihen fest geschlossen zu halten. Dabei ist offenkundig, daß die kubanische Führung die Polarisierung „Mit Fidel oder mit den Yankees" zur internen Machtsicherung instrumentalisiert; gleichwohl ist die externe Bedrohung durchaus real. Die herrschende US-Politik und die Hardliner des Exils wollen tatsächlich keine Aussöhnung mit der Revolution, sondern einen Sturz des Systems. Und sie sind in der Tat bestrebt, die interne Opposition in Kuba nach Kräften für ihre Ziele zu nutzen und zu manipulieren. Nach 1989 haben die USA auch das Wirtschaftsembargo nicht nur beibehalten, sondern weiter verschärft: zunächst 1992 mit dem sogenannten Torricelli-Gesetz, danach 1996 noch einmal mit dem Helms-Burton-Gesetz.

Letzteres hat zu erheblichem Streit zwischen den USA und praktisch allen anderen Staaten der Erde geführt. Die EU strengte sogar ein Verfahren gegen Washington vor der Welthandelsorganisation WTO an. Denn das Helms-Burton-Gesetz stellt eine Verletzung elementarer Normen internationalen Handels dar. Zum einen erklärt es alle Ansprüche von Exil-Kubanern, die als kubanische Bürger von der kubanischen Regierung enteignet wurden und erst später die US-Staatsbürgerschaft annahmen, rückwirkend zu „Besitzansprüchen von US-Bürgern". Damit aber ist das Problem von Rückgabe und Entschädigungsforderungen kein kubanisches mehr, sondern eines zwischen Kuba und den USA. Zudem geht es damit auch nicht mehr um eine überschaubare Anzahl ehemals US-amerikanischer Besitztümer, sondern um die halbe Insel.

Darüber hinaus maßen die USA es sich mit dem Gesetz an, nicht nur US-Firmen, sondern auch Unternehmen anderer Staaten mit Klagen und Sanktionen zu bedrohen, wenn sie enteigneten Besitz nutzen. Als erstes deutsches Unternehmen setzten die USA eine LTU-Tochter auf die schwarze Liste, weil auf ein von ihr betriebenes Hotel in Holguín die im Exil lebenden Nachfahren des

1960 enteigneten Zuckerbarons Rafael Lucas Sánchez Hill Ansprüche erheben.

Es ist für Kubas Zukunft fatal, daß mit dem Helms-Burton-Gesetz gerade die Alteigentümeransprüche der Exil-Kubaner zum zentralen Dreh- und Angelpunkt der US-amerikanischen Politik werden – festgegossen als Gesetz und auch von jedwedem künftigen US-Präsidenten nur schwer zurückzunehmen. Hinzu kommt ein sehr viel weniger beachteter, gleichwohl ebenso folgenschwerer zweiter Teil des Gesetzes. Mit unübersehbarem Anklang an das „Platt-Amendment" der Jahrhundertwende stellt Washington darin – wohlgemerkt: per Gesetz der USA – eine lange Liste von Konditionen auf, die eine demokratische „Übergangsregierung" (*transition government*) in Kuba zu erfüllen hätte.

Für alle in Kubas Establishment, so reformorientiert sie auch sein mögen, zeigen diese Bedingungen aus Washington keine gangbare „Übergangsperspektive", sondern eher die Situation nach einem bereits recht kompletten Sturz des Systems. Und selbst

---

Kongreß der USA (1996): Das Helms-Burton-Gesetz

§ 201,1: [Es ist Politik der USA,] die Selbstbestimmung des kubanischen Volkes als ein souveränes und nationales Recht der Bürger Kubas anzuerkennen, das frei und ohne Einmischung der Regierung irgendeines anderen Staates auszuüben ist. . . .

§ 205 a: Nach Maßgabe dieses Gesetzes ist eine Übergangsregierung in Kuba eine Regierung, die
1) alle politischen Aktivitäten legalisiert hat;
2) alle politischen Gefangenen freigelassen hat . . .
3) die gegenwärtige Abteilung für Staatssicherheit im kubanischen Innenministerium aufgelöst hat, einschließlich der Komitees zur Verteidigung der Revolution . . .
4) sich öffentlich zur Abhaltung freier und fairer Wahlen verpflichtet hat . . .
7) weder Fidel Castro noch Raúl Castro beinhaltet . . .

§ 205 b, 2 D) sich dazu verpflichtet und sichtbaren Fortschritt dabei macht, US-Bürgern (sowie juristischen Personen, die zu 50% oder mehr im Besitz von US-Bürgern sind) Eigentum zurückzuerstatten oder angemessen zu kompensieren, das die kubanische Regierung ihnen nach dem 1. Januar 1959 genommen hat.

---

für viele Kubaner, die entschiedene Castro-Gegner sind, sind diese neo-kolonialen Vorgaben Washingtons ungenießbar. „Mit dem Helms-Burton-Gesetz würde Kuba von der Diktatur Fidel Castros in die Vormundschaft des US-Kongresses fallen", kritisierte etwa Alfredo Durán, einst Teilnehmer der Schweinebucht-Invasion und heute einer der prominentesten Führer der moderaten Kräfte innerhalb des kubanischen Exils, bei einer Anhörung im US-Senat: „All die Vorgaben in dem Gesetz legen Kriterien für Demokratie in Kuba fest, die zu bestimmen allein das Recht des kubanischen Volkes sein kann."

Immer wieder hat es in den USA Versuche gegeben, die Kuba-Politik zu ändern und das Embargo aufzugeben. Auch von seiten der exportorientierten Wirtschaft ist zunehmend Druck spürbar. Um ihren krisengeschüttelten Farmern zu helfen, lancierten selbst denkbar konservative Abgeordnete von agrarisch geprägten US-Bundesstaaten Initiativen, zumindest Nahrungsmittel vom Bannstrahl der Sanktionen auszunehmen. Bislang blieb dies allerdings erfolglos. Auch den jüngsten Versuch, in einer parteiübergreifenden Kommission unter Leitung Henry Kissingers Washingtons Kuba-Politik grundsätzlich auf den Prüfstand zu stellen, lehnte Präsident Clinton schließlich ab, weil er ihm innenpolitisch zu riskant erschien.

Von Freund und Feind: Der Erhalt der politischen Macht

Konnte das politische System der Revolution lange Jahre auf die positive Identifikation der Bevölkerungsmehrheit zählen, so hat diese Unterstützung in den 90er Jahren unzweifelhaft starke Einbußen erfahren. Wie weit, darüber gibt es sehr unterschiedliche Einschätzungen. Soziologen auf der Insel sprechen davon, daß sich der „aktive Konsens" von früher in einen „passiven Konsens" verwandelt habe. Dies dürfte eine zu wohlwollende Formulierung sein, aber sie weist auf eine verbreitete Tendenz hin: den Interesseverlust an der offiziellen Politik und den „Rückzug ins Private". Man konzentriert sich darauf, daß man selbst und die eigene Familie über die Runden kommen. Vor allem im Ausland wird immer wieder danach gefragt, wieviel Prozent der Bevölkerung „für Castro" oder „gegen Castro" sind. Diese Frage hilft jedoch solange nicht weiter, solange gar nicht klar ist, welche Alternativen zur Wahl stehen. Und vielleicht ist die berühmte „Mehrheit der Kubaner" vielmehr in sich gespalten: zwischen der allerorten zu spürenden Unzufriedenheit mit der alltäglichen Situation einerseits und der biographischen Identifikation mit der Revolution, ihrer nationalistischen Legitimation und ihren sozialen Leistungen andererseits, die die meisten auf der Insel in der einen oder anderen Weise geprägt haben. Hinzu kommt – auch dies ist kaum zu überschätzen – die Angst vor einem Umsturz, der womöglich blutige Konflikte bedeutet, sowie die Sorgen und Ängste vor dem, was danach kommen könnte.

Der politische Überbau des kubanischen Sozialismus blieb während der gesamten Krise der 90er Jahre erstaunlich unverändert. Dabei hatte der Aufruf zum 4. Parteitag 1991 noch breite Diskussionen innerhalb der KP ausgelöst und große Erwartungen über einen eigenständigen Demokratisierungsprozeß, von innen heraus und unter sozialistischem Vorzeichen, geweckt. Je näher der Parteitag rückte, desto deutlicher wurden jedoch weitergehende Reformbestrebungen zurückgewiesen. Am Ende beschränkte sich die politische Öffnung darauf, daß nun auch Religionsangehörige Mitglied der KP werden konnten. Im Jahr darauf beschloß die Nationalversammlung eine Verfassungsänderung, die Religionsfreiheit sowie eine rechtliche Absicherung der Joint-venture-Verträge mit Auslandsunternehmen verankerte. Darüber hinaus wurde die Verfassung von einer Reihe von Altlasten befreit (die „brüderliche Freundschaft mit der Sowjetunion" etc.); ideologisch ist eine „Nationalisierung" unübersehbar: Der Freiheitsheld José Martí steht nun im Zentrum, nicht mehr Marx, Engels und Lenin. Die Grundlagen der politischen Ordnung bleiben aber genauso unangetastet wie die Definition der Kommunistischen Partei als „führende Kraft in Gesellschaft und Staat".

Der Umgang mit Kritik und Opposition ist dabei gleichwohl ein anderer als einst in den sozialistischen Staaten Osteuropas. In den Straßen Kubas kann man alle erdenklichen Meinungen, Beschimpfungen und Witze über Castro und die Regierung hören. Am Arbeitsplatz sind die Leute schon vorsichtiger. Aber selbst bei vielen Funktionären gehört ein wohldosiertes Maß an kritischen Bemerkungen fast schon zum guten Ton in ihren Gesprächen mit Ausländern. Gleichwohl wird die Grenze des Zulässigen immer wieder durch exemplarische Fälle und im Zweifelsfall auch mit großer Härte gezogen. Innerhalb der Partei waren die Hinrichtung von General Ochoa 1989 und die Absetzung des damals „dritten Mannes" hinter den Castro-Brüdern, Carlos Aldana, 1992, die sichtbarsten Marksteine. Daneben gab es jedoch auch eine Reihe vor allem intern wahrgenommener Disziplinierungsmaßnahmen, etwa die Absetzung praktisch aller leitenden KP-Kader in der aufmüpfig gewordenen Provinz Granma Mitte der 90er Jahre.

Jenseits der Partei funktioniert vor allem der Kulturbereich als Ersatzöffentlichkeit. Dabei geht es scheinbar immer nur um spezifische Einzelfälle: um das Verbot des Films „Alicia im Dorf der Wunder" 1990, den Rauswurf des Schriftstellers Jesús Díaz 1992 oder den Frontalangriff auf die Wissenschaftler des Zentrums für Amerika-Studien 1996. Doch diese „Fälle" werden in der kubanischen Gesellschaft weithin wahrgenommen, und sie markieren zuverlässiger als Gesetze oder Erklärungen der politischen Führung den allgemeinen Spielraum der öffentlichen Diskussion.

Die Dissidentengruppen hingegen blieben die gesamten 90er Jahre hindurch klein und ohne Bedeutung. Ihre Führungsfiguren wie Elizardo Sánchez können zwar der ausländischen Presse zahllose Interviews geben; alle Versuche jedoch, oppositionelle Zusammenschlüsse zu gründen oder relevante Organisationen aufzubauen, wurden frühzeitig unterbunden. Die Dissidenten sind so im Ausland oft bekannter als in Kuba, wo sie als machtlos erscheinen und bislang auch für diejenigen kaum eine Bezugsgröße darstellen, die mit dem politischen System unzufrieden sind. Bezeichnend war, daß selbst bei den offenen Protesten im Sommer 1994 die etablierte Dissidentenszene Havannas keinerlei Rolle spielte. Für internationalen Protest sorgte zuletzt 1999 die Verhaftung von vier prominenten Dissidenten um Vladimiro Roca, den Sohn des historischen KP-Führers Blas Roca.

Die Frontstellung zu den offenen politischen Dissidenten ist für den Staat klar definiert. Komplizierter wird es bei jenen gesellschaftlichen Organisationen und Institutionen, die aus der Revolution heraus entstanden sind und die vor dem Hintergrund der Krise der 90er Jahre auf größere Freiräume und mehr Eigenständigkeit gegenüber Staat und Partei drängten. So erlebte die Insel einen regelrechten Boom von sogenannten „Nicht-Regierungs-Organisationen" („NGOs" nach der englischen Abkürzung), die schnell zu wichtigen Partnern für internationale Solidaritäts- und

Hilfsprojekte avancierten. Zum Teil waren dies Neugründungen wie die „Stiftung Pablo Milanés" im Kultursektor oder „Pro Naturaleza" im Ökologie-Bereich. Vielfach fand aber auch eine einfache „Umetikettierung" statt und bestehende, vom Staat oder der Kommunistischen Partei gegründete Institutionen firmierten nun als NGOs.

Vor diesem Hintergrund entwickelte sich Mitte der 90er Jahre eine bemerkenswerte Reformdiskussion, die um das Projekt einer „Zivilgesellschaft im Sozialismus" kreiste. Ohne das politische System als solches in Frage zu stellen, sollten in diesem Rahmen doch entschieden mehr Pluralismus und Autonomie für die gesellschaftlichen Organisationsformen Platz finden als in allen staatssozialistischen Systemen der Vergangenheit. Wie weit diese Vorstellung hätte tragen können, bleibt Spekulation. Sicher ist, daß sie dem Kontrollbedürfnis des Staats bereits viel zu weit ging. In einer martialischen Rede attackierte Armeechef Raúl Castro Anfang 1996 jene NGOs, die in Wirklichkeit „Trojanische Pferde" des US-Imperialismus seien. Auch der Begriff „Zivilgesellschaft" selbst wurde von höchster Stelle aus als ideologisches Konstrukt gebrandmarkt, mit dem die USA die Revolution unterwandern wolle. In der Folge wurden die kubanischen „NGOs" zwar nicht abgeschafft, aber doch wieder an eine spürbar kürzere politische Leine genommen.

In der internationalen Politik war die kubanische Regierung in den 90er Jahren um eine aktive Diplomatie bemüht. Ziel war es, die wirtschaftliche Re-Integration des Landes in die kapitalistische Weltwirtschaft politisch zu begleiten sowie die fortdauernde Konfrontations- und Embargopolitik der USA gegen Kuba international an den Pranger zu stellen. Es wurde eine Normalisierung der Beziehungen mit allen Staaten ungeachtet ihrer ideologischen Ausrichtung angestrebt und der Verzicht auf jeglichen „Revolutions-Export" unterstrichen. Für Kubas „neuen Internationalismus" einer friedlichen Eingliederung in die Nach-Kalte-Kriegs-Welt nutzte Fidel Castro insbesondere Gipfeltreffen der iberoamerikanischen Staaten sowie die großen Konferenzen der Vereinten Nationen zu vielbeachteten Auftritten. Einen Höhepunkt besonderer Art stellte der Papst-Besuch in Kuba Anfang 1998 dar.

In oftmals harscher Form wies Kuba allerdings jeglichen externen Druck zugunsten politischer oder wirtschaftlicher Reformen im Land zurück. In dem Maße, in dem die EU, Kanada und die meisten Staaten Lateinamerikas aber auf eine politische Demokratisierung und eine Verbesserung der Menschenrechtslage drängten, waren die Beziehungen neben Kooperation immer wieder auch durch Krisen und Konflikte geprägt. Deutlich wurde dies unter anderem bei dem 9. Iberoamerika- Gipfel, der im November 1999 in Havanna stattfand und bei dem etliche der eingeladenen Staatschefs fernblieben oder demonstrativ Treffen mit Dissidenten in ihr Besuchsprogramm aufnahmen.

Parallel zur Kontinuität des politischen Systems erlebte Kuba seit Ende der 80er Jahre eine sichtbare Verjüngung innerhalb des Führungspersonals. Der prominenteste dieser „jungen Garde" ist der Arzt Carlos Lage, der kein Ministeramt innehat, als Wirtschaftsbevollmächtigter des Politbüros aber als Architekt der ökonomischen Reformstrategie gilt. Lage, 25 Jahre jünger als Fidel, stammt aus bester Familie; schon sein Vater war – vor der Revolution – Minister gewesen. Mit seinen nüchternen Darstellungen der ökonomischen Situation hat sich Carlos Lage vielerorts Respekt und den Ruf eines kompetenten „Managers" erworben. Neben dem langhaarigen Kulturminister Abel Prieto gehörte auch Außenminister Roberto Robaina zu den führenden Köpfen dieser neuen Generation, bevor er 1999 abgesetzt wurde. Ersetzt wurde er durch den noch jüngeren Felipe Pérez Roque, der bis dahin ein enger persönlicher Mitarbeiter Fidel Castros war. Dessen Ernennung unterstrich, daß die Adjektive „jung" und „reformorientiert" keineswegs so bruchlos Hand in Hand gehen wie es in der internationalen Presse oft anklingt.

Neben diesem sichtbaren Generationswechsel sind hinter den Kulissen jedoch nach wie vor viele altgediente Kader an den Schalthebeln der Macht, allen voran der mächtige Ideologie-Chef José Ramón Balaguer. Hinzu kommt, daß Generäle der Armee inzwischen ein Viertel des Politbüros ausmachen und an der Spitze von sechs Ministerien stehen. Daß schließlich die oberste Spitze von Partei und Staat von jeglicher Ablösung ausgenommen ist, bekräftigte mit Nachdruck der 5. Parteitag der kubanischen KP 1997. Nicht nur wurde Fidel Castro in allen Ämtern bestätigt, sondern expliziter als je zuvor wurde sein fünf Jahre jüngerer Bruder Raúl Castro als Nachfolger inthronisiert. „Ihr wißt, wieviel es für unsere Partei und unsere Revolution bedeutet, einen zweiten

Sekretär zu haben, einen Führer, einen Ersatz für alles und speziell für mich", erklärte Fidel den Delegierten: „Die Partei muß Raúl stärker pflegen als mich selbst, denn ihm verbleibt mehr Jugend und mehr Energie."

Zu einem Politikum besonderer Art wurde ab Ende 1999 der Fall des Flüchtlingsjungen Elián Gonzáles. Seine Mutter ertrank bei der Flucht in die USA, der sechsjährige Junge aber wurde von Fischern gerettet und nach Miami gebracht. Die Exil-Kubaner machten aus Eliáns Schicksal umgehend ein Symbol, um die Unmenschlichkeit des Castro-Regimes anzuprangern. Der leibliche Vater Eliáns allerdings lebte nach wie vor in Kuba, und das Sorgerecht für das Kind stand ihm zu, nicht den ferneren Verwandten in Miami. In der Folge erhob auch die kubanische Regierung die Forderung nach Rückkehr Eliáns zu einer nationalen Frage allererster Ordnung, für die fast täglich Massenkundgebungen organisiert wurden. Nach sieben Monaten zähen juristischen Tauziehens konnte am 28. Juni 2000 Elián mit seinem Vater nach Kuba zurückkehren.

Politisch war es ein Meisterstück Fidel Castros: Wie nie zuvor gelang es ihm, die so mächtige Gruppe der Exil-Kubaner in den USA politisch zu isolieren. Und während diese sich immer hoffnungsloser in den Fall Elián verrannten, machten andere Politik: die Vertreter der agrarisch geprägten Bundesstaaten und der US-Exportwirtschaft, die am kubanischen Markt interessiert sind, ganz egal was sie von Castro halten mögen. In der Folge verhandelte der US-Kongreß im Sommer 2000 über eine Gesetzesinitiative, die das Kuba-Embargo für Nahrungsmittel und Medikamente lockern soll – und zwar erstmals mit realistischen Erfolgsaussichten. Zwar bliebe auch dann der Großteil der Embargo-Bestimmungen in Kraft. Sollte das Gesetz passieren, wäre es dennoch ein politischer Durchbruch. Ohne daß es jemand aussprechen müßte, würde dann auch in Washington die alte sozialdemokratische Parole vom „Wandel durch Handel" durchschimmern. Für die kubanische Regierung, die einen derartigen politischen „Wandel" verhindern will, wäre dies allerdings eine nicht nur beruhigende Perspektive.

Im Sommer 1994 erreichte Kubas soziale Krise ihren Tiefpunkt: eine Gruppe von „Balseros" („Floßflüchtlinge") mit einem selbstgezimmerten Boot auf dem Weg zum Meer – Foto: Sven Creutzmann

Wie sind wir Kubaner?
Ein Erklärungsversuch von Reynaldo Escobar

Bei der Aufnahmeprüfung in eine Schauspielschule wurde einem jungen Kubaner kürzlich die Aufgabe gestellt, einen „Kubaner von heute" darzustellen. Der Kandidat war zunächst überrascht, schließlich hatten seine Vorgänger Rollen wie „eifersüchtiger Ehemann" oder „Polizist bei der Untersuchung eines Falles" spielen müssen. Nach ein paar Sekunden Überlegung spielte er folgendes:

Schlendernd, mit federndem Rhythmus, so daß die Zuschauer fast die Musik in seinem Kopf hören konnten, lief er zu einem Ende des Saales. Dort blieb er stehen und zog in aller Ruhe eine fein säuberlich gefaltete Plastiktüte aus seiner hinteren Hosentasche und fragte mit lauter Stimme: „Wer ist der Letzte?" (Das ist das, was man in Kuba fragt, wenn man sich in einer Schlange anstellen will.) Er registrierte die Person, die sich meldete, machte es sich bequem und fächelte sich mit der gefalteten Plastiktüte Luft zu. Plötzlich ging vor seinen Augen (unsichtbar für die Jury) eine Frau vorbei. Was für eine Frau! Aus dem taxierenden Blick und den Bewegungen seiner Mundwinkel meinte man, ihre Figur und ihre Bewegungen erahnen zu können. Während er noch in diese Betrachtung versunken war, rief ihn ein Freund, der ein paar Meter vor ihm in der Schlange stand und ihm signalisierte, daß er ihn vorlassen würde. Das war ganz leicht dargestellt, eine „Ich-hab-Dich-gesehen-und-komme-sofort" Geste mit der Hand, danach eine herzliche Umarmung. Hier endete die Vorspielzeit. Die Jury applaudierte, und der Junge wurde, wie ich später erfuhr, tatsächlich angenommen.

Hätte er mehr Zeit gehabt, dann hätte der angehende Schauspieler sich vielleicht an einen Tisch auf der Straße gesetzt und Domino gespielt oder ein wenig Baseball gespielt. Vielleicht hätte er auch eine Diskussion dargestellt, bei der er niemals dem anderen Recht geben würde, oder er hätte Szenen aufgenommen, in denen er Rum trinkt, sich eine Zigarre ansteckt, mit sehr lauter Stimme redet und mit sehr ausladender Gestik Salsa tanzt, so wie es Nacht für Nacht ein Kubaner tut, der in Frankfurt eine Kneipe namens „KUBAR" betreibt und der sich ein geradezu super-kuba-

Der kubanische Journalist Reynaldo Escobar wurde 1989 wegen ideologischer Probleme von der Zeitung des Kommunistischen Jugendverbandes entlassen. Seitdem kann er in Kubas offiziellen Medien nicht mehr publizieren, Foto: Elke Krüger

nisches Verhalten zugelegt hat, um seinen deutschen Kunden zu gefallen.

Wie anders wäre die Rolle ausgefallen, wenn statt eines Kubaners eine Kubanerin von heute zu spielen gewesen wäre! Vielleicht diejenige, die an unserem jungen Kubaner oben vorbeigelaufen ist und seinen Machismus wachgekitzelt hat. Oder aber eine der vielen Hausfrauen, die heute wieder vollauf mit der Hausarbeit beschäftigt sind, darunter die titanische und tägliche Aufgabe, für die ganze Familie das Essen auf den Tisch zu bringen.

Ganz anders wiederum läge der Fall, wenn man einen Redakteur des offiziellen Parteiorgans *Granma* gefragt hätte. Bestimmt hätte dieser als den „typischen Kubaner" einen jener Ärzte ausgesucht, die selbstlos ihren Dienst im vom Hurrikan verwüsteten Zentralamerika verrichten: ein familiärer Typ, hellhäutiger Mulatte, der im Schweiße seines Angesichts und mit seiner medizinischen Ausrüstung auf dem Buckel einen Berg erklimmt und der auf die Frage, wie er sich fühle, antwortet: „*Chico*, das hier erfüllt mich ganz", um danach exakte statistische Daten aufzuzählen, wie sich die Kindersterblichkeit in der Zone seit seiner Ankunft verringert hat, aber daß er hier nichts weiter tue, als seine Pflicht zu erfüllen; die Erfolge widme er der Partei, der Revolution und Fidel.

Und noch einmal ganz anders wäre der „typische Kubaner" ausgefallen, hätte man den *Miami Herald* um ein Porträt gebeten. Das wäre die Geschichte von einem, der es geschafft hat, der jetzt Besitzer einer kleinen Wäscherei ist, aber der nie vergißt, wie er auf einem selbstgezimmerten Floß nach Florida gekommen ist, „mit nichts als einer Hand im Wasser und einer in der Luft", dabei nur auf sich selbst vertraut hat und auf die heilige Jungfrau der Barmherzigkeit. Dieser Kubaner würde nie vergessen zu sagen, daß er vor Heimweh fast umkommt, daß die USA das Land der unbegrenzten Möglichkeiten sind und daß er seinen Bruder Cuco grüßen möchte, der in Jatibonico wohnt.

Von Tugenden bis Schwächen lassen sich viele Eigenschaften finden, die für den „Kubaner von heute" typisch sind. Vielleicht ist aber die charakteristischste von allen unsere Fähigkeit zur Improvisation und zur Anpassung an veränderte Umstände. Beleg dafür sind die unzähligen Erfindungen, die es möglich gemacht haben, daß Kuba wahrscheinlich das Land mit den meisten noch funktionierenden 50er-Jahre-Autos der Welt ist.

Ein anderes Charakteristikum, ohne das kein Bild des Kubaners vollständig wäre, ist der Humor. Wir machen uns über den „US-Imperialismus, genauso lustig wie über den ruhmreichen *Comandante en Jefe*, und sei es nur, daß wir ihn Comediante en Jefe, „Oberkomödianten", nennen. Zu gestehen ist, daß – auch wenn man uns vier Jahrzehnte lang versucht hat, vom Gegenteil zu überzeugen – wir *kein* Volk von Arbeitern sind. Viele weitere Eigenschaften wären zu nennen. Die übermäßige Bedeutung, die wir dem Erscheinungsbild beimessen; die schlechte Angewohnheit, auch in dem gewöhnlichsten Gespräch obszöne Worte zu benutzen; oder die noch schlechtere Angewohnheit, ein „Mach Dir keine Sorgen, Dein Problem ist schon gelöst!" zu versichern, wenn wir in Wirklichkeit noch keinen Schimmer davon haben, ob wir uns überhaupt um diese Angelegenheit kümmern können. Diesem hypothetischen Rezept zur Herstellung eines Kubaners wären noch beizugeben: die starke Neigung zu Prognosen und Prophezeiungen; die unendliche Fähigkeit, über alles und jedes eine Meinung zu haben; und einen unstillbaren Hang zum Übertreiben.

Wenn ein Kubaner Platon liest, dann ist er davon überzeugt, daß das sagenhafte Atlantis nur Kuba meinen kann. Wenn ein Kubaner irgendeinen Weltrekord aufstellt, dann wird diese Disziplin sofort zu derjenigen, die die körperlichen Fähigkeiten des Menschen am allerbesten verkörpert. Natürlich gibt es auf dem ganzen Planeten nirgends so schöne Frauen wie in Kuba, keine fröhlicheren Leute und keine herrlicheren Landschaften, keine bessere Musik, keine interessantere Geschichte und keine heldenhafteren Helden als die dieser Insel. Ist das nun Nationalismus oder Naivität? Vielleicht weder das eine noch das andere, sondern einfach die beste Art und Weise mit der Realität umzugehen, daß wir in alle Richtungen vom Meer umgeben sind, daß unser Paß auf allen Flughäfen der Welt mißtrauisch beäugt wird und daß unser Geld nur für Münzsammler von Interesse ist.

Wie auch immer: All das Gesagte bleibt die Karikatur eines Stereotyps. Wie überall, so gibt es auch in Kuba alle erdenklichen Sorten von Menschen. Das kann ich versprechen als ein Kubaner, der nicht raucht, der nicht tanzen kann, der leise redet, der keinen Rum trinkt und der nie in seinem Leben Baseball gespielt hat.

Reynaldo Escobar

Ethnische Zusammensetzung und Geschlechterverhältnisse

Spannungen im ethnischen Mosaik: Überwindung und Rückkehr der Bedeutung der Hautfarbe

Was den USA der Mythos vom *Melting-pot* ist, in dem all die verschiedenen Immigranten zur neuen Nation verschmolzen, das ist Kuba das Bild seiner Bevölkerung als *Ajiaco,* jenes typisch kubanischen Eintopf-Gerichts, in dem alle verfügbaren Sorten von Fleisch und Gemüse zusammen gekocht werden und das erst durch die Mischung seinen besonderen Geschmack erhält. In der Tat ist die heutige Bevölkerung der Insel das Ergebnis vielfältiger ethnischer Mischungen. Das Bild vom großen *Ajiaco* der kubanischen Nation wirkt jedoch freundlicher und gleichberechtigter als die Wirklichkeit war: diese Vermischungsprozesse waren nicht zuletzt Ergebnis der Massenverschleppung von Hunderttausenden von Afrikanern und der Vergewaltigung zahlloser schwarzer Sklavinnen.

Das „Cuba Española" der Kolonialzeit hatte letztlich immer das Ideal einer möglichst hellhäutigen „europäischen" Gesellschaft vor Augen, und die Eliten der Insel bezeichneten den hohen Anteil der Schwarzen in der Bevölkerung immer wieder als große Belastung und Problem. Die nationale Identität Kubas bildete sich im Widerstand gegen diese Sicht und basierte ganz entscheidend genau auf diesem „mulattischen", sprich: ethnisch gemischten Charakter seiner Bevölkerung (auch wenn die Weißen in Politik und Wirtschaft weiterhin dominierend blieben und die Schwarzen von ihren eleganten Clubs „selbstverständlich" ausschlossen).

So problematisch die Begriffe „Weiße" und „Schwarze" grundsätzlich sind, so sind auch in Kuba alle Zahlen über die ethnische Zusammensetzung der Bevölkerung mit größter Vorsicht zu genießen. Der Zensus von 1981 überließ es den Befragten selbst, welche Hautfarbe sie nennen wollten. Es ist davon auszugehen, daß die Bevölkerung durch diese Erhebungsmethode stark „erbleichte": Die offiziellen Statistiken nennen jedenfalls 66 % „Weiße", 22 % „Mulatten" (d. h. Kubaner, die sowohl von europäischen als auch afrikanischen Vorfahren abstammen) und nur 12 % „Schwarze". Andere Schätzungen gehen eher von einer in etwa gleichmäßigen Drittelung der Bevölkerung aus. Angesichts der so starken historischen Vermischungsprozesse sowie der verbreiteten Praxis, sich einfach in die als erstrebenswert erachteten helleren Kategorien hineinzudefinieren, zog die schwarze Journalistin Marta Rojas einmal das Fazit: „Ich betrachte niemanden in Kuba als ‚Weißen'!"

Die hellhäutigen Bewohner der Insel sind überwiegend spanischer Abstammung, wobei hier im einzelnen auch wieder nach Herkunftsregionen unterschieden wird (*Gallegos* = Immigranten aus der Region Galicia im Nordosten Spaniens, *Isleños* = die von den Kanarischen Inseln etc.). Die größte Gruppe der Schwarzen sind Nachfahren der Sklaven, die aus West- und Zentralafrika nach Kuba verschleppt wurden. Ein kleinerer Teil kam auch – zunächst als Sklaven, später als Immigranten – von den Nachbarinseln Haiti und Jamaika. Vor allem im Osten der Insel sind englische oder französische Nachnamen keine Seltenheit. Wichtiger Bestandteil des ethnischen Mosaiks der kubanischen Gesellschaft sind auch die Nachfahren der rund 150 000 chinesischen Kontraktarbeiter, die nach Abschaffung der Sklaverei ins Land geholt wurden. Das Chinesen-Viertel in Havanna ist vor einigen Jahren – mit finanzieller

Nicolás Guillén (1963): Ich habe

Wenn ich so steh und seh an mir herunter,
ich gestern noch Hans Habenichts
und heute Hans im Glück,
und heute hab ich alles,
und ich seh mich um, schaue,
steh und seh an mir herunter
und frage mich, wie das alles kam.

Ich habe, laßt mal sehn,
ich habe das Vergnügen, durch mein Land zu gehen,
bin Herr alles dessen, was darinnen ist
und seh mir aus der Nähe an, was ich einst
weder besaß noch besitzen konnte. (...)

Ich habe, laßt mal sehn,
ich habe – und ich bin ein Neger – keine Furcht,
es wiese mich einer vor der Tür
einer Tanzdiele, einer Bar zurück;
oder könnte mich anschrein in der Hotelempfangshalle,
es sei kein Zimmer frei,
ein ganz kleines Zimmer, keins von den kolossalen,
nur eins, wo ich ausruhen kann. (...)

Ich habe, laßt mal sehn,
ja, ich lernte lesen,
rechnen,
auch zu schreiben lernt ich
und zu denken
und zu lachen.

Ich habe –
Arbeit hab ich
und kann verdienen,
was zum Essen ich brauch.
Ich habe, laßt mal sehn,
ich habe, was zu haben mir zustand.

Unterstützung der Volksrepublik China – restauriert worden und mit seinem bunten Markt und einer Vielzahl von Restaurants zu einem beliebten Touristenziel avanciert.

Die Revolution schaffte gleich nach ihrem Triumph jegliche formale Diskriminierung aufgrund von Hautfarbe oder Herkunft ab. Die radikale ökonomische und soziale Umgestaltung brachte auch in der Praxis enorme Aufstiegschancen für die zuvor benachteiligten Bevölkerungsgruppen. Das Gedicht „Ich habe" von Nicolás Guillén, selbst Schwarzer und nun zum „Nationaldichter" der Insel ernannt, wurde emblematisch für diese große Errungenschaft.

Trotz aller Bekämpfung des Rassismus blieb gleichwohl immer ein Restbestand der in Jahrhunderten entstandenen Statusunterschiede und Vorurteile erhalten. Auch für den nur kurz in Havanna weilenden Besucher unübersehbar ist der Unterschied in den Wohnverhältnissen zwischen den auch heute noch mehrheitlich „weißen" Villenvierteln Vedado und Miramar einerseits und Centro Habana andererseits, wo die größtenteils „schwarzen" Bewohner dicht gedrängt in seit Jahrzehnten nicht renovierten Mietshäusern leben und wo in jeder zweiten Wohnung eine improvisierte Zwischenetage aus Holz eingezogen ist, um weitere Familienmitglieder oder Bekannte zu beherbergen. Aber auch auf den obersten Ebenen von Partei und Staat sind Schwarze nach wie vor unterrepräsentiert.

Viele der Klischees, die Deutsche von „den Kubanern" besitzen – von „In-den-Tag-hinein-leben" bis zum „Rhythmus-im-Blut-haben" –, finden sich frappierend ähnlich im Diskurs der Weißen in Havanna über die *Orientales*, die (in stärkerem Maße schwarz geprägte) Bevölkerung des kubanischen Ostens. Noch ist offener Rassismus vielfach tabu, aber das Comeback der Vorurteile findet seinen Ausdruck in zahllosen Witzen und spitzen Bemerkungen – oder auch in Sätzen wie „Der Soundso ist zwar ein Schwarzer, aber er ist trotzdem ehrlich und zuverlässig!"

Offiziell werden in Kuba ethnische Probleme entweder totgeschwiegen oder als „noch nicht überwunden" bezeichnet. Doch Schichtung und Vorurteile entlang der Hautfarbe sind nicht auf einem allmählichen, aber gradlinigen Rückzug, sondern haben vielmehr in der Krise der 90er Jahre wieder merklich zugenommen. Zum einen scheint es eine Gegenreaktion auf die Jahrzehnte des offiziellen Anti-Rassismus von oben zu sein, wenn nun lange Zeit unter der Oberfläche gehaltene Ressentiments wieder zum

Vorschein kommen. Denn aus der Abschaffung offener Diskriminierung schuf die Revolution einen neuen Mythos ethnischer Demokratie, der eine Auseinandersetzung mit den tieferliegenden und fortwirkenden Ursachen für ethnische Spannungslinien in Kuba tabuisierte.

Zum anderen stehen hinter dieser Entwicklung aber auch handfeste ökonomische Gründe, die sich aus den Veränderungen der letzten Jahre ergeben. Denn die Dollar-Überweisungen von den Verwandten aus dem Exil, Kubas Devisenquelle Nummer Eins, kommen entlang der Familienbande ins Land; das Exil aber ist in seiner ganz großen Mehrheit „weiß", da es ja vor allem die alte Ober- und Mittelschicht gewesen ist, die das Land verließ. Wenn dieser Dollarsegen also ganz überwiegend an die „Weißen" auf der Insel geht, dann müssen die Schwarzen entweder a) sich mit einem deutlich niedrigeren Lebensstandard abfinden, b) sich verstärkt über jene Privilegien absichern, die das politische Establishment noch immer zu gewähren vermag, oder c) sich ihren Zugang zu Dollars (oder substantiellen Einkünften in Pesos oder Naturalien) auf anderen Wegen suchen. Die legalen Möglichkeiten für letzteres sind in Kuba jedoch sehr begrenzt.

Musik und Sport sind zwei der klassischen Karrierechancen für Schwarze, die wieder große Bedeutung gewonnen haben. Zahlenmäßig ergiebiger aber ist der weite Bereich des *Bisne*, wie in einer kubanisierten Form des englischen *Business* die Geschäfte auf dem Schwarzmarkt genannt werden. Dies meint nicht das „Organisieren" von Eiern, Milch und was auch immer man im Alltag benötigt, wie es praktisch jeder tut, sondern den harten Kern des Schwarzmarkts – das, was die KP als *Lúmpenes* bezeichnet (nach dem Marx'schen Begriff des „Lumpenproletariats"): die Dollartauscher auf der Straße, die hauptberuflichen Händler mit abgezweigten Zigarren und illegalen Schweinekoteletts, die Prostituierten und schließlich auch diejenigen, die von der rapide angewachsenen Kleinkriminalität leben. Diese Entwicklung korrespondiert dann bei etlichen schnell wieder mit dem in der Kolonialzeit geschaffenen Bild, demzufolge „der Schwarze" arbeitsscheu, unstet, roh und chronisch dem Diebstahl zugetan ist.

Der offizielle Diskurs bestätigt diese Problemlage nur im Dementi, sozusagen im Negativabdruck, etwa wenn der Ideologie-Chef der Kommunistischen Partei das Volk öffentlich ermahnt, diese *Lúmpenes* nicht generell gleichzusetzen mit Schwarzen aus den schlechten Wohnvierteln. Doch auch die staatliche Praxis ist sehr viel zwiespältiger. Die Polizeikontrollen auf den Straßen Havannas gehen unübersehbar nach dem äußeren Erscheinungsbild, das bei Schwarzen offenbar sehr viel häufiger „verdächtig" wirkt als bei Weißen. Und es ist eine für viele überaus bittere Erfahrung gewesen, als in den 90er Jahren schwarze Kubanerinnen nicht mehr in Hotels und Diskotheken eingelassen wurden, weil das Hotelpersonal in ihnen automatisch Prostituierte vermutete, während hellhäutige Kubanerinnen ohne Mühe passierten. Das berühmte Gedicht von Nicolás Guillén, das einst die historische Großtat der Revolution feierte, als Schwarzer nicht im Hotel abgewiesen zu werden, bekam nun einen subversiven Klang. Zeitweilig gab es sogar eine Weisung, es in Radio und Presse nicht mehr zu zitieren.

Männer und Frauen:
Emanzipation, Rollenkonflikte, Sexualität

Bereits seit Anfang der 20er Jahre war in Kuba eine moderne bürgerliche Frauenbewegung entstanden, die mit dem Frauenwahlrecht 1934 und der Verankerung vieler ihrer Forderungen in der Verfassung von 1940 (Verbot jeglicher Diskriminierung, Mutterschutz etc.) historische Erfolge errang. Auch im Ausbildungsniveau war der Unterschied zwischen Männern und Frauen mit der Zeit vergleichsweise gering geworden und fiel gegenüber den enormen Diskrepanzen zwischen den sozialen Schichten wenig ins Gewicht. Dennoch erhielten Frauen durchschnittlich deutlich weniger Lohn als Männer und blieben in Arbeit und Gesellschaft vielfältigen Diskriminierungen unterworfen. Die Familiengesetzgebung begünstigte klar die rechtliche Stellung des Mannes in der Ehe. Bildung und Teilhabe von Frauen am öffentlichen Leben beschränkte sich weitgehend auf die Teile der Mittel- und Oberschicht.

Gleichzeitig war Kuba – am ausgeprägtesten in den unteren Volksschichten – durch das gekennzeichnet, was die Ethnologen eine „matrifokale Gesellschaft" nennen: Die Frauen waren als Mütter das Zentrum der oft weitgespannten, über mehrere Generationen reichenden Familien. Dabei waren sie keineswegs „nur Hausfrauen", sondern sorgten oft auch als Kleinproduzentinnen und Händlerinnen für das Auskommen der Familie. Die Männer hingegen traten vielfach nur phasenweise oder in eher loser Anbindung in Erscheinung. Weniger eine lebenslange Ehe war die Regel als vielmehr das Durchlaufen mehrerer aufeinanderfolgender Beziehungen in sogenannten *Uniones Libres* ("freien Verbindungen").

Die Revolution machte die reale Gleichstellung der Frauen zum erklärten Ziel. An die Stelle der matrifokalen Familienorganisation setzte die sozialistische Regierung das Ideal der Kleinfamilie im Stile des bürgerlichen Europa – mit einem großen Unterschied: Die Frauen sollten genauso wie der Mann voll in die formale Lohnarbeit integriert werden. Die Zahlen hierfür sind eindrucksvoll. Waren vor 1959 nur 13 % der registrierten Erwerbsbevölkerung Frauen, sind es heute rund 37 %. Und waren vor der Revolution mehr als die Hälfte der erwerbstätigen Frauen als Hausangestellte und in persönlichen Dienstleistungen tätig, üben Frauen heute ein breites Spektrum von qualifizierten Arbeiten aus. Sie stellen 60 % der Beschäftigten im Erziehungs- und Gesundheitssektor, 40 % in der Leichtindustrie, 40 % der Wissenschaftler und 38 % aller Ärzte.

Mit dieser Entwicklung lag Kuba schnell weit über dem Niveau anderer Länder Lateinamerikas. Es blieben allerdings auch klare Grenzen. Schon in der Guerilla Fidel Castros waren die (wenigen) Frauen fast ausschließlich mit Botendiensten, Organisationsarbeiten und Krankenversorgung, jedenfalls mit Arbeiten "hinter den Linien" beschäftigt gewesen. Nach dem Triumph der Revolution wurden Frauen zwar in die Milizen integriert, aber die Institution Armee blieb eine Männerbastion. Mitte der 70er Jahre war noch keine Frau Mitglied im Politbüro der KP, und unter den leitenden Kadern machten sie gerade einmal 6 Prozent aus. Seitdem hat die Partei sich um eine Erhöhung des Anteils bemüht; von den 589 Parlamentsabgeordneten sind inzwischen 134 Frauen. Je höher man kommt, desto dünner wird jedoch die Luft: Im Politbüro sind auch heute nur 3 von 26 Mitgliedern Frauen. Und wollte man eine Liste der 20 oder 30 effektiv "mächtigsten Personen" in Partei und Staat erstellen, ist fraglich, ob auch nur eine einzige Frau darunter zu finden wäre.

Die Einbeziehung der Frauen in die formale Arbeitswelt hat zweifelsohne einen großen emanzipatorischen Schub bewirkt. Sie führte aber auch zu einer Doppelbelastung: Denn daß die Frauen nun auch in Schulen oder Stahlwerken arbeiteten, hieß ja noch nicht, daß die Männer jetzt nach Feierabend auch den Abwasch machten oder das Baby wickelten. Vor allem in den 70er Jahren wurden, nicht zuletzt auf Druck der Frauen, im ganzen Land Krippen und Kindergärten eingerichtet, in denen die Kinder ganztags betreut und verpflegt wurden. 1974 wurde schließlich auch ein neues Familiengesetz erlassen, das beiden Ehepartnern gleichermaßen das Recht zu beruflicher Karriere und die Pflicht zu Hausarbeit und Kindererziehung gab. In der Praxis blieb dies vielfach auf dem Papier. Die Scheidungsraten stiegen rasant an. Nicht zufällig ist die Frau, die in die Arbeitswelt geht und auf den Widerstand der Männer (und ihres Mannes) trifft, ein Leitmotiv einer ganzen Reihe kubanischer Filme jener Jahre.

Der Kubanische Frauenverband (FMC, *Federación de Mujeres Cubanas*) hat heute nach eigenen Angaben rund 3 $1/2$ Millionen Mitglieder, das sind mehr als 80% aller Frauen über 14 Jahre. Er hat dabei die typische Doppelrolle der offiziellen Massenorganisationen: Zum einen soll er die Politik der Revolutionsführung nach unten vermitteln, zum anderen Interessenvertretung der Frauen sein. Gegründet wurde der Verband 1960 nach dem Aufruf Fidel Castros, die Frauen in den revolutionären Prozeß zu integrieren. Zunächst stand die Einbeziehung der Frauen in die Landesverteidigung und die Milizen im Vordergrund. Zudem gab es Nähkurse und Umerziehungsprogramme für Prostituierte, Hunderte ehemaliger „Hausmädchen" wurden zu Bankangestellten umgeschult. Später spielte der Frauenverband eine aktive Rolle bei der Förderung der weiblichen Erwerbsarbeit, den Gesetzen zu Mutterschutz und Familie sowie dem flächendeckenden Ausbau von Kindergärten und Krippen. In den 90er Jahren waren Kampagnen gegen die *Jineteras* und andere Formen des „moralischen Verfalls" in der Gesellschaft die Themen, mit denen die *Federación de Mujeres Cubanas* am sichtbarsten in Erscheinung trat.

Eine feministische Organisation im deutschen Sinne des Wortes ist der Kubanische Frauenverband mit Sicherheit nicht. Und auch wer sich für eine innere Demokratisierung seiner Strukturen einsetzte, biß nur allzu oft auf Granit. In den 90er Jahren fanden sich etwa eine Reihe von Frauen aus Medienberufen zusammen, um in

Frauen aus zwei Generationen, Foto: Klaus Lehmann

einer kleinen Gruppe namens MAGIN mit einem expliziten feministischen Anspruch arbeiten zu können (wenn auch durchaus unter dem Dach und in Kooperation mit der FMC). Doch es hagelte von oben Vorwürfe von „ideologischer Abweichung" und „Fraktionsbildung"; die Gruppe mußte sich schließlich auflösen. Daß im Zweifelsfall die Parteiräson über der Funktion der Interessenvertretung zu stehen hat, verkörpert auch die Person an der Spitze der FMC. Seit der Gründung vor vier Jahrzehnten ist es ohne Unterbrechung bis heute Vilma Espín, die Ehefrau Raúl Castros.

Die Revolution brach auch die Dominanz der katholischen Kirche über die öffentliche Verhandlung des Themas Sexualität. Empfängnisverhütung wurde frei zugänglich. Oft wird sie jedoch noch immer als ein Problem der Frauen angesehen; der Gebrauch von Kondomen ist in Kuba bis heute wenig populär. (Aids hat daran teilweise etwas geändert, aber auch nur teilweise.) Auch das Recht auf Abtreibung wurde in Form einer unkomplizierten Fristenlösung durchgesetzt – mit der Folge, daß Abtreibungen vielfach regelrecht zum Ersatz für Verhütung wurden. Die Zahlen sind ausgesprochen hoch. 1994 kamen 60 registrierte Abtreibungen auf 100 Geburten.

In die einst katholischen Schulen hielt, wenn auch gegen einige Widerstände, Sexualkunde-Unterricht Einzug. Und in den Internatsschulen auf dem Land, die nun zum normalen Ausbildungsweg der jugendlichen Kubaner gehörten, fand, fern der Elternhäuser, die Praxis statt. (Es ist müßig zu sagen, daß das, was die einen als „sexuelle Befreiung einer Generation" erlebten, von anderen spiegelbildlich als Höhepunkt des Verfalls von Anstand und Moral beklagt wurde.)

Zu der in Kuba wohl bekanntesten Deutschen wurde Monika Krause, die 30 Jahre lang auf der Insel lebte und als langjährige Direktorin des Nationalen Zentrums für Sexualerziehung in Havanna wie niemand sonst Kubas öffentliche Sexualaufklärung verkörperte. Ihre zahllosen Radiosendungen und Fernsehprogramme wurden in allen Teilen der Bevölkerung leidenschaftlich und kontrovers diskutiert, und sie erhielt Beinamen, die von „Mónica, die Schreckliche" über „Die Königin des Kondoms" bis zu „Die Verderberin der Jugend" reichten. Zumeist war sie aber einfach „Mónica von der Sexualaufklärung" – „jener Ehrentitel,

> **Monika Krause (1998): Heikles zur Sexualität**
>
> Es scheint, daß mein letztes Radioprogramm, in dem ich das heikle Thema par excellence für die Kubaner angesprochen habe, bei einer Mehrheit des weiblichen Publikums Zustimmung fand. Eine hitzige Debatte entstand; von einigen Zuhörern kamen Anrufe voller Agressivität, andere applaudierten und beglückwünschten mich. Es ging um die sexuellen Bedürfnisse des Mannes und der Frau und das Recht von *beiden,* ihre Bedürfnisse zu befriedigen. . . . Ich hatte einen neuralgischen Punkt bei jenen Machisten berührt, die einem strengen Sexualprogramm folgen, ohne Besinnung, ohne Gnade gegenüber sich selbst oder ihrer Partnerin, demzufolge ein Mann jeden Tag die sexuelle Funktion ausüben muß, ob er nun Lust hat oder nicht. Und die Frau hat ihm als Objekt zu dienen. Für einen großen Teil der männlichen Bevölkerung ist die Sexualität eine mechanische Funktion und ein Ausweis ihrer Männlichkeit. Kommt es dabei zu einer ungewollten Schwangerschaft, fühlt sich der Mann in der Potenz seines Samens bestätigt und schickt die Frau ins Krankenhaus, damit sie ihr da eine Abtreibung machen. Was soll's, die Operation ist Routine und kostet nichts, und die Ärzte machen sie gut . . .

der", wie sie rückblickend schreibt, „für Jahre meinen offiziellen Nachnamen ersetzte".

Homosexualität: Ein Tabu wird Thema

Ein Film war es, der Anfang der 90er Jahre ein tief sitzendes Tabu der kubanischen Gesellschaft aufbrach: „Erdbeer und Schokolade" (1993) von Kubas großem Filmemacher Tomás Gutiérrez Alea brachte die Diskriminierung der Homosexuellen in Kuba offen zur Sprache – und wurde ein riesiger Publikumserfolg (s. Seite 208 f.). Der Wandel gegenüber früher ist enorm. Denn Homosexuelle stießen nicht nur auf breite gesellschaftliche Vorurteile, sondern sie wurden auch vom revolutionären Staat lange Zeit als „gestörte" und „anti-soziale" Elemente offen diskriminiert. Eines der dunkelsten Kapitel sind die regelrechten Umerziehungslager, die sogenannten UMAP („Militärische Einheiten zur Hilfe in der Produktion"), in die zwischen 1965 und 1968 zahlreiche Homosexuelle eingewiesen wurden (darunter auch der bekannte Liedermacher Pablo Milanés). Offiziell hat man hierzu

Jesús Díaz (1992): Die UMAP
(Aus dem Roman: Die verlorenen Worte)

(. . .) „Weil sie Mulo in die UMAP gesteckt haben", erwiderte der Dicke.

„Wohin?" fragte sie und bedeutete ihnen mit einer Geste, die Tischdecke freizugeben.

„In die U-M-A-P", buchstabierte der Dicke. *„Unidades Militares de Ayuda a la Producción,* das sind Lager, in die sie die Schwulen stecken, um Machos aus ihnen zu machen." (. . .)

„Sind das . . . Konzentrationslager?" wagte sie zu fragen, während sie zur Anrichte ging.

„Schlag dir die Heilige Mutter Rußland aus dem Kopf." Der Dicke schaute in sein Glas, als könnte er nicht verstehen, warum es leer ist. „Hier ist alles tropisch. Es sind Arbeitslager. Sehr hart, aber ohne Schnee, fast genauso wie andere Lager, wo die Leute hingehen, um sich ihren Lebensunterhalt zu verdienen. Das Schreckliche daran ist die Gefängnisordnung, der Zwang, der Wahnsinn, mit aller Gewalt die Neigungen der Leute ändern zu wollen."

heute eine „Aus-Fehlern-haben-wir-gelernt"-Haltung. Eine weitergehende Beschäftigung mit dieser Vergangenheit ist nicht erwünscht, eine formelle Entschuldigung nicht zu erwarten.

Heute herrscht ein Klima relativer Offenheit und Toleranz im Umgang mit Homosexualität, wie es dies kaum jemals zuvor in Kuba gegeben hat. In der öffentlichen Wahrnehmung steht – sowohl bei der Diskriminierung als auch bei der neuen Offenheit – männliche Homosexualität im Vordergrund; weibliche blieb sehr viel unauffälliger. Gleichwohl gibt es in Havanna inzwischen aber auch eine offene und aktive Lesben-Szene.

Mitte der 90er Jahre kam es zu einem bemerkenswerten Versuch, eine unabhängige Interessenvertretung von Homosexuellen zu gründen. Dieser Gruppe namens GALEES gelang eine spektakuläre Aktion, als sie bei der offiziellen 1. Mai-Demonstration direkt vor der Funktionärstribüne eine riesige Regenbogen-Fahne entrollte. Doch die Organisation existierte nur kurz, erhielt nie offizielle Anerkennung und ist inzwischen aufgelöst. Es bleibt eine Ironie der Geschichte und hat nichts mit Kubas Revolutionsführer zu tun, daß das Herz der Welt-Schwulen-Szene in San Francisco ausgerechnet in der „Castro Street" schlägt.

Religionen

Die Santería: Blumen für Obatalá

Die kubanische Volksreligion ist die *Santería* – daran haben weder fünf Jahrhunderte katholischer Mission noch drei Jahrzehnte sozialistischen Atheismus' etwas ändern können. Die *Santería* ist eine synkretistische Religion, sprich: ein eigenwilliges Mischprodukt aus afrikanischen Gottheiten und Kulten, die mit den Sklavenschiffen ins Land kamen, und der katholischen Religion, die die spanischen Kolonialherren auf der Insel implantierten – und beides vermengt und weiter entwickelt zu einer neuen, spezifischen kubanischen Religion, deren hervorstechendstes Merkmal vielleicht ihre Toleranz ist. In der *Santería* ist es die natürlichste Sache der Welt, daß ihre Anhänger gleichzeitig auch anderen Religionen und Ideologien folgen, zum Beispiel in die katholische Messe gehen, der KP angehören oder an chinesische Horoskope glauben. Umgekehrt war diese Toleranz oft geringer. Doch seit Anfang der 90er Jahre ist die öffentliche Diskriminierung weitgehend gefallen, und die *Santería* erlebt einen ungeheuren Boom.

Verehrt wird nicht ein Gott, sondern eine ganze Reihe von Schutzgöttern, genannt *Santos* (Heilige) oder *Orishas*. Die meisten dieser *Orishas* lassen sich auf die religiösen Vorstellungen der Yoruba, ein Volk im heutigen Nigeria, zurückführen, etliche entstanden aber auch erst in Kuba. Ihnen werden jeweils spezifische Fähigkeiten, Charaktereigenschaften und Vorlieben, Farben und Festtage zugeschrieben. Nach ihrer Verschleppung nach Kuba mußten die Sklaven, um ihre Götter unter den spanischen Herren weiterhin verehren zu können, sie unter einer christlichen Oberfläche verstecken. In der Folge wurden sie jeweils mit einer christlichen Heiligenfigur gleichsam „fusioniert" und „verdoppelt".

So ist Changó, Gott der Männlichkeit, des Krieges und der Musik, in Eins gesetzt mit der Heiligen Barbara; die Farben von beiden sind rot und weiß, und wo Santa Bárbara mit einem Schwert dargestellt wird, ist Changó mit einer Doppelaxt ausgestattet. Ihr Feiertag ist der 4. Dezember. Der auf Krücken laufende Babalú Ayé ist der Heilige Lazarus, Schutzpatron der Kranken, und jedes Jahr am 17. Dezember ziehen Tausende in einem spek-

*Die Kirche der „Heiligen Jungfrau der Barmherzigkeit von El Cobre" ist die
zentrale Wallfahrtsstätte Kubas – und zwar gleichermaßen für die Katholiken
wie für die Anhänger der Santeria, die die „Virgen de la Caridad" als
Ochún, die Göttin der Liebe und der Fruchtbarkeit, verehren. In der Kirche
in der Nähe von Santiago de Cuba befindet sich neben zahlreichen Votiv-
gaben auch die Nobelpreismedaille, die Hemingway der Schutzpatronin
Kubas stiftete – Foto: Ralf Müller*

takulären Pilgerzug von Havanna zu der Basilika des *San Lázaro* in einem Vorort der Hauptstadt. Ochún, die Göttin der Liebe und Fruchtbarkeit, immer in gelb gekleidet, findet ihre Doppelgängerin in der *Virgen de la Caridad,* der Heiligen Jungfrau der Barmherzigkeit von El Cobre, die 1916 vom Papst zur Schutzpatronin Kubas erklärt wurde. Ihre Kirche in El Cobre, nahe Santiago de Cuba, ist der wichtigste Wallfahrtsort der Insel; vor allem am 8. September, dem Feiertag der *Virgen* bzw. Ochúns, wird er von Tausenden besucht. Genauso ein Äquivalent im christlichen Mantel haben auch Yemayá, die universelle Muttergestalt und Göttin des Meeres, Obatalá, der Gott der Wahrheit und Gerechtigkeit, Elegguá, der die Wege öffnet und schließt, Oggún, Orula, Oyá und all die anderen aus dem vielfältigen Götterhimmel der *Santería.*

War den Sklaven einst die katholische Heiligenstatue nur eine Fassade, hinter der in Wirklichkeit die Götter der afrikanischen Heimat verehrt wurden, ist daraus längst eine zusammenhängende neue Religion entstanden: Verehrt und um Beistand ersucht wird heute weder die katholische Santa Bárbara noch der alte Yoruba-Gott Changó, sondern genau das originär kubanische Zwillingskonstrukt, zu dem sie verschmolzen sind. Und längst ist die *Santería* auch keine Religion der Schwarzen mehr, sondern hängen ihr Kubaner aller Herkunft, Hautfarben und sozialen Schichten an.

Ausgeübt wird die *Santería* in unterschiedlichster Form und Intensität. Für manche ist sie zentraler Lebensinhalt, für viele eine Stütze im Alltag, die man um Rat befragt und bei der man in Schwierigkeiten um Hilfe sucht. Den *Orishas* werden Altäre errichtet und kleine Opfergaben gebracht – was oft so in die alltägliche Lebenswelt integriert ist, daß es für den Außenstehenden kaum als religiöse Zeremonie erkennbar ist. In vielen Wohnungen schmückt das Wohnzimmer ein Vitrinenschrank mit weißen Porzellanterrinen, die, mit Wasser oder Essenzen für die *Orishas* gefüllt sind. Vielleicht lehnt neben der Eingangstür wie zufällig eine Machete neben einem unförmigen Holzstück, verschrumpelten Früchten und Blumen für Obatalá. Oder die Türen des großen Kleiderschranks im Schlafzimmer verbergen zahllose Gefäße, Heiligenfiguren und Symbole, die morgens gegrüßt werden und ab und an mit einem Essensteller, einem Glas Rum oder bunten Kugeln verpflegt werden. Möglicherweise hat man die gelbe Hals-

Pedro Luis Ferrer (Anfang der 80er Jahre): Babalú Ayé

Eine Abreibung werd' ich Dir machen
mit den Kräutern der Sierra Maestra,
und verhindern, daß der Krieg
Rum und Kaffee vernichtet;
und beten werd' ich für den Che,
daß er zurückkehrt auf die Erde.
Babalú, Babalú, Babalú Ayé...

Ich glaube an Fidel
und ich bringe ihm meine Anwesenheit,
damit durch seine Existenz,
es kein Pardon für den Yankee gibt.
So bleibe ich mit ihm,
mit Jesus Christus und mit der Wissenschaft.
Babalú, Babalú, Babalú Ayé...

Fidel hat gute Seiten,
die Widerhall finden in meiner Trommel,
an einer Seite von ihm geht Karl Marx,
und an der anderen Changó...
Babalú, Babalú, Babalú Ayé...

Einige Anmerkungen zum Verständnis von „Babalú Ayé"
(Pedro Luis Ferrer auf einem Konzert in Deutschland, 1998)

Dieses Lied wurde unter Umständen geboren, die ein wenig kompliziert sind. Fidel hat inzwischen öffentlich eingeräumt, daß in Kuba Anhänger von Religionen diskriminiert worden sind. Das Lied „Babalú

---

kette heute auch nicht angelegt, weil sie zur Farbe des Kleides paßt, sondern für die Schwägerin, der Ochún helfen soll, schwanger zu werden.

Die *Santería* verweist nicht auf Wiedergeburt oder ein Leben nach dem Tod, sondern verspricht Stütze und Orientierung im Hier und Jetzt. Die Heiligen tragen überaus menschliche Züge, die eine ist eifersüchtig und der andere jähzornig, die eine kokettiert gerne und der andere trinkt zu viel. Die Verehrung und Anrufung der Vorfahren hat in der *Santería* genauso ihren Platz wie das Orakel, das Kundige aus dem Wurf der Muscheln lesen. Musik und vor allem die Batá-Trommeln spielen eine zentrale Rolle bei Feiern und Ritualen. Blut gilt als besonders starke Opfergabe, und

Ayé" ist zu einer Zeit entstanden, als über diese Angelegenheiten in Kuba noch nicht kritisch gesprochen wurde. Es war mein Versuch, den Platz der Religionsanhänger in der Revolution einzufordern; der Versuch, es nicht zuzulassen, daß religiöse Revolutionäre ihren Glauben verstecken müssen.

Das Lied versuchte aber auch zu zeigen, wie die Revolution – obwohl sie sich marxistisch und materialistisch nannte – auf die gleichen Mittel und Mechanismen zurückgriff wie die Religion: Die offizielle Propaganda ging (und geht noch immer) mit den Helden und Märtyrern genauso um wie die Gläubigen mit ihren Gottheiten. Eines Tages werden wir klarer erkennen, wie der Marxismus in Kuba als Religion funktioniert hat, und die KP wie eine Kirche. Vielleicht war dies auch unvermeidlich, denn wir Kubaner sind schließlich ein Volk mit religiöser Kultur. Ohne dieses Wesen ist der „Fidelismus" in Kuba nie zu verstehen; es ist eine auf subtile und unbewußte Weise religiöse Beziehung.

Wenn die Gläubigen für einen Geist (einen Verstorbenen oder einen Heiligen) ein Glas Wasser hinstellen, heißt dies *poner una asistencia* (wörtlich: eine Anwesenheit bringen). Und wenn die Revolutionäre auf der *Plaza* zusammenkommen, um Fidels Reden zu hören, sagt man dazu ebenso *que le están poniendo su asistencia,* daß sie ihm ihre Anwesenheit erweisen. So redet das Lied von Che und Fidel in der gleichen Weise, wie die Gläubigen von ihren Heiligen und Göttern, von Babalú Ayé, Changó usw. sprechen.

Noch ein letztes: Ich habe eine Tante, die religiös ist. Sie stellt immer Wassergläser als *asistencia* für Che Guevara und Camilo Cienfuegos hin. Es gibt viele Leute, die dies tun.

das Schlachten von Hähnen oder anderen Tieren kann Teil größerer Zeremonien sein.

Die *Santería* hat keine festen „Gotteshäuser" wie Kirchen oder Tempel, die das Stadtbild prägen würden, und sie kennt auch keine straffen und durchorganisierten Hierarchien wie etwa der Katholizismus. Eine Schlüsselstellung hat der *Babalao,* oft übersetzt als „Priester", der mit den Geheimnissen der Religion tief vertraut ist, viele der Rituale in seinem Haus durchführt, die wichtigen Zeremonien leitet und oft auch über religiöse Anliegen hinaus Respekt in seinem Stadtviertel oder Dorf genießt. Ein zentrales Ordnungsprinzip sind überdies die Wahlverwandtschaften: Man ist in der Regel nicht nur einem der Heiligen speziell verbunden (dessen Farben oft als Glasperlenkette um Hals oder Handgelenk getragen werden), sondern als *Ahijado* oder *Ahijada,* als angenommener „Sohn" oder „Tochter", auch einem bestimmten *Padrino* oder einer *Madrina* zugeordnet.

Das wichtigste Initiationsritual der *Santería* ist es, „seinen Heiligen zu machen" (*hacer su santo*). Oft ist die Motivation dafür eine schwere Krankheit oder eine andere Lebenskrise. Die Anwärter müssen bis zu einem Jahr lang vollständig in Weiß gekleidet gehen, wozu sie zumeist Halsketten aus bunten Glasperlen in den Farben der jeweiligen *Orishas* tragen. Solange die *Santería* noch der Diskriminierung durch den Staat ausgesetzt war, war dieses öffentlich sichtbare Bekenntnis jedoch mit zahlreichen Problemen verbunden. Glücklich waren diejenigen, die in medizinischen Berufen arbeiteten: Als Angestellte in einem Krankenhaus oder Labor konnten sie sich „aus dienstlichen Gründen" ganz in Weiß kleiden – und dann wie zufällig die Arbeitskleidung auch nach Feierabend und am Wochenende anbehalten.

Trotz der offiziellen Ablehnung durch den sozialistischen Staat ist die *Santería* umgekehrt keineswegs gegen diesen eingestellt. Vielmehr zeigt sie ihre ungeheure Fähigkeit zur Integration der verschiedensten Erscheinungen und Weltbilder auch in bezug auf die Revolution. Beispielhaft ist die Anekdote, derzufolge sich bei der ersten Rede Fidels nach dem Einzug in Havanna eine weiße Taube auf seine Schulter gesetzt habe – ein untrügliches Zeichen Obatalás! Die rot-schwarze Fahne der Revolutionäre, die Farben von Elegguá! Als Fidel Castro auf Staatsbesuch nach Nigeria reiste, war das natürlich, um seinen Heiligen die Ehre zu erweisen. Und hast Du nicht gesehen, daß er unter seiner Armbanduhr die farbigen Bänder seines *Santo* trägt? Einer der „Klassiker" der kubanischen Populär-Musik, das von vielen Bands in unzähligen Variationen übernommene „Babalú Ayé" des Liedermachers Pedro Luis Ferrer, spielt genau mit dieser Verquickung zwischen revolutionärer Politik und religiösem Glauben.

Inzwischen hat sich die Haltung des Staates gewandelt. Gegenüber der *Santería* fand er dabei sogar früher zu einer Politik positiver Duldung als gegenüber den christlichen Kirchen – gerade weil die *Santería* keine organisierte Institution darstellt, die als politische Gegenkraft zu fürchten wäre. Heute ist sie als Teil der nationalen Kultur akzeptiert, und für die Touristen werden die religiösen Zeremonien als Folklore-Veranstaltungen inszeniert. Straßenhändler verkaufen offen allerlei Zubehör für die *Santería*-Rituale, eine „Yoruba-Kulturvereinigung" ist zugelassen, und die klangvollen Namen und Begriffe der *Santería* sind zu einem festen Bestandteil zahlloser Salsa-Songs geworden. Eine der populärsten Gruppen, NG La Banda, gab Mitte der 90er Jahre in ihrem Hit *Santa Palabra* regelrechte Verhaltensregeln aus: „Verstecke Deine Götter nicht! Trage Deine Ketten! Kümmere Dich nicht darum, was die Leute reden!"

Santería wird oft als Oberbegriff für alle afro-kubanischen Religionen verwandt, ist genau genommen aber nur die verbreitetste von diesen, die sogenannte *Regla de Ocha*. Eine andere ist der *Palo Monte* (auch *Regla Conga* oder *Mayombe* genannt), dessen Ursprünge sich vor allem auf die Region des heutigen Kongo zurückverfolgen lassen. Sie ist stärker spiritistisch geprägt, und es steht, wie der Name (*palo* = Ast, Zweig) andeutet, die Verbindung zu den Naturkräften und den in ihnen verkörperten Geistern im Vordergrund. Zentral in den Zeremonien der *Paleros* ist ein großer Topf, der *Ngánga*, in dem sich die Kräfte der Geister und Naturgewalten sammeln. Eine Sonderrolle kommt der zahlenmäßig kleinen religiösen Geheimsekte der *Abakuá* zu, die ausschließlich Männer zuläßt. Vor allem unter den Nachfahren haitianischer Einwanderer haben sich auch Praktiken des *Voodoo* erhalten.

Die Katholische Kirche: Konflikt und Koexistenz mit der Revolution

So verwoben katholische Glaubensinhalte mit denen der *Santería* sind, so gegensätzlich sind ihre sozialen Organisationsformen. Die Katholische Kirche ist vor allem eines: eine Institution, zudem eine der historisch mächtigsten des Landes. Wieviele Gläubige sie hat, ist schon sehr viel schwerer zu bestimmen; da die Übergänge zur *Santería* fließend sind, hängt alles davon ab, wo man die Grenze zieht. Sehr großzügige Statistiken sprechen von 39 % Katholiken; anderen Erhebungen zufolge ordnen sich nur 15 % der Kubaner insgesamt einer bestimmten Konfession fest zu. 4,7 der elf Millionen Kubaner sind nach kirchlichen Angaben getauft, aber nur 150 000 gehen mehr oder weniger regelmäßig in katholische Kirchen. Aus diesem Grund zielen auch die Bischöfe und Priester Kubas in ihrer Missionsarbeit oft weniger darauf, die Leute zum „Abschwören" von der *Santería* zu bewegen, als vielmehr darauf, das *relative* Maß katholischer Glaubensinhalte und Praktiken zu stärken und organisatorisch zu binden.

In den letzten Jahren hat die Katholische Kirche, wie alle Religionen in Kuba, einen spürbaren Aufschwung erlebt. Sie übernimmt zunehmend auch wieder soziale Funktionen, von der Altenpflege über Kinderfreizeiten bis hin zu Armenküchen. Vorangegangen war seit Mitte der 80er Jahre eine schrittweise Aussöhnung mit der Revolution, die in dem fünftägigen Besuch von Papst Johannes Paul II. im Januar 1998 einen spektakulären Höhepunkt erlebte.

Seit die spanischen Eroberer „mit dem Schwert und mit dem Kreuz" ins Land kamen, war die Katholische Kirche auf das engste mit den Kreisen und Interessen der Herrschaft verbunden. In den Unabhängigkeitskämpfen des 19. Jahrhunderts stand der Klerus in seiner großen Mehrheit auf seiten der spanischen Kolonialmacht. Eine Ausnahme stellte der Priester Félix Varela dar, der den Kampf für ein *Cuba Libre* unterstützte und heute als wichtigster historischer Bezugspunkt für eine nationale Verankerung der Katholischen Kirche gilt. Zu Lebzeiten mußte Varela allerdings, von Kolonialherren und Kirchenhierarchie gleichermaßen geschaßt, nach Florida ins Exil gehen.

In der Zeit der Republik war die Katholische Kirche auf die Ober- und Mittelschichten konzentriert. Die Ansätze der kirchlichen Basisarbeit blieben in ihrer Wirkung beschränkt, nicht zuletzt vielleicht, weil von den 680 Geistlichen vor der Revolution nur ganze 125 Kubaner waren, während der Großteil aus der von der Franco-Diktatur beherrschten ehemaligen Kolonialmacht Spanien entsandt war. Zum Sinnbild der sozialen Position der Katholischen Kirche wurde ein Foto aus den 50er Jahren, auf dem ein Priester den Tresor einer Bank weiht. Zwar zeigten etliche Geistliche auch Sympathien für die Guerilleros unter Fidel Castro, doch die Mehrheit der Kirchenhierarchie blieb bis zuletzt treu an der Seite Batistas.

Schnell nach dem Triumph der Revolution kam es zum offenen Konflikt. Schon Mitte des Jahres 1959 war die Katholische Kirche eine zentrale Kraft der Opposition gegen Castro. Die Regierung verstaatlichte in der Folge kirchlichen Landbesitz genauso wie 212 katholische Schulen (einer der zentralen Machtpfeiler der Kirche), fünf Krankenhäuser, Dutzende von Alten- und Waisenheimen sowie die (als Einnahmequelle durchaus wichtigen) Friedhöfe. Die Radioprogramme der Kirche mußten schließen, ausländische Priester und Missionare wurden außer Landes gedrängt.

Ein Vierteljahrhundert lang herrschte Eiszeit in den Beziehungen zwischen Staat und Kirche. Der heutige Erzbischof von Havanna, Kardinal Jaime Ortega, kam damals in die Umerziehungslager der UMAP. Aber auch einfache Bürger waren, wenn sie öffentlich an ihrer Konfession festhielten, von Aufstiegsmöglichkeiten im sozialistischen Staat weitgehend ausgeschlossen. Weihnachten und andere religiöse Feiertage wurden abgeschafft. Hunderttausende von Katholiken verließen als Teil der alten Ober- und Mittelschicht das Land, viele andere wandten sich von der Kirche ab. Die Zahl der Gemeindemitglieder sank auf ein Minimum, und die Kirche schien lange Jahre auf dem Weg in die Bedeutungslosigkeit.

Erst als in Lateinamerika die linksgerichtete „Theologie der Befreiung" an Stärke gewann, kam es auch in Kuba zu einer Annäherung zwischen Staat und Kirche. Der 2. Parteitag der KP 1980 postulierte, daß eine „strategische Allianz zwischen marxistischen Revolutionären und revolutionären Christen" möglich sei. Zum Signal des Tauwetters wurde ein langes, in Kuba als Buch publiziertes Interview des brasilianischen Befreiungstheologen Frei Betto mit Fidel Castro über Fragen der Religion. Der 4. Parteitag 1991 erlaubte schließlich, daß Religionsanhänger KP-Mitglieder werden durften und setzte damit der formalen Diskriminierung der Gläubigen ein Ende.

Seitdem sind die Beziehungen zwischen Staat und Kirche von einem Modus vivendi friedlicher Koexistenz geprägt, hinter dem jedoch ein zähes Tauziehen um Freiräume und Kontrolle stattfindet. Auch wenn die Kirche bedacht ist, ihre sozialen Botschaften immer in religiöse Formen zu kleiden und nicht explizit „Politik zu machen", ist sie eine der wenigen wirklich staatsfernen Institutionen und wird von vielen als latente Oppositionskraft gesehen.

Der fünftägige Kuba-Besuch von Papst Johannes Paul II. im Januar 1998 war so für die Führung in Havanna durchaus ein politischer Balanceakt. Zum einen bot er die Möglichkeit, auf internationalem Parkett Punkte zu machen: Kuba stand im Zentrum des weltweiten Medieninteresses, und Castro empfing, nicht in olivgrüner Uniform, sondern im schwarzen Maßanzug, mit allen Würden seinen illustren Gast. Gleichzeitig wurde der Papst-Besuch in Kuba zu einem echten Massenereignis; zudem gab er einer von der Regierungspolitik abweichenden Institution und Ideologie so viel öffentlichen Raum wie niemals zuvor. Die Katholische Kirche manövrierte darin vorsichtig. Papst Johannes Paul II. kritisierte in religiöser Sprache, aber unverhohlen die staatliche Bildungs- und Familienpolitik und forderte mehr Freiheiten für Kirche und Bevölkerung. Gleichzeitig verurteilte er aber auch das US-Embargo als unmoralisch und kritisierte einen ungehemmten Kapitalismus, bei dem die menschlichen Werte verloren gehen. Und es war ein in Kuba beispielloser Akt politischer Opposition, als der Erzbischof von Santiago de Cuba, Pedro Meurice Estiú, in seiner Begrüßung des Papstes die Kubaner dazu aufrief, „die

---

Pedro Meurice Estiú, Erzbischof von Santiago de Cuba (1998): „Dies ist ein Volk, das leidet"

Ich möchte Ihnen, Heiliger Vater, dieses Volk vorstellen, das mir anvertraut ist. Ich möchte, daß Ihre Heiligkeit das von uns in Bildung, Gesundheit und Sport Erreichte kennenlernt, unsere großen Fähigkeiten und Stärken, die Sehnsüchte und die Ängste dieses Teils des kubanischen Volkes. Heiligkeit: Dieses ist ein edles Volk, und es ist auch ein Volk, das leidet. ... Unser Volk ist respektvoll gegenüber der Autorität und ihm gefällt Ordnung, aber es muß lernen, die falschen Messianismen zu entlarven. Dies ist ein Volk, das über lange Jahrhunderte hinweg für die soziale Gerechtigkeit gekämpft hat und die jetzt, am Ende einer dieser Etappen, wieder auf der Suche nach Wegen ist, die Ungleichheiten und das Fehlen der Partizipation zu überwinden ...
Ich stelle Ihnen eine wachsende Zahl von Kubanern vor, die das Vaterland mit einer Partei verwechselt haben, die Nation mit dem historischen Prozeß, den wir in den letzten Jahrzehnten durchlebt haben, und die Kultur mit einer Ideologie. ... Heiliger Vater: Während dieser Jahre hat das Volk die Souveränität seiner Grenzen mit wahrhaftiger Würde verteidigt. Aber wir haben ein Stückweit vergessen, daß diese Unabhängigkeit aus der Souveränität eines jeden Menschen sprießen muß.

falschen Messianismen zu entlarven" und Wege zu finden, „die fehlende Partizipation zu überwinden" – in Anwesenheit von Armeechef Raúl Castro und live übertragen vom kubanischen Staatsfernsehen!

Zur großen Abschlußmesse des Papstes bot Havannas *Plaza de la Revolución* ein Bild, das früher undenkbar gewesen wäre: Die riesige Silhouette Che Guevaras am Gebäude des Innenministeriums fand ihr Gegenüber in einem ebenso großen Bild des Heiligen Herz Jesu, das die gesamte Fassade der Nationalbibliothek einnahm. Rund 300 000 Kubaner wohnten der Messe bei, darunter auch Fidel Castro selbst. (Auch die Partei hatte ihre Anhänger zur Teilnahme aufgerufen.) Kurzzeitig wurden aus der Masse eindeutig politisch gemeinte Rufe nach mehr Freiheit laut, doch zu größeren regierungsfeindlichen Kundgebungen kam es nicht.

Letztlich verbuchten sowohl Regierung wie Dissidenten den Papstbesuch als Erfolg. Der größte Gewinner aber war die Katholische Kirche, die eine enorme gesellschaftliche Aufwertung erfuhr. Ihr gelang der Spagat, sich der Regierung als verläßliche Institution zu zeigen, die jegliche Art von Ausschreitungen verhindert, sich aber gleichzeitig nicht politisch vereinnahmen zu lassen. Zudem stand sie wie nie zuvor im Zentrum einer volkstümlichen Begeisterung, die breiteste Gesellschaftsschichten erfaßte.

Die Hochstimmung des Papstbesuchs ist inzwischen einer nüchterneren Normalität gewichen. Dennoch stellt die Katholische Kirche heute wieder eine wesentliche Institution des Landes dar, und viele weisen ihr im Falle einer etwaigen politischen Öffnung eine wichtige Mittlerrolle zu. Konkreter ist jedoch zunächst ein anderes Ergebnis: Als Geste anläßlich des Papst-Besuches verkündete Fidel Castro die Wiederzulassung des einst abgeschafften Weihnachtsfeiertages.

Protestantische Kirchen und andere Religionen

Protestantische Kirchen sind auf Kuba traditionell relativ schwach verankert. Nur 3–4% der Bevölkerung gehören nach eigenen Angaben den 54 protestantischen Glaubensgemeinschaften auf der Insel an. Sie verzeichnen allerdings bemerkenswerte Zuwachsraten, und bereits jetzt arbeiten im Land erstaunlicherweise mehr protestantische Pfarrer als katholische Priester. Ihr gesellschaftlicher Einfluß ist dennoch um einiges geringer als der der Katholischen Kirche.

Die älteren der protestantischen Kirchen – Methodisten, Presbyterianer, Baptisten, Episkopale, Pfingstler – kamen mit der US-amerikanischen Besatzung nach 1898 ins Land, und die meisten blieben abhängig von den Mutterkirchen in den USA. Nach der Revolution gerieten sie in offenen Konflikt mit dem Staat, auch ihre Schulen wurden enteignet. Als sich die Beziehungen Ende der 80er Jahre normalisierten, zeigte sich die Führung vieler evangelischer Kirchen – organisiert im Kubanischen Kirchenrat (CIC, vormals Ökumenischer Rat) – in ihren öffentlichen Erklärungen sehr viel regierungsnäher als die Katholische Kirche. Zwei prominente evangelische Pastoren wurden sogar Abgeordnete der chronisch einstimmigen Nationalversammlung. Diese Haltung der Kirchenführung war nicht unumstritten und hat teilweise zu erheblichen Spannungen innerhalb der Gemeinden geführt. Das größte Wachstum erleben in jüngster Zeit insbesondere neue Kirchen wie die „Pfingstler" und die „charismatische Bewegung", die auf besonders emotional gestaltete Gottesdienste mit lauter Musik und demonstrativ zelebrierter Fröhlichkeit setzen.

Der Großteil der jüdischen Gemeinde Kubas ist nach der Revolution mit der alten Ober- und Mittelschicht in die USA emigriert. Heute zählt sie noch rund 900 Personen, die große Mehrzahl davon in Havanna. Die größte Synagoge im Stadtteil Vedado ist in einem Zustand, der sich mit „renovierungsbedürftig" umschreiben läßt.

Unter den Nachfahren arabischer Immigranten hat sich eine kleine islamische Gemeinde erhalten. Daneben finden sich in Kuba auch Zeugen Jehovas, ein Bahai-Tempel und diverse weitere kleinere Religionsgemeinschaften. Und schließlich: Rund 15% der Kubaner bezeichnen sich als Atheisten.

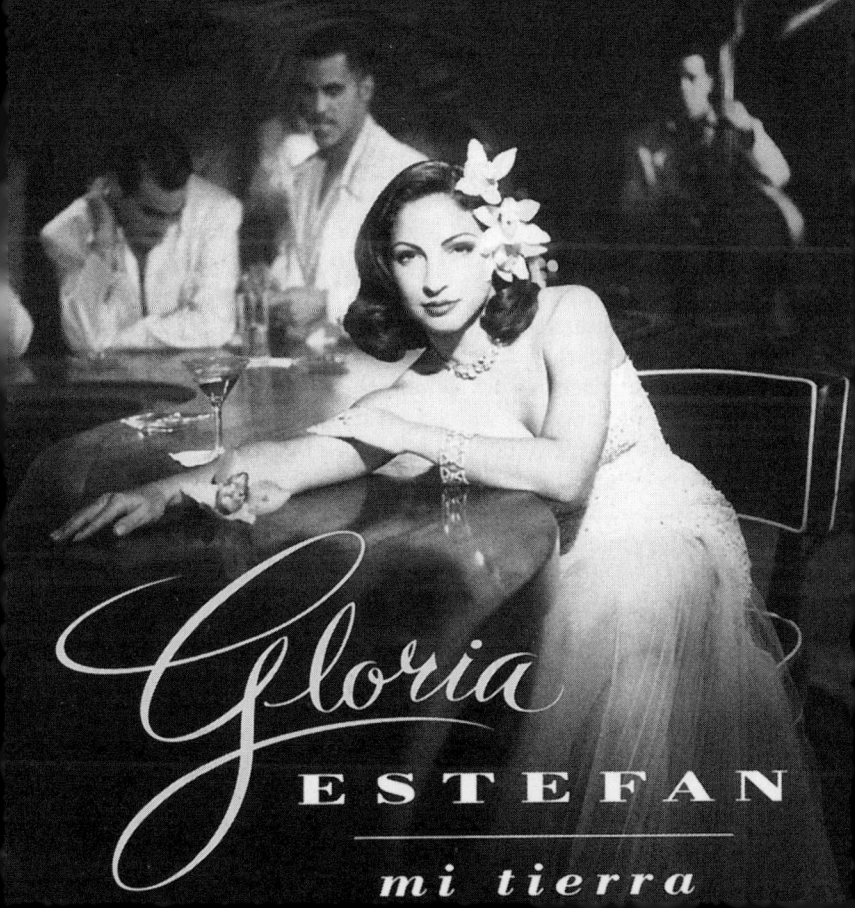

Gloria

ESTEFAN

mi tierra

Gespannte Verhältnisse: Künstler und Staat

Schon in der Kolonialzeit galt Havanna als die „kulturelle Hauptstadt der Karibik". In der Tat ist über alle Zeiten hinweg Kubas kultureller Reichtum beeindruckend. Darüber hinaus brachte nach 1959 die Begeisterung für die Revolution vielerorts zusätzlich ein von großer Sympathie getragenes Interesse an den Intellektuellen und Künstlern Kubas mit sich. Der Staat förderte diese Ausstrahlung nach Kräften und erklärte das Land zur kulturellen Avantgarde Lateinamerikas. Die Zeitschrift und die Literaturpreise der *Casa de las Américas* in Havanna wurden genauso zu einer kulturellen Instanz ganz Lateinamerikas, wie das jährliche „Festival des Neuen Lateinamerikanischen Films" in Havanna zu einem der wichtigsten Treffpunkte für die Filmemacher des Kontinents wurde.

Die Revolution brachte ganz neue Voraussetzungen für die Kulturschaffenden der Insel: Der Staat unterstützte großzügig die Gründung zahlreicher neuer Institutionen, vom Filminstitut bis zu Literaturverlagen; die in die kulturellen Organisationen integrierten Künstler erhielten eine verläßliche staatliche Finanzierung, die sie von den Zwängen einer Kommerzialisierung ihrer Arbeit entband; die Alphabetisierungskampagne schuf ein neues nationales Lesepublikum; kulturelle Veranstaltungen wie Konzerte oder Theateraufführungen wurden nun für alle zugänglich und erschwinglich.

Während einerseits die Kultur als Aushängeschild der Revolution gefördert wurde, waren andererseits die Beziehungen zwischen den Künstlern und der politischen Macht starken Spannungen ausgesetzt. Zum ersten prominenten „Fall" wurde das Verbot des Dokumentarfilms „P.M." von Sabá Cabrera über das Nachtleben Havannas 1961. Gleichsam als Antwort auf die daraus resultierende Unruhe hielt Castro seine als „Worte an die Intellektuellen" bekannt gewordene Rede.

Die von Castro ausgegebene Losung „Innerhalb der Revolution: alles! Gegen die Revolution: nichts!" war seitdem, tausendfach zitiert, immer wieder das Maßband des politisch Erlaubten – allerdings ein Maßband ohne genaue Bestimmungen, bei dem es letztlich immer in der Hand der politischen Führung lag zu interpretieren, was „innerhalb", was „außerhalb" und was „gegen" die Revolution war. Gleichzeitig verteidigte Castro in dieser Rede am Beispiel des Films „P. M." in einer langen Passage das Recht des Staates, eine inhaltlich begründete Zensur auszuüben. „Könnte man", so Castro „der Regierung inmitten der Revolution das Recht bestreiten, die Filme, die vor dem Volk gezeigt werden, zu begutachten, zu prüfen und zu konfiszieren? ... Der Revolutionsregierung diese Befugnis zu verweigern, würde der Regierung ihre Funktion und Verantwortung absprechen, das Volk zu führen und diese Revolution zu führen." Damit war das Spannungsfeld der Konflikte abgesteckt, das Kubas Kultur in den folgenden bald vier Jahrzehnten prägen sollte. Und nicht zufällig wurde die Kultur zu einer Art Ersatzöffentlichkeit, die wie ein Barometer die Freiräume für gesellschaftliche Diskussion und Kritik insgesamt anzeigte.

Die verschiedenen Phasen, die sich in der Kulturpolitik ausmachen lassen, folgten weitgehend denen der allgemeinen politischen Entwicklung. Bereits kurz nach 1959 verließen etliche Intellektuelle die Insel. Insgesamt blieb die kubanische Kultur in den 60er Jahren jedoch von der euphorischen Aufbruchstimmung geprägt. Für diejenigen „innerhalb der Revolution" gab es große materielle

Möglichkeiten, und auch gegenüber politisch eher distanzierten Künstlern zeigte die Regierung, wenn auch in Grenzen, noch eine relative Toleranz und ließ Publikationen zu.

In den 70er Jahren hingegen erlebte die Kulturpolitik eine Zeit harscher dogmatischer Verhärtung und aggressiver Intoleranz. Auch offiziell wird diese Phase inzwischen als „graues Jahrfünft" (1971–1976), teilweise aber auch als „graues Jahrzehnt" bezeichnet. Denn den großen Einschnitt markierte bereits 1968 der „Fall Padilla", der auch international hohe Wellen schlug. Seinen Anfang nahm der Konflikt, als dem Dichter Heberto Padilla für seinen Gedichtband „Außerhalb des Spiels" 1968 der Lyrikpreis des offiziellen kubanischen Schriftstellerverbands UNEAC zuerkannt wurde. Gegen dieses Votum der Jury intervenierte die politische Führung. Das Werk beziehe, so erklärte daraufhin die Leitung des Schriftstellerverbands, „ideologisch einen Standpunkt gegen unsere Revolution", „diene unseren Feinden" und sei Teil eines „ideologischen Kampfes, dessen letztes Ziel nur die Aushöhlung der unzerstörbaren ideologischen Festigkeit der Revolutionäre sein kann". Die Revolution müsse dies mit aller Entschiedenheit bekämpfen.

Im März 1971 wurde Padilla verhaftet. Nach 37 Tagen Haft brachte man den Schriftsteller dazu, eine öffentliche „Selbstkritik" abzulegen. In surreal wirkender Unterwürfigkeit geißelte er sich darin selbst als einen miesen und diffamierenden Konterrevolutionär, der der Staatssicherheit unendlich dankbar sei, daß sie ihn auf den richtigen Pfad zurückgeführt habe. Bis heute stellt diese absurde, an stalinistische Schauprozesse erinnernde Selbstkritik einen der traumatischsten Momente der kubanischen Kultur dar. Eine Reihe namhafter Schriftsteller der westlichen Linken, die bis dahin die Revolution unterstützt hatten (darunter Jean-Paul Sartre, Julio Cortázar, Mario Vargas Llosa, Hans Magnus Enzensberger), schrieben einen offenen Protestbrief an die Regierung in Havanna; für einen Teil von ihnen markiert der „Fall Padilla" den Bruch mit der kubanischen Revolution und in der Folge auch mit ihrer eigenen linken Vergangenheit. Heberto Padilla konnte erst 1981 Kuba verlassen und lebt heute in den USA.

Was an Padilla als „Fall" vorexerziert wurde, goß der „Kongreß über Erziehung und Kultur" im Jahre 1971 in Programme und Statuten: einen ideologischen Dogmatismus, der auch in

Heberto Padilla (1968): Außerhalb des Spiels

Für Jannis Ritzos, in einem griechischen Gefängnis

Den Poeten – werft ihn hinaus!
Der hat hier nichts zu suchen.
Er spielt nicht mit,
begeistert sich nicht.
Keiner versteht seine Botschaft.
Nicht einmal die Wunder bekräftigt er.
Den Tag verbringt er grübelnd, hat immer etwas einzuwenden.
Diesen Typ – werft ihn hinaus!
Dieser Schlechtgelaunte,
des Sommers mit schwarzer Brille
unter der wachsenden Sonne,
ist ein Spielverderber.
Stets verführen ihn kleine Reisen
und die schönen Katastrophen der Zeit
ohne Geschichte. Obendrein hat er nichts übrig
für das Moderne. Nur der alte Armstrong
gefällt ihm. Höchstens daß er ein Liedchen von Pete Seeger
trällert oder, zwischen den Zähnen,
die ‚Guantanamera' pfeift.
Aber keiner öffnet ihm den Mund,
keiner bringt ihn zum Lachen,
wenn das Spektakel beginnt
und die Hanswurste über die Bühne springen,
wenn die Kakadus die Liebe mit dem Terror verwechseln,
wenn die Szene knistert, Blech und Trommelfell dröhnt
und alle Welt springt
und nickt
zurückweicht
und lacht
den Mund öffnet:
„nun, ja"
„natürlich, ja"
„selbstverständlich, ja"
und alle tanzen schön,
tanzen gut,
wie sie verlangen, daß der Tanz sei.
Diesen Typ – werft ihn hinaus!
Der hat hier nichts zu suchen.

Kuba eine Variante des „sozialistischen Realismus" sowjetischer Prägung predigte. Erst mit der Gründung des Ministeriums für Kultur 1976 begann sich diese rigide Verkrampfung allmählich wieder zu lockern. In der zweiten Hälfte der 80er Jahre dann brachte die Kampagne der *Rectificación* eine ideologische Abwendung von der Sowjetunion und die prononcierte Rückbesinnung auf die eigenständig kubanische Identität in Politik und Kultur; damit verbunden war auch eine behutsame, zumeist indirekte Kritik der Kulturpolitik der 70er Jahre. Gleichzeitig artikulierte sich in der kubanischen Kultur ab Mitte der 80er Jahre auch eine starke Strömung, die, sei es zwischen den Zeilen oder in offener Provokation, auf politische Reformen und einen gesellschaftlichen Öffnungsprozeß drängte.

In den 90er Jahren brachte die tiefe Wirtschaftskrise neue Probleme. Die Zahl der verlegten Bücher sank drastisch, etliche Publikationen mußten eingestellt werden, Geld für Filmproduktionen wurde gestrichen. Gleichzeitig brachte die Krise und Außenöffnung der Ökonomie aber auch neue Möglichkeiten: Kultur wurde als wichtiger Devisenbringer des Landes entdeckt, und der Tourismus führte eine dollarträchtige Nachfrage nach Musik und Kunsthandwerk, Gemälden und Unterhaltungsshows ins Land. Kunst und Kultur gehörten nun zu den potentiell lukrativsten Arbeitsmöglichkeiten. Joint-venture-Projekte mit ausländischen Firmen oder Kulturinstitutionen entstanden, und den Künstlern wurde erlaubt, von ihren Deviseneinnahmen für Bilder, Bücher oder Musik den größten Teil zu behalten und nur einen bestimmten Prozentsatz an den Staat abzuführen. Wer im Ausland erfolgreich war, der konnte als Künstler nun auch auf der Insel leben und einen ganz legalen Wohlstand (zumindest für kubanische Verhältnisse) genießen.

In den 90er Jahren begann man zudem selbst offiziell zu akzeptieren, daß auch die Werke der emigrierten Künstler integraler Bestandteil der kubanischen Kultur sind – ob sie nun in Miami, Mexiko oder Stockholm entstanden sind, und auch ungeachtet davon, was ihre Autoren von Fidel Castro und der KP halten mögen. Die politische Kontrolle blieb gleichwohl auch in den 90er Jahren präsent: Immer wieder kam es zu „Fällen", in denen eine Ausstellung verboten, ein Schriftsteller angegriffen oder ein Film nicht gezeigt wurde – womit über den Einzelfall hinaus die Grenzen des Zulässigen und Möglichen abgesteckt wurden. Ein neues Phänomen kam nun für Kubas Kulturschaffende hinzu: der Druck, sich gemäß den Anforderungen der internationalen Nachfrage zu vermarkten. Drehbücher mußten auf die möglichen Partner einer Koproduktion zugeschrieben werden, die Malerei sah sich vom Geschmack ausländischer Mäzene und Käufer abhängig, und manche Romane orientieren sich mehr an den Erwartungen des Publikums in Europa oder den USA als an den Lesern zwischen Pinar del Río und Santiago de Cuba. Dennoch sind in allen Bereichen eindrucksvolle Werke entstanden, die von der ungebrochenen Vitalität und Originalität des kubanischen Kulturlebens zeugen.

Musik

Auch berühmte kubanische Schriftsteller erkennen neidlos an, daß „die erste der Künste" in ihrem Land nicht die Literatur, sondern die Musik ist. Schon ein halbes Jahrhundert bevor der *Buena Vista Social Club* die CD-Regale und Kinosäle füllte, konnte Fernando Ortiz schreiben: „Mit unserer Musik haben wir Kubaner mehr Träume und Freuden exportiert als mit unserem Tabak, mehr Süße und mehr Energie als mit all unserem Zucker." In der Tat haben die auf der Insel entstandenen Rhythmen die Musik Lateinamerikas, aber auch Europas und der USA ganz maßgeblich geprägt. Das halbe Programm der deutschen Tanzschulen, vom Chachachá bis zum Bolero, von der Rumba bis zum Mambo, basiert auf Importen aus Kuba. Und selbst wenn Hans Albers *La Paloma* singt, dann ist der musikalische Grundstock dieses Seemannslied-Klassikers die *Habanera,* die im 19. Jahrhundert nach Europa kam und von Komponisten wie Ravel und Bizet aufgenommen und weiterverarbeitet wurde.

Wie die Religion der *Santería,* so ist auch die kubanische Musik eine Synthese der verschiedenen Einflüsse, die sich in Kuba gekreuzt haben. Das afrikanische Erbe ist unverkennbar in der Bedeutung der vielfältigen Trommeln und Perkussionsinstrumente, in der Struktur der Rhythmen, dem Wechselspiel eines – oft die Texte improvisierenden – Sängers mit einem antwortenden Chor sowie in den vielfach aus religiösen Zeremonien hervorgegangenen Gesängen und Tanzformen. Die spanischen Kolonialherren und Siedler brachten Versformen und Liedtradition, klassische Musik und Romanzen, Gitarre und Klavier mit. Und auch die spätere Anbindung an die USA fand nachhaltigen musikalischen Ausdruck, und zwar in durchaus wechselseitiger Form: Die kubanische Musik prägte die der USA mindestens genauso wie umgekehrt.

Oft übersehen wird in der Fülle kubanischer Rhythmen, daß die Insel auch eine bemerkenswerte Tradition klassischer Musik aufweist, von Komponisten wie Ignacio Cervantes und Manuel Saumell im 19. Jahrhundert bis zu exzellenten Verfassern und Interpreten moderner Klassik in der Gegenwart. Nach der Revolution wurde in den staatlichen Musikschulen großer Wert auf eine klassische Ausbildung gelegt, und etliche der heutigen *Salsa*- und Jazz-Stars können sehr wohl auch ihren Chopin oder Beethoven spielen.

Der Son

Das Herzstück der kubanischen Musik ist der *Son*, der sich zu Beginn dieses Jahrhunderts durchsetzte. Er kam nach Havanna mit den einfachen Bauern, den *Guajiros*, und den armen Zuckerrohrschnittern aus dem Osten Kubas, die auf der Suche nach einem besseren Leben in die Hauptstadt zogen. Die Musik, die spanisches Versmaß mit afrikanischem Rhythmus und nationalem kubanischen Selbstbewußtsein verband, begeisterte schnell die unteren Bevölkerungsschichten. Ihre Texte schilderten nicht mehr Liebe und Sehnsucht spanischer Edelleute, vielmehr fanden nun die ewigen Themen zwischen Frau und Mann ihren Ort in der Erfahrungswelt der einfachen Kubaner, in ihrer Sprache gesungen, respektlos gegenüber den Autoritäten und oft gespickt mit erotischen Anzüglichkeiten. Die zentrale Bedeutung des *Son* für die nationale Identität Kubas rührt nicht zuletzt daher, daß er als *Música mulata* entstanden ist, als „mulattische Musik", wie der Dichter Nicolás Guillén es faßte – aufgrund seiner musikalischen Struktur, aber auch, weil schwarze und weiße Kubaner sich gleichermaßen für ihn begeisterten und auch gleichberechtigt in den *Son*-Bands spielten.

Von der kubanischen Oberschicht wurde die neue Musik anfangs allerdings als kulturlos und unmoralisch abgelehnt. Wegen der „Obszönität" der dazugehörigen Tanzbewegungen versuchte die Regierung sogar, die neue Musik zu verbieten. In der Zeitung fanden sich Meldungen wie diese: „Die Polizei führte eine Gruppe von Frauen ab, die vor dem Haus Arango-Straße 50 in skandalöser Weise *Son* tanzten" (Cienfuegos, 31. Mai 1917).

Ein paar Jahre später jedoch tanzte auch Kubas *High Society* zu den Rhythmen des *Son*. In Trios wurde er in den Straßen, Plätzen und Hinterhöfen gespielt, in Sextetten in den großen Clubs und Cabarets. Diese *Sextetos* beherrschten die Bühnen Kubas in den „Goldenen 20er Jahren", und mit der Einführung des Radios 1922 war dies auch die erste Musik, deren Stars gleichzeitig im ganzen Land gehört wurden. Die typische Besetzung der *Son*-Sextette bestand aus Gitarre, der *Tres* (einer kubanischen Gitarrenvariante, bei der die Saiten in drei Paaren – daher der Name – angeordnet sind), Bongó-Trommeln, Kontrabaß und zwei Vokalstimmen, die gleichzeitig Klanghölzer (*Claves*), Rasseln (*Maracas*) und andere kleine Perkussionsinstrumente spielten. Die bekanntesten waren das *Sexteto Habanero* und sein ewiger Konkurrent, das *Sexteto Nacional* (später *Septeto Nacional*) unter Leitung des legendären Ignacio Piñeiro, des Komponisten von über 350 *Son*-Titeln. „Der *Son*", schwärmte Fernando Ortiz, „ist wie ein zu Klang gewordener Rum, den man mit den Ohren trinkt."

Die Größen des alten *Son* werden in Kuba bis heute verehrt: Miguel Matamoros zum Beispiel, der zahllose Evergreens der kubanischen Musik schuf (*Son de la Loma, Lágrimas Negras*) und mit seinem *Trío Matamoros,* nur mit Gitarre und *Maracas* ausgestattet, zu den frühesten Vorreitern des *Son* zählt; oder Abelardo Barroso, der bei den beiden großen *Sextetos* der 20er Jahre die *Lead*-Stimme sang und den Beinamen „der Große Caruso" erhielt; der mit 13 Jahren erblindete *Tres*-Spieler und Bandleader Arsenio Rodríguez, der in den 40er Jahren die Bands um Klavier und Blechblasinstrumente erweiterte und dem *Son* mit kraftvollen Trompetensätzen erst jenen Klang gab, der zum Grundstock der lateinamerikanischen Tanzmusik werden sollte; die Sängerin und Schauspielerin Rita Montaner, die zu Kubas großer Diva von Cabaret, Theater und Film wurde; Joseíto Fernández, der „König der Melodien" und Komponist des *Guajira-Son* namens *Guantanamera* nach den Versen José Martís, den der US-amerikanische Sänger Pete Seeger in den 60er Jahren übernahm und zum Welterfolg machte (wobei er den Namen des kubanischen Komponi-

sten allerdings unterschlug); der schwarze Pianist und Sänger Ignácio Villa, den die Kubaner in liebevoll ironischer Anspielung
auf seine dunkle Hautfarbe *Bola de Nieve,* „Schneeball", tauften
und der seine Meisterschaft am Klavier mit dem großartigsten Lachen der Insel begleitete; und natürlich Benny Moré, *El Sonero
Mayor,* „der Größte aller *Son*-Musiker", der in den 40er und 50er
Jahren zum gefeierten Star der Nation wurde – und bis heute einen ganz besonderen Ehrenplatz im Olymp der kubanischen Musik genießt.

Rumba, Danzón, Mambo, Chachachá, Bolero, Cubop, Fílin

Neben dem *Son* – mit fließenden Übergängen und vielfältigen Ver-
mischungen – entstanden in Kuba eine ganze Reihe weiterer Mu-
sikstile, die die Welt eroberten. Die *Rumba* hat ihren Ursprung
in den religiösen Festen und Zeremonien der nach Kuba ver-
schleppten Sklaven, insbesondere in den Riten der *Abakuá*-Sekte.
So wird die schnellste und akrobatischste Form der *Rumba,* die
Columbia, bis heute nur von den Männern getanzt. Ein Paartanz
hingegen, bei dem sich beide Partner erotisch lockend umkreisen,
jedoch ohne einander zu berühren, ist die gemäßigt schnelle
Rumba-Variante namens *Guaguancó.* Auch sie wurde jedoch ein
Stückweit gezähmt und entschärft, bevor sie in den Salons Europas als „die Rumba" Einzug hielt. Als bekannteste Rumba-Band
gelten *Los Muñequitos de Matanzas.*

Deutlich stärker geprägt durch Einflüsse aus Europa, insbesondere durch den französischen *Contredanse,* ist der *Danzón* – gespielt und getanzt wird die langsame, oft schmachtende Musik
allerdings gleichermaßen von Kubanern aller Hautfarben. Als „die
Stimme des *Danzón*" gilt der schwarze Sänger Barbarito Diez. Die
berühmteste *Danzón*-Band der 30er Jahre war *Arcaño y sus Maravillas* – einer ihrer Hits aus dem Jahre 1939 namens „Mambo" wurde jedoch bereits zur Keimzelle eines neuen Stils. Doch es dauerte
noch zehn Jahre, bis Dámaso Pérez Prado diesem *Danzón Mambo*
starke Bläsersätze hinzufügte, das Tempo beschleunigte und damit
1949 als „Erfinder des Mambo" in New York den internationalen
Durchbruch feierte. Pérez Prado komponierte viele der großen
Mambo-Titel, darunter den berühmten *Mambo No. 5,* schrieb
später aber auch die Filmmusik zu Fellinis „La Dolce Vita".

Der nächste Stil ließ nicht lange auf sich warten. Aus *Danzón* und *Mambo* entwickelte Enrique Jorrín Ende der 40er Jahre den *Chachachá,* dessen Name, mit Betonung auf der letzten Silbe, zur Freude aller Tanzlehrer den Rhythmus der Füße beim Tanzen dieser Musik lautmalerisch nachahmt. Und auch der bereits im vergangenen Jahrhundert entstandene *Bolero* erlebte sein großes Comeback, als in den 40er und 50er Jahren die kubanische Musik in das feste Repertoire der US-amerikanischen *Big Bands* aufgenommen wurde und über diesen Umweg in aller Welt berühmt wurde.

Weltweiten Einfluß hatte die kubanische Musik auch im Jazz. Mario Bauzá experimentierte bereits in den 30er und 40er Jahren in New York mit der ersten rein afro-kubanischen Bigband an einer Fusion von Jazz und *Son,* und 1947 trug der Perkussionist Chano Pozo kubanische Rhythmen in die Band des Trompeters Dizzy Gillespie, der die neue Mixtur *Cubop* taufte. Stücke mit Titeln wie *Cubana Be Cubana Bop* und *Afro Cubano Suite* entstanden. Bereits ein Jahr später, 1948, wurde Chano Pozo in Haarlem ermordet – Gerüchten zufolge, weil er heilige Rhythmen der *Abakuá*-Sekte, der er in Kuba angehört hatte, öffentlich gespielt und damit entweiht hatte. Trotz der kurzen Zeit, die Chano Pozo im musikalischen Rampenlicht stand, gilt er heute als einer der Urväter des *Latin Jazz.*

Zu den großen Stars des vorrevolutionären Kuba zählt schließlich auch der Pianist Ernesto Lecuona, der im Jahr 1900 als fünfjähriges Wunderkind sein erstes Konzert gab. Sechs Jahrzehnte lang brillierte Lecuona als Komponist romantischer Lieder und klassischer Stücke und erlangte auch international große Anerkennung. Der Musikstil des *Fílin* (nach englisch: *Feeling*), den er in den 50er Jahren mitbegründete, fand außerhalb der Insel allerdings wenig Beachtung.

Die Entstehung des Salsa

Mit der Revolution ging 1959 auch in der Musik eine Ära zu Ende. Das Nachtleben Havannas, die stolzeste Bühne der kubanischen Tanzmusik, wurde nun zum Inbegriff kapitalistischer Dekadenz, und die so engen Beziehungen zu Musikern und Plattenfirmen in den USA, die der kubanischen Musik zu ihrem Weltruhm verholfen hatten, wurden durch den Kalten Krieg zwischen Washington und Havanna gekappt. Etliche Künstler verließen die Insel, darunter auch Celia Cruz, die mit ihrer Band *Sonora Matancera* in den 50er Jahren populär geworden war. In vier Jahrzehnten des Exils avancierte sie zur ungekrönten „Königin des *Salsa*". Fast im gleichen Alter wie Fidel Castro ist sie auf der Bühne auch heute noch ein Energiebündel, das weder Temperament noch Charme eingebüßt hat. Und obgleich sie immer wieder anti-castristische Positionen bezogen hat, macht ihr heute auch auf der Insel kaum noch jemand ihre Position als „Große Alte Dame" der kubanischen Tanzmusik streitig.

Wenn hier von „*Salsa*" die Rede ist, dann verdient dies ein Wort der Erklärung. In den USA schlug die musikalische Kuba-Begeisterung der 50er Jahre nach der Revolution Fidel Castros in lähmendes Desinteresse um. Anfang der 70er Jahre suchte die New Yorker Plattenfirma *Fania Records* daher einen neuen Begriff, unter dem sie ihre exil-kubanischen und puertoricanischen Musiker wieder erfolgreich auf den Markt bringen konnte. Sie fanden das Wort *Salsa* (wörtlich: Soße, aber fast automatisch mit dem Beigeschmack einer *scharfen* Soße), und aus was für Gründen auch immer: es funktionierte. „Zwischen 1960 und 1973 war absolute Flaute für unsere Musik", erinnert sich Celia Cruz. „Erst als wir sie *Salsa* nannten, da mochten die jungen Leute irgendwie den Namen, und dann kam vieles in Bewegung."

Und was genau ist *Salsa* nun? Noch einmal Celia Cruz: „*Salsa* ist kubanische Musik unter anderem Namen. Es ist Mambo, Chachachá, Rumba, *Son*, alle Rhythmen Kubas zusammen unter einem Namen." Und, so wäre hinzuzufügen, weiterentwickelt im Schmelztiegel der US-amerikanischen *Latino*-Szene. Im Zuge des internationalen Erfolges warf bald jedes Land und jeder Stil seine ganz eigenen Zutaten in die große „Soße" der kubanischen Rhythmen. Aufgestiegen zu der allgegenwärtigen Tanzmusik halb Lateinamerikas, fand der Salsa überall auch seine ganz eigenen Mixturen, Formen und Moden. In Kuba selbst lehnte die revolutionäre Regierung den Begriff *Salsa* zunächst als Kulturimperialismus ab, inzwischen ist er aber auch auf der Insel längst gang und gäbe.

Alte und Neue Trova

Nach 1959 drang in Kuba jedoch zunächst eine ganz andere Musik ins Rampenlicht und wurde zum Aushängeschild der Revolution: die *Trova*, übersetzt etwa „Lieder" oder „Balladen". Ihre Sänger griffen eine alte Tradition auf, die im letzten Jahrhundert in Sindo Garay ihren bekanntesten Vertreter hatte, und füllten diese nun mit explizit politisch-revolutionären Inhalten. Die wegweisenden Stücke jener Epoche schrieb und sang Carlos Puebla: *Y en eso llegó Fidel*, das den expliziten Gegenpunkt zur „Vergnügerei" der dekadenten 50er Jahre markierte, und natürlich sein herzzerreißendes *Hasta Siempre, Comandante!* zum Tode Che Guevaras. Dieses Lied wurde eines der Seelenstücke der lateinamerikanischen Linken, und Wolf Biermann übersetzte es seinerzeit ins Deutsche und sang es als linker Kritiker den DDR-Oberen entgegen; heute ist es einer der unvermeidlichen Ohrwürmer, mit dem die Hotel-Trios den Touristen das Leben an Pool und Bar musikalisch untermalen.

Die Lieder Carlos Pueblas ähnelten nicht selten einer gesungenen Version der Parteizeitung und schreckten auch vor Titeln wie „Die Agrarreform ist im Gange!" oder „Auch ich bin Milizionär!" nicht zurück. Gegen diese Holzhammer-Lyrik begehrten Ende der 60er Jahre junge Musiker um Silvio Rodríguez und Pablo Milanés auf und begründeten die „Neue *Trova*". Auch sie waren der Revolution verpflichtet, aber, wie Silvio Rodríguez einmal

---

Carlos Puebla (1959): . . . doch dann kam Fidel!
(Y en eso llegó Fidel)

Sie dachten, sie könnten immer so weiter machen,
100 Prozent kassieren
mit Häusern und Wohnungen
und das Volk leiden lassen;
auf brutale Weise weiter machen,
mit ihrer Verschwörung gegen das Volk,
mit ihrer Ausbeutung des Volkes –
doch dann kam Fidel!
Chor: Aus ist's mit der Vergnügerei,
der Comandante kam und hat befohlen: Schluß!

---

sagte: „Ich habe nie versucht, die Stimme der Revolution zu sein – die ist ja schon Fidel!"

Den Liedermachern dieser *Nueva Trova* ging es um die menschliche Seite des Lebens (und Liebens) im revolutionären Kuba jenseits der Helden und Parteiorganisationen, und sie suchten – auch wo es ihnen um Politik ging – nach poetischeren und nachdenklicheren Texten. Die Nähe zur *Nueva Canción,* des in der lateinamerikanischen Linken entstandenen „Neuen Liedes", wie es von Victor Jara, Violeta Parra und Daniel Viglietti gesungen wurde, ist genauso erkennbar wie der Einfluß der US-amerikanischen Protestsongs von Bob Dylan und Joan Baez – und nicht zuletzt der Beatles, deren Musik trotz offizieller Barrieren auch in Kuba begeistert gehört wurde. Prägend war sowohl für Silvio Rodríguez als auch für Pablo Milanés zudem ihre Zusammenarbeit mit dem vielseitigen Komponisten Leo Brouwer in der berühmt gewordenen „Musikalischen Experimentalgruppe" des Filminstituts ICAIC in den 60er Jahren.

Silvio und Pablito, wie sie oft nur genannt werden, wurden zu Idolen der „68er-Generation" Kubas. Auch international, vor allem in Lateinamerika, wurden ihre sanften, oft romantischen Lieder begeistert gefeiert. Mit der Zeit avancierten sie, obwohl sie mit ihrer Neuen *Trova* anfangs auf erheblichen Widerstand des politischen Apparats gestoßen waren, zu Galionsfiguren und Exportschlagern der Revolution. Ihre Loyalität zum System haben beide bis heute gehalten. So ist Pablo Milanés, der Mitte der 60er Jahre als Homosexueller sogar in die berüchtigten Umerziehungslager der UMAP gesteckt worden war, heute hochoffiziell Abgeordneter der Nationalversammlung. Gleichzeitig gründete er die „Stiftung Pablo Milanés", die er aus den Devisen-Einnahmen seiner internationalen Plattenverträge finanzierte und die als Kubas erste legale Nicht-Regierungs-Organisation (NGO) galt. Und es war ein Donnerschlag in der kubanischen Kulturpolitik, als Milanés – in einem für Kuba völlig unüblichen öffentlichen Protestakt – seine Stiftung 1995 selbst wieder auflöste, weil die Kulturbürokratie die zugesagte Unabhängigkeit der Stiftung nie respektierte und ihre Arbeit beständig sabotierte.

Inzwischen ist auch die *Nueva Trova* in die Jahre gekommen und eine zweite Generation herangewachsen. Santiago und Vicente Feliú, Polito Ibañez, Gerardo Alfonso sind einige der neuen

Namen. Der populärste von ihnen allerdings ist Carlos Varela, bei dem der Einfluß der neueren lateinamerikanischen Rock-Musik unüberhörbar ist. Sein Lied vom alten *Guillermo* – sprich: Wilhelm – *Tell*, dessen Sohn genug vom Apfel auf seinem Kopf hat, wurde Anfang der 90er Jahre zu einer regelrechten Hymne für einen Teil der jungen Generation Kubas.

Carlos Varela (1989): Guillermo Tell

Wilhelm Tell
verstand seinen Sohn nicht,
als der eines Tages genug hatte
vom Apfel auf dem Kopf
und sich davonmachte.
Der Vater verwünschte ihn,
denn wie sollte er fortan
sein Geschick beweisen?

Wilhelm Tell,
Dein Sohn ist herangewachsen,
er will nun den Pfeil schießen.
Es ist jetzt an ihm, Mut zu beweisen
und Deine Armbrust zu gebrauchen.

Wilhelm Tell
wollte dies nicht in den Kopf,
denn wer würde sich schon
einem solch riskanten Schusse aussetzen?
Und er erschrak als der Junge sagte:
Jetzt ist es am Vater, sich den Apfel
auf den Kopf zu setzen.

Wilhelm Tell
gefiel der Gedanke nicht;
er lehnte es ab, sich den Apfel
auf den Kopf zu setzen und meinte:
Nicht daß er kein Vertrauen habe,
doch was,
wenn der Pfeil danebenträfe?

Wilhelm Tell
verstand seinen Sohn nicht,
als der eines Tages genug hatte
vom Apfel auf dem Kopf.

Eine Sonderrolle kommt dem Sänger, Komponisten und Gitarristen Pedro Luis Ferrer zu. Vom Alter her gehört er in die Generation von Pablo Milanés und Silvio Rodríguez, doch als die *Nueva Trova* zu einer fast offiziellen Institution wurde, blieb er außen vor. So sehr er sich mit der Revolution identifizierte, so sehr verweigerte er sich doch den ungeschriebenen Spielregeln, die festlegten, wieviel Kritik und welche Themen jeweils „möglich" und zulässig waren. Seine Lieder gegen die Diskriminierung der Homosexuellen (*El tiene delirio*) und der *Santería*-Anhänger (*Babalú-Ayé*, s. Seite 146 f.) oder über die Prostitution (*Marucha, la jinetera*) sang er, lange bevor diese Probleme „freigegeben" und dann auch von zahllosen anderen Künstlern aufgegriffen wurden.

1986 fiel Pedro Luis Ferrer deswegen schließlich komplett in Ungnade, wurde nicht mehr im Radio gespielt und konnte keine Platten mehr aufnehmen. Seine Konzerte beschränkten sich auf Privatwohnungen und Hinterhöfe, die Lieder zirkulieren zu Tausenden auf Kassettenmitschnitten, die kopiert und weitergereicht werden. Seine populäre Musik und sein Humor, seine Unbestechlichkeit und seine mutigen Texte haben ihn in Kuba dennoch zu einer Institution gemacht. Und auch ohne offizielle Verbreitung wurde sein ironisches *100% Cubano* (s. Seite 112 genauso bekannt wie seine fröhlich gesungene, aber in der Sache so bissige Ballade vom *Abuelo Paco*, dem alten Opa, der im Leben viel geleistet hat, aber nun halsstarrig und autokratisch sein Haus regiert – was, natürlich, als Metapher auf das Land und seinen *Comandante* gelesen werden kann.

Ferrer war dreimal auf Konzerttourneen in Deutschland und ist auch in New York und Miami aufgetreten, ins Exil gegangen ist er jedoch nie. „Ich will mein Land nicht verlassen", sagt er, „aber manchmal ist mir, als ob mein Land mich verlassen hat." Ende der 90er Jahre lockerte sich der Bann gegen den querköpfigen Sänger. Eine Zusammenstellung alter Lieder wurde für den Devisenverkauf neu aufgelegt, man ließ ihn mit einer ausländischen Firma endlich wieder eine neue CD aufnehmen, und 1999 konnte Pedro Luis Ferrer sogar wieder öffentliche Konzerte in Havannas großem *Teatro Carlos Marx* geben.

1986 fiel der populäre Sänger, Komponist und Gitarrist Pedro Luis Ferrer wegen der Themen, die er in seinen Liedern aufgriff, in Ungnade. Seine Lieder und mutigen Texte haben ihn in Kuba dennoch zu einer kulturellen Institution gemacht. Foto: Sven Creutzmann

Salsa, Jazz und die Stars der Gegenwart

Während Carlos Puebla in den 60er Jahren die politisch korrekte Revolutionsmusik verkörperte, feierten zeitgleich in Kubas Tanzsälen *Los Zafiros* Triumphe, ein Vokal-Quintett – „Vier Stimmen und eine Gitarre", wie sie sich selbst charakterisierten – nach dem Vorbild der US-amerikanischen *Platters*. Den munteren Liebesliedern der *Zafiros* ist nichts von sozialistischem Aufbau oder „Revolutionärer Offensive" anzumerken. Nicht olivgrüne Uniformen, sondern ihre eleganten Anzüge waren das Markenzeichen der *Zafiros*. Lange Zeit in Vergessenheit geraten, erlebte ihre Musik Ende der 90er Jahre auf der Insel eine begeisterte Wiederentdeckung.

Ende der 60er Jahre, als der Stern der *Zafiros* bereits unterging, eroberten *Los Van Van* die Bühne und wurden zu dem so populären wie langlebigen Flaggschiff der kubanischen *Salsa*. Unter Leitung von Juan Formell nahmen *Los Van Van* Elemente des Jazz auf, holten E-Gitarre und Synthesizer auf die Bühne und integrierten auch hochkomplexe rhythmische Strukturen in ihre so tanzbare Musik. Und auch wenn ihre Texte vor allem die Frauen, die Liebe und die Musik feierten, nahmen sie oftmals doch auch clever Bezug auf die Freuden und Sorgen des alltäglichen Lebens. Unvergessen ist ihr zum Tanzhit gewandelter Stoßseufzer *La Habana no aguanta más!* („Havanna hält's nicht mehr aus!") über all die lieben Verwandten aus der Provinz, die sich bei ihren Familienangehörigen in der Hauptstadt so gerne einquartieren wollen... Ihre spektakuläre Krönung erhielt die Karriere von *Los Van Van*, als sie Anfang des Jahres 2000, mehr als drei Jahrzehnte nach ihrer Gründung, für die CD „*Llegó...Van Van*" in den USA mit dem *Grammy* für die beste *Salsa*-Platte des Jahres ausgezeichnet wurden.

Noch weiter in das Terrain des Jazz drang die 1973 von Kubas großem Pianisten Jesús „Chucho" Valdés gegründete Band *Irakere* vor. Die Mischung aus modernem *Son* und Jazz, afrokubanischen *Santería*-Rhythmen und klassischer Musik Europas brachte der Band internationalen Erfolg und sogar – während der politischen Entspannungsphase unter der Regierung Jimmy Carters – die erste *Grammy*-Ehrung überhaupt für eine Band von der sozialistischen Insel. Zwei der ganz großen Stars von *Irakere* setzten sich in die USA ab, der Klarinettist und Saxophonist Paquito D'Rivera 1980 und der Trompeter Arturo Sandoval zehn Jahre später. Ihre persönliche „Wiedervereinigung" feierten die beiden mit dem 1990 aufgenommenen Album *Reunión,* das begeisterte Kritiken erhielt. Und zu Ehren von Chucho Valdés, dem in Havanna gebliebenen Freund, spielen sie darauf auch einen wunderschönen, vom *Irakere*-Chef komponierten Bolero. Paquito D'Rivera, der in den USA das *United Nation Orchestra* gründete, gewann insgesamt dreimal den *Grammy* für *Latin Jazz*.

Der prominenteste Fan von *Irakere* war zeitlebens Dizzy Gillespie, der seiner alten Liebe zu kubanischen Rhythmen treu geblieben war, 1977 und erneut 1985 die Insel besuchte und vielen sogar als „Entdecker" von Paquito D' Rivera und Arturo Sandoval gilt. Der Film *A Night in Havanna* über sein Konzert in der kubanischen Hauptstadt 1985 genießt bei den Fans bis heute Kultstatus. Bei diesem Konzert bat der alte Star aus den USA auch einen 21 jährigen Pianisten namens Gonzalo Rubalcaba auf die

Bühne, den damals außerhalb der kleinen Jazz-Zirkel Havannas niemand kannte, und der heute als einer der besten Jazz-Pianisten der Welt gehandelt wird.

Wie eng die Verbindung zwischen *Salsa* und Jazz in Kuba ist, zeigt auch die *Salsa*-Gruppe *NG la Banda*; fünf ihrer Mitglieder treten gleichzeitig unter dem Namen *Top Secret* als Jazz-Band auf. Zu den gegenwärtig populärsten *Salsa*-Gruppen Kubas zählen neben *NG la Banda* auch Isaác Delgado und seine Band, *Adalberto Álvarez y su Son, La Charanga Habanera, Paulito* und schließlich *Manolín, el Médico de la Salsa,* „der Salsa-Arzt", der bis vor wenigen Jahren tatsächlich noch als Arzt im kubanischen Gesundheitswesen seinen Dienst tat. Daß er daraus seinen Markennamen gemacht hat, ist kein Zufall. Mit dem Wechsel in das sehr viel einträglichere Musik-Geschäft ist der *Médico* auch ein greifbares Sinnbild des Wertewandels in der kubanischen Gesellschaft der 90er Jahre. Neben zahllosen Variationen zum Thema Liebe & co. bietet *Manolín* in seinen Liedern zudem praktische Orientierungen für das Leben in den neuen Zeiten, wie sie keine Zeitung des Landes vermittelt. Wenn etwa der Refrain eines seiner beliebtesten Lieder immer wieder ein *Hay que luchar!* („Man muß kämpfen!") ins begeisterte Publikum schmettert, dann ist dies meilenweit entfernt von jenem Kampf für die Revolution und gegen den Imperialismus, wie er einst mit dem Wort *luchar* so untrennbar verbunden schien, sondern meint das individuelle Über-die-Runden-Kommen, die Jagd nach dem Dollar und das tägliche Organisieren all dessen, was man im Alltag braucht; das ist harte Arbeit, aber, so das Rezept des *Médico*: Nicht jammern, clever sein! Er selbst hat es vorgemacht: Wenn man von 300 Pesos staatlichem Lohn nicht vernünftig leben kann, dann muß man halt den Arzt-Beruf an den Nagel hängen und sich etwas Besseres einfallen lassen.

Im kubanischen Exil fand die *Salsa*-Königin Celia Cruz in Willy Chirino einen würdigen Prinzen. Wo Chirino politische Inhalte in sein Repertoire einbaut, stehen diese allerdings den Agit-Prop-Texten von Carlos Puebla in nichts nach. Chirinos gesungene Castro-Anklage „Memorandum für einen Tyrannen" etwa erscheint mit ihrem grenzenlosen Pathos fast wie eine Karikatur, und wenn als Refrain die vollen Chor-Stimmen „*Libertad, Libertad*" singen, wirkt das ganze wie sozialistischer Realismus, nur mit umgedrehten Vorzeichen.

Direkt in die US-amerikanische Pop-Szene hingegen zielten der in Kuba geborene Emilio Estefan mit seiner *Miami Sound Machine* und, mit noch größerem Erfolg, seine Frau Gloria Estefan. Nachdem sie mit Hits wie *Doctor Beat* die englisch-sprachigen Charts erobert hatte, lancierte sie 1993 mit *Mi Tierra* ein nostalgisches Zurück-zu-meinen-Wurzeln-Album im Stil der völlig aus der Mode gekommenen alten *Sons* und *Guajiro*-Lieder; zur Überraschung aller wurde es ein weltweiter Erfolg.

Das Comeback des alten Son

Anfang der 90er Jahre ging Mario Bauzá, inzwischen über 80 Jahre alt, mit seinem *Afro-Cuban Jazz Orchestra* wieder auf internationale Tourneen. Doch erst nach der großen Resonanz auf Gloria Estefans *Mi Tierra* machten sich eine ganze Reihe von Projekten daran, den alten kubanischen *Son* der ersten Jahrhunderthälfte wieder auf die Bühne zu holen. Und die Londoner Plattenfirma *World Circuit* trat an den US-amerikanischen Gitarristen und *World Music*-Globetrotter Ry Cooder heran, ob er nicht „etwas mit dieser alten kubanischen Musik machen" wolle – woraus eines der phantastischsten und bewegendsten Comebacks der Musikgeschichte entstand.

Als Ry Cooder nach Kuba fuhr, stolperte er dort in eine illustre Runde von 60-, 70- und 80-jährigen Musikern, deren Karriere ihren Höhepunkt in der Blütezeit des *Son* vor der Revolution hatte: der 89jährige Compay Segundo und der gewitzt-charmante Ibrahim Ferrer, die Sängerin Omara Portuondo und der Gitarrist Eliades Ochoa, der Baß-Spieler Orlando „Cachaíto" López, der Sänger Manuel „Puntillita" Licea und der 77jährige Pianist Rubén González, der das Klavierspielen wegen vermeintlicher Arthritis schon ganz aufgegeben hatte und nun seine flinken Finger wieder mit Leidenschaft und Feingefühl über die Tasten fliegen ließ. Mit Hilfe von Juan de Marcos, dem umtriebigen Chef der *Salsa*-Band *Sierra Maestra,* führte Ry Cooder die fast vergessenen Alt-Stars zusammen, arrangierte ihre Stücke neu, fügte seine *Bottleneck*-Gitarre hinzu und nannte das ganze, nach einem der alten Song-Titel, *Buena Vista Social Club.*

Der Erfolg war überwältigend. Die CD wurde weltweit über eine Million Mal verkauft und 1998 auch mit dem *Grammy* gekrönt. Die alten Herren und Damen gingen auf Welt-Tournee und füllten die Säle bis hin zur *Carnegie-Hall* in New York – eine Stadt, an die sich manche noch von Auftritten vor einem halben Jahrhundert erinnern konnten. Der nachfolgende Film von Wim Wenders, der Studioaufnahmen, Konzertauftritte und Interviews mit den Musikern des *Buena Vista Social Club* collageartig zusammenschneidet, wurde ebenfalls ein großer Publikumserfolg und gab dem musikalischen Kuba-Boom weitere Nahrung.

Fast zeitgleich mit dem *Buena Vista Social Club* erschienen auch eine ganze Reihe weiterer Aufnahmen mit den alten *Son*-Musikern, von diversen Einzel-CDs bis zu den *Afro-Cuban All-Stars* unter der Regie von Juan de Marcos. Hinzu kamen etliche Neuauflagen alter Stücke sowie Mitschnitte und Tracks aus den 20er, 30er und 40er Jahren, darunter auch eine bemerkenswerte CD (*Raíces* vom kubanischen Label Egrem), die alle *Buena Vista Social Club*-Titel in hervorragenden Originalaufnahmen präsentiert.

Und der Reigen des immer neuen Suchens und Vermischens geht weiter. Schon kursiert in Havanna von dem Leitsong der *Buena Vista*-CD, Compay Segundos Hit *Chan Chan,* auf Kassettenmitschnitten eine gerappte Version, aufgenommen von einem jungen Quartett namens *Orishas.* Die entstehende HipHop- und *Rap Cubano*-Szene hat auf der Insel allerdings noch den Beigeschmack von Sub-Kultur. *La Mona* („die Äffin", aber auch „der Rausch"), wie die kubanischen HipHop-Fans ihre Musik nennen, gilt vielen als anrüchig und „unkubanisch", obgleich Sprechgesang und Improvisationskunst auf ganz starke eigenständig kubanische Wurzeln zurückgreifen können. Die Bühne des *Rap Cubano* ist zumeist die Straße, Studioaufnahmen gibt es bislang nur wenige. Mit *House of Drums* von *Sin Palabras* und *Proyecto F* sowie *A lo Cubano* von den *Orishas* sind inzwischen aber auch erste CDs erhältlich.

Literatur

Nur wenige Länder haben einen Nationalhelden, der als Dichter genauso verehrt wird wie als Freiheitskämpfer. José Martís enge Verbindung von Literatur und Politik erscheint dabei bezeichnend für viele literarische Entwicklungen in Kuba vor und nach ihm: Immer wieder geht es um die Suche nach der kubanischen Identität und das Streben nach authentischer Unabhängigkeit, aber auch um die sozialen und politischen Verhältnisse, in denen die Individuen leben. Ein großer Teil der im folgenden dargestellten kubanischen Literatur liegt in deutschen Übersetzungen vor; genaue bibliographische Angaben dazu finden sich im Anhang auf Seite 241 f.

Das 19. Jahrhundert: Nationale Identität und Sklavenroman

Die eigenständige kubanische Literatur bildete sich Anfang des 19. Jahrhunderts in kultureller wie politischer Abgrenzung zur Kolonialmacht Spanien heraus, und Repressalien der kolonialen Autoritäten gegen die Schriftsteller waren an der Tagesordnung. Auch Kubas bedeutendster Dichter dieser Zeit, José María Heredia, mußte schließlich ins Exil gehen. Seine Arbeiten sind von gefühlsbewegten Naturdarstellungen im Stile der Romantik geprägt, beschwören aber auch emphatisch die Freiheit seines Landes.

Der zweite prominente Dichter dieser Epoche war der aus einfachen Verhältnissen stammende Mulatte Gabriel de la Concepción Valdés, ein Autodidakt, der unter dem Pseudonym Plácido schrieb; der Verschwörung gegen den Staat beschuldigt, wurde er 1844 hingerichtet.

Das aufkommende kubanische Nationalbewußtsein spiegelte sich auch in den Themen der Poesie und Prosa des 19. Jahrhunderts: die Identität der einfachen Tabakpflanzer (etwa in den *Kubanischen Romanzen* von Domingo del Monte); der Rückgriff auf eine idealisierte indianische Vergangenheit (bezeichnend *Die Gesänge des Siboney* von José Fornaris oder das Poem über den Kaziquen Hatuey von Juan Cristóbal Nápoles Fajardo); und vor

---

José María Heredia (1825): Kuba! Frei wirst du einst dich seh'n...

Kuba! Frei wirst du einst dich seh'n, und rein
wie die lichtdurchflutete Luft, die du atmest,
wie die brausende Woge, die den Sand
an deinem Gestade du küssen siehst.
Wenn auch Verräter schändlich ihm dienen,
vergebens schäumt des Tyrannen Wut,
und nicht umsonst zwischen Kuba und Spanien
breitet endlos ihr Wasser die See.

---

allem schließlich die Auseinandersetzung mit der Sklaverei, die praktisch immer auch eine Anklage der Kolonialmacht Spanien bedeutete.

Der Form nach ein Liebesdrama ist die Sklaverei auch das eigentliche Thema des großen kubanischen Romans des 19. Jahrhunderts, *Cecilia Valdés* von Cirilo Villaverde. Der Autor war als Sohn eines Arztes auf einer großen Zuckerrohrplantage aufgewachsen und kannte die Lebensverhältnisse der Sklaven daher gut. Sein Buch ist, wie er im Vorwort betont, um eine möglichst realistische Darstellung bemüht. Und auch die fiktiven Romangestalten, die junge Mulattin Cecilia Valdés und ihr Vater, der spanische Plantagenbesitzer und Sklavenhändler Leonardo Gamboa, wurden von den zeitgenössischen Lesern gleichsam als Idealtypen einer zutiefst ungerechten Kolonialgesellschaft verstanden. Cirilo Villaverde nahm 1848 an einem Umsturzversuch teil, wurde verhaftet und konnte in die USA fliehen. Sein Roman *Cecilia Valdés* erschien 1839 in Kuba in einer ersten, kürzeren Fassung und erst 43 Jahre später in New York in vollem Umfang.

Cirilo Villaverde (1839 / 1882): Was es heißt, eine Sklavin zu sein

[Eine alte Sklavin redet zu der Tochter ihres Besitzers; aus dem Roman „Cecilia Valdés"]

Euer Gnaden wissen nicht – und möge Gott verhüten, daß Sie es jemals wissen – was es heißt, eine Sklavin zu sein. Wenn sie ledig ist, warum sie ledig ist; wenn sie verheiratet ist, warum sie verheiratet ist; wenn sie Mutter ist, warum sie Mutter ist; sie hat keinen eigenen Willen. Man läßt sie in keinem Fall nach ihrem eigenen Gutdünken entscheiden. Euer Gnaden, das beginnt damit, daß man ihr nicht erlaubt, den Mann zu heiraten, den sie mag oder liebt. Die Herren geben und nehmen ihr den Ehemann. Sie kann auch nicht sicher sein, für immer an seiner Seite zu leben, oder daß sie selbst ihre Kinder aufziehen wird. Wenn sie es am wenigsten erwartet, verfügen die Besitzer ihre Scheidung, verkaufen ihren Mann und auch ihre Kinder, und trennen die Familie derart, daß sie niemals mehr auf dieser Welt zusammenkommen. Und dann, wenn die Frau jung ist und sich einen anderen Mann sucht und wenn sie nicht durch den Schmerz über den Verlust ihrer Kinder umkommt, ja dann sagen die Herren, daß diese Frau ja keine Gefühle hat, daß sie nicht leidet und daß sie keine Liebe für irgend jemanden empfindet.

Noch zwei weitere Romane über die Sklaventhematik sind hervorzuheben – und beide wurden früher geschrieben als Harriet Beecher Stowes *Onkel Toms Hütte,* das 1852 in den USA erschien und das weltweit zum Inbegriff des Sklavenromans wurde: *Francisco* von Anselmo Suárez, ein Buch, das als romantisch-tragische Liebesgeschichte angelegt ist, aber ebenfalls realistische Züge trägt und explizit als Plädoyer für die Abschaffung der Sklaverei gedacht war (geschrieben 1839 konnte es ebenfalls erst vier Jahrzehnte später in den USA veröffentlicht werden). Und der Roman *Sab* von Gertrudis Gómez de Avellaneda, der 1844 in Spanien erschien, aber auf Kuba von der Zensur verboten wurde, weil er „subversive Gedanken über das System der Sklaverei auf dieser Insel" enthalte.

Die Wende an der Jahrhundertwende: José Martí und der Modernismo

José Martís Größe als Dichter und Schriftsteller wird nur in den Schatten gestellt von seinem Ruhm als Märtyrer und „Apostel" der kubanischen Unabhängigkeit. Er gilt als einer der großen Literaten Lateinamerikas und als Wegbereiter des *Modernismo,* jener Ende des 19. Jahrhunderts sich herausbildenden literarischen Strömung, die der Literaturwissenschaftler Angel Rama einmal als „die erste dichterische Unabhängigkeitsbewegung Lateinamerikas" bezeichnete. In der Tat gehen Martí und andere Schriftsteller des Kontinents hier über die Adaption europäischer Stile hinaus und entwickeln ein eigenes, nationenübergreifendes Selbstverständnis. Martís Rede von *Nuestra América* („Unser Amerika"), die die Gemeinsamkeit der lateinamerikanischen Staaten betonte und gegen die politische und kulturelle Dominanz der USA und Europas abgrenzte, fand auf dem ganzen Kontinent Widerhall.

Das literarische Werk José Martís reicht von Theaterstücken bis zu einem Kinderbuch, wird aber dominiert von einer enormen Fülle von Essays und Artikeln zu politischen und kulturellen Themen sowie drei schmalen, aber in die Literaturgeschichte eingegangenen Gedichtbänden. Die ungereimten, syntaktisch oft hart gefügten Verse stechen aus der Poesie seiner Zeit hervor. Ihre ungewöhnlichen Metaphern sind mehr durch kluge Beobachtung gewonnen als durch kunstvolle Tüftelei. In seinen 1880 geschriebenen *Versos Libres* („Freie Verse") ist die Doppelsinnigkeit des Titels programmatisch: Verse für die Freiheit (der Nation wie des Individuums) genauso wie Verse in freier Form, befreit von den Zwängen der herrschenden Dichtungskonventionen. Auch in seinen *Versos Sencillos* („Einfache Verse", 1891) markiert der Titel bereits die Absage an eine elitäre Kunst; stattdessen strebte Martí nach einer Poesie, die sich an ein breiteres Publikum wendet, ohne dabei ins Folkloristische abzugleiten oder ihren poetischen Gehalt zu verlieren. Er versah kurze, volkstümliche Romanzenverse mit direkter und „einfacher" Sprache. Es ist kein Zufall, wenn es einer dieser „Einfachen Verse" war, der in Liedform als *Guantanamera* um die Welt gehen sollte (s. Seite 34).

Auch wo es Martí um explizit politische Themen ging, wurden seine Gedichte nicht pamphletartig, sondern fanden eine Poesie, die auch mehr als ein Jahrhundert später noch bewegen kann. Der erste von Martí veröffentlichte Gedichtband aber war *Ismaelillo*

José Martí (1882): Mein Reiter
(aus „Ismaelillo")

Des Morgens
weckt mich
mein Kleiner
mit einem großen Kuß.
Rittlings sitzt er
auf meiner Brust
schmiedet sich Zaumzeug
aus meinen Haaren.
Trunken vor Freude er,
vor Freude trunken ich,
gibt mein Reiter mir
die Sporen:
Was für sanfte Sporen
seine zwei kühlen Füße!
Wie lachte er
mein kleiner Reiter!
Und ich küßte
seine kleinen Füße,
zwei Füße,
die in einen einzigen Kuß passen!

(1882), eine Sammlung von 15 an seinen kleinen Sohn Ismael gerichteten Gedichten. Deren besonderer Charme liegt in ihrer unsentimentalen, direkten und liebevollen Sprache, die für die spanischsprachige Lyrik der damaligen Zeit ganz neuartig war. Schon die Widmung beginnt mit dem für einen so unermüdlichen Freiheitskämpfer wie José Martí ganz unverhofften Satz: „Mein Sohn, von allem entsetzt, suche ich Zuflucht bei Dir."

Ein Zeitgenosse José Martís, der Dichter Julián del Casal, verkörperte eine sehr viel stärker nach innen gekehrte und „pessimistische" Variante des literarischen *Modernismo*. Zwar finden sich auch in seinem Werk patriotische Anklänge, aber im Zentrum stehen die eigenen Lebenszweifel sowie eine emphatische Verehrung der Kunst – und, weitergehend, des Künstlichen überhaupt, das ihm der Natur überlegen schien: von der Großstadt, die er dem Landleben vorzieht, bis hin zu seinem *Gesang auf das Morphium*, das, wie es darin heißt, *künstliche Glück, das das wirkliche Leben ist*. Julián del Casal starb 1893 im Alter von gerade einmal 30 Jahren an Tuberkulose. Nach der Revolution stand seine skeptische Poesie in Kuba lange Zeit nicht hoch im Kurs, aber in den 90er Jahren ist er wieder zu einem wichtigen Bezugspunkt für die jüngere Literatengeneration geworden.

Reaktionen auf die Krise der Republik: Anklage, Skepsis, Erneuerung

Auf die Gründung der Kubanischen Republik 1902 folgte schnell Katerstimmung. Die unerfüllten Versprechen nationaler Unabhängigkeit und sozialer Integration sowie das Unvermögen und die Korruption der neuen politischen Klasse führten auch in intellektuellen Kreisen zu Protest und Auflehnung. Radikale Sozialkritik sammelte sich im Umfeld der 1913 gegründeten Zeitschrift *Cuba Contemporánea* (Gegenwärtiges Kuba) und in den 20er Jahren in der sogannten *Grupo Minorista* (Minderheitsgruppe). Eine Literatur der Anklage ohne große stilistische Ambitionen ist der Roman *Generäle und Doktoren* (1920) des Sozialisten Carlos Loveira, in dem die vermeintlichen Würdenträger der Republik als Negativ-Protagonisten dargestellt sind.

Die politische Krise führte aber auch zu tiefer Desillusionierung und einer Art Negativ-Bild der kubanischen Identität insgesamt.

Beispielhaft für diese skeptische Erkundung der nationalen „Gesellschaftspsychologie", wie es hieß, ist der von Jorge Mañach 1928 publizierte Essay über den *Choteo*, jene typisch kubanische Form des Spottes gegenüber allen Autoritäten, der Mañach geradezu als nationales Laster und als Symptom dafür erscheint, daß die Kubaner einfach nichts ernst nehmen können. Bei Mañach und noch deutlicher in den Aufsätzen von Fernando Ortiz verband sich diese Kritik der „kubanischen Dekadenz" aber gleichzeitig mit einem vehementen Plädoyer für gesellschaftliche Erneuerung, worin sie sich mit den sozialistisch orientierten Schriftstellern teilweise wieder trafen.

Unter dem Begriff *Vanguardia* (Avantgarde) fand diese kulturelle Bewegung ihre zentrale Plattform in der nur drei Jahre existierenden, aber einen Epochenbruch markierenden *Revista de Avance* (Zeitschrift für den Fortschritt, 1927–1930). Verbunden mit einer Reihe bahnbrechender Arbeiten zur Geschichte und Wirtschaftsentwicklung Kubas, der Universitätsreform und der wachsenden Unruhe der Studenten bereitete der intellektuelle Aufbruch der 20er Jahre auch dem Widerstand gegen die Machado-Diktatur und dem Reformprogramm der Regierung Grau den geistigen Boden.

Eine Sonderstellung genießt die 1903 geborene Dulce María Loynaz. Seit sie in den 20er Jahren mit ersten Gedichten in Erscheinung trat, waren ihre Poesie und Prosa nie so recht einer Schule zuzuordnen gewesen; ihr Werk lebt aus sich selbst heraus, so scheint es, einzelgängerisch wie seine Verfasserin selbst. Dulce María Loynaz entstammte einer der ganz großen Adelsfamilien Kubas, war Tochter eines der großen Generäle des Befreiungskrieges und einer der reichsten Damen der Insel. Aristokratin durch und durch, hat sie mit der Revolution nie sympathisiert, aber im Unterschied zu den allermeisten ihrer Klasse blieb sie auch nach 1959 zeitlebens im Land. Das innere Exil, in das sie ging, war ihre palastartige Villa in Havanna. Diese wirkte wie ein Museum einer untergegangenen Epoche, voll mit Kronleuchtern und Ölgemälden, hunderten kostbarer Antiquitäten und einem alten *Steinway*-Flügel, Meißener Porzellan und einer Sammlung von 400 Fächern aus aller Welt.

Fast 30 Jahre lang publizierte Dulce María Loynaz keine Zeile. Sie lebte zurückgezogen, einzig als Präsidentin der einflußlosen, aber honorigen Akademie für Sprache trat sie öffentlich in Erscheinung. Erst 1984 erschien wieder ein Gedichtband von ihr. 1987 erfuhr die große alte Dame der kubanischen Literatur die lange verwehrte Würdigung, als ihr der nationale Literaturpreis zuerkannt wurde. Gekrönt wurde der späte Ruhm der Dulce María Loynaz, als sie 1992, bereits fast erblindet, mit der höchsten Auszeichnung für spanischsprachige Literatur, dem Cervantes-Preis, ausgezeichnet wurde. (Sie war die zweite Frau überhaupt, die diese oft als „Literaturnobelpreis der spanischen Sprache" bezeichnete Ehrung erhielt.) 1997 starb Dulce María Loynaz in Havanna im Alter von 94 Jahren. „Ich versuche", sagte sie ein Jahr vor ihrem Tod, „nicht nachtragend zu sein und allen zu helfen, die zu mir kommen – auch denjenigen, die früher hätten kommen können und nicht kamen. Dies ist meine Haltung, mein Gefühl, ohne Heuchelei und ohne Vorbehalte. Aber leicht ist es nicht, das Vergessensein zu vergessen."

„Mulattische Poesie": Nicolás Guillén

Fand die gesellschaftliche Kluft zwischen Schwarz und Weiß im 19. Jahrhundert in den Sklavenromanen ihren Niederschlag, wurde sie Anfang des 20. Jahrhunderts von Kubas großem Gelehrten, Fernando Ortiz, in umfassenden ethnologischen Studien erschlossen (*Die schwarzen Zauberer* 1906, *Die Negersklaven* 1916). Die Ethnologin Lydia Cabrera veröffentlichte *Schwarze Erzählungen aus Kuba* (1936), eine Sammlung afro-kubanischer Mythen und Fabeln, die die mündlichen Erzähltraditionen der Schwarzen in schriftliche Literatur überführte.

Doch auch jenseits ethnologischer Arbeiten hielten seit Anfang der 30er Jahre afro-kubanische Elemente Einzug in die avantgardistisch geprägte Literatur. Nicolás Guillén (1902–1989) und Alejo Carpentier setzten die Marksteine dieser sogenannten *Negrista*-Bewegung, die eine „mulattische Poesie" – so der Untertitel eines Werkes – postulierte. Der Gedichtband *Motive des Son* (1930) von Nicolás Guillén deutet in seinem Titel bereits an, daß die Gedichte gleichsam als Liedertexte für die in dieser Zeit populär werdenden *Son*-Rhythmen geschrieben wurden. Und so wie 50 Jahre später die schwarzen HipHop-Sänger in den USA sich selbst provozierend „*Nigga*" nannten, nimmt Guillén ein Schimpfwort – *Negro Bembón*, „Dicklippiger Neger" – auf, um es mit Stolz zu füllen (und damit als Schimpfwort unschädlich zu machen). Dabei arbeitete Guillén sowohl den schwarzen Unterschichts-Dialekt des Spanischen in seine „mulattische Poesie" ein als auch afrikanische Sprachelemente. Bezeichnend hierfür ist der Titel seines ein Jahr später folgenden Gedichtbands, *Sóngoro Cosongo* (1931).

Während Guillén auch während der härtesten Zeit der Machado-Diktatur offiziell im Staatsdienst beschäftigt war, wurde er in seiner literarischen Arbeit zunehmend sozialkritischer und verband die Würdigung der afro-kubanischen Sprache und Lebenswelt mit expliziter Kritik an der Diskriminierung, den politischen Verhältnissen in Kuba und am US-amerikanischen Imperialismus (etwa in dem Gedichtband *West Indies Ltd.*, 1934). Er trat 1937 der Kommunistischen Partei bei und verfaßte auch ein euphorisches *Lied auf Stalin* (das in späteren Gedichtsammlungen freilich zumeist fehlt): „*Stalin, großer Held, Kapitän, ... an Deiner Seite singend die freien Menschen gehn*" usw. Reisen führten ihn nach Lateinamerika und nach Spanien, wo er den Bürgerkrieg der Re-

---

Nicolás Guillén (1930): Negro Bembón – Dicklippiger Neger
(Auftaktgedicht der „Motive des Son")

Warum gerätst Du so in Wut
wenn sie dich ‚dicklippiger Neger' nennen,
wenn du doch den Mund eines Heiligen hast,
dicklippiger Neger?
Dicklippig wie Du bist,
hast Du doch alles! (...)

Nicolás Guillén (1931): In diesem mulattischen Land...
(Aus: Der Gesang des Bongó, in: Sóngoro Cosongo)

Aber meine tiefe Stimme
ruft den Schwarzen wie den Weißen,
zum gleichen Son zu Tanzen (...)
In diesem mulattischen Land
aus Afrikanischem und Spanischem
(Santa Bárbara auf der einen Seite,
auf der anderen Changó),
fehlt immer irgendein Großvater (...)

---

publik gegen Francos Truppen miterlebte. In seiner Poesie trat das „schwarze" Element danach ein Stückweit in den Hintergrund, ohne jedoch je ganz zu verschwinden.

Während der letzten Jahre der Batista-Herrschaft lebte Nicolás Guillén in Paris im Exil. Nach dem Triumph der Revolution kehrte er in seine Heimat zurück und begrüßte begeistert die neue Zeit. Seine Gedichte verdammten den US-Imperialismus und feierten Fidel und Che, Lenin und die Sowjetunion. Sein *Ich habe* (*Tengo*, 1964; s. Seite 133) wurde zu dem emblematischen Gedicht der Revolution schlechthin. Gleichzeitig übernahm Guillén auch höchste politische Ämter im neuen Staat. Fidel Castro ernannte ihn per Dekret zum Sonderbotschafter des Landes im Ministerrang. 1961 wurde er der Vorsitzende des neugegründeten Schriftstellerverbands UNEAC und blieb in dieser einflußreichen Position bis Mitte der 80er Jahre. Damit trug er in zentraler Rolle Verantwortung für die staatliche Kulturpolitik; seine Unterschrift segnete die Repressalien im Fall Padilla genauso ab wie die dogmatische Intoleranz der 70er Jahre. Während Nicolás Guillén offiziell zum in jeder Hinsicht vorbildlichen „Nationaldichter Kubas" erhoben worden ist, fällt von anderer Seite das Urteil über den Dichter und den Funktionär Guillén zuweilen sehr viel zwiespältiger aus.

Das „wunderbar Wirkliche" Amerikas: Alejo Carpentier

Auch Alejo Carpentier (1904–1980), der zweite große Wegbereiter der *Negrista*-Literatur Anfang der 30er Jahre, sollte in den folgenden fünf Jahrzehnten eine der zentralen Figuren der kubanischen Literatur werden. Sein erster Roman *Ecue-Yamba-O!* (1933, im Ñáñigo-Dialekt so viel wie „Gott sei gelobt!") ist geprägt vom Einfluß der *Santería*-Traditionen und der in Kuba erhalten gebliebenen afrikanischen Sprachelemente.

Dabei ist Carpentier quasi von Haus aus der internationalste der Literaten Kubas: Sein Vater war ein französischer Architekt, seine Mutter eine Russin, die in der Schweiz Medizin studiert hatte. Schon in seiner Jugend reiste der in Havanna geborene Carpentier nach Frankreich, Österreich und Rußland, Französisch lernte er genauso sprechen wie Spanisch. Seine Gymnasialzeit verbrachte er in Paris, bevor er Anfang der 20er Jahre nach Havanna zurückkehrte, wo er einer der Herausgeber der legendären *Revista de Avance* wurde. Als er von der Machado-Diktatur ins Exil getrieben wurde, übersiedelte er wieder in die französische Hauptstadt. Mit den Pariser Schriftstellern des Surrealismus um Breton, Tzara und Queneau stand er genauso in persönlichem Kontakt wie mit den Malern Picasso und de Chirico; gleichzeitig beschäftigte er sich geradezu besessen mit seiner Heimat: „Fast acht Jahre lang habe ich wohl nichts anderes als amerikanische Texte gelesen", resümierte Carpentier einmal, „Amerika erschien mir wie eine große Nebelwolke, die ich zu verstehen suchte, weil ich dunkel davon überzeugt war, daß mein Werk sich hier entwickeln, daß es zutiefst amerikanisch sein würde."

Den Anstoß hierfür gab schließlich 1939 seine Rückkehr nach Kuba sowie eine Reise nach Haiti wenige Jahre später. Unter dem Eindruck der neu gewonnenen Erfahrungen brach er mit dem europäischen Surrealismus; dem sei, so Carpentier, „das Wunderbare zu monotoner Trödlerware aus verklebten Uhren, Schneiderpuppen und phallischen Monumenten" verkommen. Dagegen stellte er das, was er „das Wunderbar Wirkliche" Amerikas nannte: jene Realität, die er in den Ländern Lateinamerikas und der Karibik fand, in der sich im alltäglichen Leben genau wie in der großen Geschichte Mythologie und Wirklichkeit vermischten, in der das „Wunderbare" und „Surreale" nicht künstlich *erfun*den, sondern nur mit offenen Augen und Ohren *gefunden* werden müsse.

Seinen Ausdruck fand dies in Carpentiers nach dem Haiti-Aufenthalt entstandenen Roman *Das Reich von dieser Welt* (1949). Das Schicksal des (fiktiven) Sklaven Ti Noel wird darin in dem realen, historisch sorgfältig recherchierten Rahmen des haitianischen Sklavenaufstands erzählt, der Ende des 18. Jahrhunderts auf der kubanischen Nachbarinsel die erste unabhängige schwarze Republik entstehen ließ. Der despotische Schwarzen-König Henri-Christophe „war so viel überraschender als alle grausamen Könige, die die Surrealisten erfunden haben", schreibt Carpentier im Vorwort. Seine pharaonisch anmutenden Unterfangen vermischen sich mit der vielschichtigen Wirkungskraft der Voodoo-Religion zu einer Geschichte, „die unmöglich in Europa spielen könnte und die doch genauso wirklich ist wie all diese exemplarischen Ereignisse, die zur pädagogischen Erbauung in den Schulbüchern verwahrt sind", so Carpentier. „Denn was ist die Geschichte Amerikas anderes als eine Chronik des Wunderbar Wirklichen?"

Mit dieser Herangehensweise wurde Alejo Carpentier zu einem entscheidenden Wegbereiter der lateinamerikanischen Literatur, wie sie Jahre später von Gabriel García Márquez und anderen Autoren geschrieben werden sollte. Beispielhaft für Carpentiers mythologische Elemente aufnehmende, gleichwohl als präzise historische Romane geschriebene Literatur ist auch *Explosion in der Kathedrale* (1964), in dem es noch einmal um die Auswirkungen der Französischen Revolution auf die Welt der Karibik geht.

Alejo Carpentier trat auch mit viel beachteten kulturtheoretischen Essays sowie mit einer umfassenden wissenschaftlichen Abhandlung über *Die Musik in Kuba* (1946) hervor. Wie bei kaum einem anderen Schriftsteller sind zudem seine Romane von musikalischen Themen durchzogen. In *Hetzjagd* (1956) folgt die Erzählung der Struktur einer dreisätzigen Sonate, und die äußere Handlung läuft während der 46 Minuten einer Aufführung von Beethovens *Eroica* ab. *Die verlorenen Spuren* (1953) hat einen Musikwissenschaftler zur Hauptperson, der der Zivilisation entflieht und auf der Suche nach indianischen Instrumenten immer tiefer in den Urwald (und gleichzeitig zu immer „primitiveren" Gesellschaften) gerät. In *Barockkonzert* (1974) treffen Vivaldi, Strawinsky und Händel im Karneval von Venedig auf den schwarzen Sklaven Filomeno, der mit seiner afrikanischen Musik ihre Ordnung durcheinander bringt. Strawinskys 1913 entstandenes Ballett *Le Sacre du Printemps* gibt auch den Titel für das einzige Buch, in dem sich Carpentier direkt mit der kubanischen Revolution beschäftigt und in dem er ein stark autobiographisch geprägtes Fresko vom spanischen Bürgerkrieg bis zur Invasion in der Schweinebucht zeichnet. *Le Sacre du Printemps* (1978), zwei Jahre vor Carpentiers Tod geschrieben, war als erster Teil einer Trilogie gedacht, die jedoch unvollendet blieb.

Nur den kleineren Teil seines Lebens verbrachte Alejo Carpentier in Kuba. Während der Batista-Zeit lebte er in Venezuela und kehrte erst nach der Revolution auf die Insel zurück. Dort wurde er Vizepräsident des Schriftstellerverbands, Herausgeber der Kulturzeitschrift *Unión* und Leiter eines staatlichen Verlags, in dem er eine vielbeachtete Reihe von Klassikern der kubanischen und internationalen Kultur herausbrachte. 1966 ging er als Kulturattaché Kubas wieder nach Paris und blieb dort bis an sein Lebensende; fern der täglichen Politik hielt er dem sozialistischen Staat zeitlebens die Treue.

Jenseits von Revolution und Konvention: José Lezama Lima und Guillermo Cabrera Infante

Ganz andere Wege als bei Guillén und Carpentier ging die literarische Experimentierfreude bei José Lezama Lima (1910–1976) und Guillermo Cabrera Infante (*1922), zwei der großen kubanischen Schriftsteller dieses Jahrhunderts, die schon früh auf Distanz zur Regierung Castro gingen. Der eine, Lezama Lima, blieb auf der Insel, der andere, Cabrera Infante, begab sich 1965 ins Londoner Exil und wurde dort zu einem unermüdlichen Verächter Castros und aller Intellektueller, die nicht mit dem Staat brachen. An beiden scheiden sich auch literarisch die Geister.

Lezama Lima verehren die einen als den unerreichten Großmeister der kubanischen Literatur, anderen gelten seine Gedichte und sein großer Roman *Paradiso* (1966) als schwülstig, überdreht und geradezu unlesbar. Sicher aber dürfte zweierlei sein: Lezama Lima hatte enormen Einfluß auf eine Vielzahl von kubanischen und lateinamerikanischen Schriftstellern; und der Zugang zu seinem Werk ist für den unvorbereiteten Leser alles andere als leicht.

Seit 1944 scharte Lezama Lima in der Zeitschrift *Orígenes* (Ursprünge) einen illustren Literatenzirkel um sich, darunter die Dichter Eliseo Diego, Fina García Marruz und Cintio Vitier sowie Virgilio Piñera, der respektloser als alle anderen gegen die bürgerlichen Konventionen losging. Bemerkenswerterweise haben gerade diese Schriftsteller, die in ihrer Mehrheit die Revolution eher passiv oder skeptisch erlebten, in der intellektuellen Diskussion Kubas in den letzten Jahren wieder große Bedeutung gewonnen. Virgilio Piñera etwa, der offiziell lange Zeit als kleinbürgerlicher Nörgeler und ewiger Pessimist abgetan wurde, genießt heute als einer der größten Theaterautoren der Insel breiten Respekt.

Lezama Lima selbst zelebriert eine Literatur, die schier überbordet von barocker Bilderfülle. Die endlosen Anspielungen auf ein enzyklopädisches Wissen spielen mit Elementen der griechischen Mythologie genauso wie mit allen Bereichen der Weltliteratur, mit den prä-kolumbianischen Ideenwelten Amerikas genauso wie mit allen nur erdenklichen Versatzstücken abendländischer Bildung. In theoretischen Schriften postulierte er als höchstes Ziel die Verselbständigung des Bildes; die Poesie sei Mittel bei der Suche nach dem Absoluten – weshalb er und seine Anhänger auch als „Transzendentalisten" bezeichnet worden sind.

An seinem Hauptwerk *Paradiso* hat Lezama Lima 20 Jahre lang geschrieben. Das 648 enggedruckte Seiten starke Buch könnte als autobiographisch gefärbter Bildungsroman eines jungen Poeten samt Familiensaga etikettiert werden – wenn, ja wenn Lezama Lima nicht alle normalen Strukturen eines Romans komplett verlassen hätte, sich nicht umstandslos in Diskussionen über das pythagoreische Zahlensystem oder spanische Barockliteratur vertiefen würde, wenn er nicht ungerührt zahllose Brüche in der Erzähllogik hinnehmen oder herbeischreiben würde und wenn seine berauschten Metaphern noch Boden unter den Füßen hätten. Doch seine Bewunderer lieben ihn gerade für Sätze wie diese: „Der Präsident durchschritt den Tanzsaal mit der Langsamkeit einer liebenswürdigen Reverenz auf einer Zigarrenkiste." Oder: „Cemí wirkte wie ein Verwandler der Stunden, er besaß das Geheimnis der Metamorphose der Zeit, und die von einem Siebenschläfer oder einer *Emys rugosa* bewohnten Stunden tauschte er um in Stunden des Falken oder eines Katers mit elektrisierendem Schnurrbart."

Für Furore eigener Art sorgte das berühmte 8. Kapitel des Buches, in dem Lezama Lima mit gleicher Erzählwut seine (homo-) sexuellen Phantasien inszenierte. International wurde *Paradiso* nach seinem Erscheinen zu einem regelrechten Kultbuch. Der argentinische Schriftsteller Julio Cortázar gehörte zu den ersten, die *Paradiso* als wahre Offenbarung, als Meisterwerk der lateinamerikanischen Literatur priesen. Gleichzeitig warnte er aber auch: „Lezama Lima zu lesen ist eine der härtesten und oft auch ärgerlichsten Tätigkeiten, die es geben kann."

In Kuba selbst wurde der Autor vom offiziellen Kulturbetrieb lange Zeit praktisch ignoriert. Erst seit den 80er Jahren erlebte er eine schrittweise „Rehabilitierung". Seitdem hat er in den intellektuellen Kreisen der Insel wieder höchste Aufmerksamkeit gefunden. Eine Ahnung davon gibt der erfolgreichste Spielfilm der 90er Jahre, *Erdbeer und Schokolade* (1994), in dem Lezama Lima als Inbegriff geistiger Größe und intellektueller Meisterschaft gefeiert wird; der Film setzt dem eigenwilligen Dichter auf seine Weise jenes Denkmal, das man in den Straßen und Schulbüchern Kubas vergeblich sucht.

Bei Guillermo Cabrera Infante liegt der Fall anders. Da er noch lebt und im Londoner Exil Gift und Galle gegen den Staat Fidel Castros spritzt, gab es nur indigniertes Schweigen aus dem kubanischen Establishment, als ihm 1997 der renommierte Cervantes-Preis verliehen wurde. Dabei hatte Cabrera Infante die Revolution zunächst unterstützt und wurde Herausgeber von *Lunes de Revolución,* eines der wichtigsten Literaturmagazine der ersten Jahre. Doch bereits 1962, nach der Schließung von *Lunes,* verließ Cabrera Infante die Insel, allerdings noch in offizieller Funktion als kubanischer Kulturattaché in Belgien. Drei Jahre später, nachdem er anläßlich des Begräbnisses seiner Mutter Kuba besucht hatte, brach er mit Pauken und Trompeten mit einem Staat, den er seither nur noch als Diktatur sah, die sein Heimatland zerstörte.

Sein großer Roman *Drei traurige Tiger* (1967) ist denn auch die rauschhafte Feier jenes untergegangenen Havannas der 50er Jahre, genauer: seines Nachtlebens (s. Seite 109). Auch Cabrera Infante läßt hierbei die klassische Romanstruktur hinter sich. Heimliche Hauptperson des Buches ist die in immer wieder neuen Wendungen gefeierte kubanische Alltagssprache. „Die Schrift ist", merkt Cabrera Infante im Vorwort an, „lediglich ein Versuch, die menschliche Stimme sozusagen im Flug zu erhaschen." Schon der Titel – im Original *Tres Tristes Tigres* – signalisiert die Hingabe an zungenbrecherische Wortspiele. Verquickt mit Collagen und Satiren ergibt dies mehr ein schillerndes Kaleidoskop eines Streifzugs durch die Nacht als eine lineare Erzählung. Ein Schmuckstück besonderer Art sind die Persiflagen auf die Größen der kubanischen Literatur, wenn mitten im Buch über 40 Seiten hinweg die Geschichte „Trotzkis Tod" in siebenfacher Ausfertigung präsentiert wird, in parodistisch-respektloser Imitation des jeweiligen Stils von Martí, Guillén, Carpentier, Lezama Lima & Co.

Sowohl von Cabrera Infante wie von Lezama Lima geprägt ist das Werk von Severo Sarduy (1937–1993). Im Pariser Exil entstand sein bekanntestes Buch *Von wo die Sänger sind* (1967), dessen Schlußkapitel – unter dem Titel „Der Einzug Christi in Havanna" – eine karnevalsartig verfremdete Fassung von Fidels triumphaler Ankunft in Havanna im Januar 1959 enthält. Auch der Dichter Gastón Baquero (1918–1997) verließ Kuba bereits 1959. Danach geriet er nicht nur auf der Insel, sondern auch im spanischen Exil in eine seltsame Vergessenheit, bevor er in den 90er Jahren allenthalben als einer der „Klassiker" der kubanischen Poesie wiederentdeckt wurde.

Die Generation nach 1959:
Revolutionsroman und Testimonio-Literatur

Wenn hier von der „Generation nach 1959" die Rede ist, dann sind damit nicht die Geburtsjahre gemeint, sondern all jene Autoren, die erst nach der Revolution, in den 60er und 70er Jahren, literarisch an die Öffentlichkeit traten. Bereits kurz nach dem Triumph der Guerilleros präsentierte José Soler Puig mit *Bertillón 166* einen prägenden Roman über den Kampf von Castros „Bewegung 26. Juli". Auch danach war der revolutionäre Kampf und der anschließende gesellschaftliche Umwälzungsprozeß das beherrschende Thema vieler Autoren. Was die Form anging, kehrte diese Generation zu einer realistischen Erzählweise zurück (wenn auch teilweise mit Anklängen an das „Wunderbar Wirkliche" Alejo Carpentiers). Bekannte Beispiele dieser eng dem politischen Prozeß verpflichteten und vom Staat geförderten Literatur sind das als Reportage angelegte Buch von Lisandro Otero über die Agrarreform, *Rebellion im Paradies* (1960), oder Manuel Pereiras Roman *Comandante Veneno* (1977) über die Alphabetisierungskampagne in einem abgelegenen Dorf der Sierra Maestra.

Auch in Kuba ist eine Tendenz zum Erzählen reibungsloser Heldengeschichten im Stile des „sozialistischen Realismus" zu beobachten. Doch gerade die bleibendsten Werke dieser Zeit waren weitaus komplexer, thematisierten Widersprüche und führten Haltungen und Handlungen vor, die kaum dem Klischeebild eines allzeit heroischen „Neuen Menschen" entsprachen. Als Höhepunkt dieses realistischen Revolutionsromans kann *Die Initialen der Erde* (1987) von Jesús Díaz (*1941) gelten. Carlos, sein Protagonist, hat die Aufnahme in die Partei beantragt und muß dafür die Frage beantworten, ob er ein vorbildlicher Revolutionär und Arbeiter war – eine Frage, die ihn dazu zwingt, sein persönliches und politisches Leben vor und nach der Revolution zu rekapitulieren, und die er am Ende trotzdem nicht beantworten kann. Ge-

> **Jesús Díaz (1987): Die Initialen der Erde** (Beginn des Romans)
>
> Er unterbrach die Lektüre in der dunklen Gewißheit, in einem Laby-
> rinth gefangen zu sein und da kam Gisela vom Nachtdienst zurück,
> todmüde, sagte sie und beugte sich über das Formular, diese
> schlichte Lebensbeichte, vor der Carlos die ganze Nacht über ver-
> sucht hatte, seine Vergangenheit zu rekonstruieren, und sich gefragt
> hatte, warum er dieses und nicht jenes getan hatte, warum ihm fast
> nie das gelungen war, was er gewollt hatte, sondern immer nur ein-
> getreten war, was der Zufall oder das Schicksal oder wer weiß was
> verfügt hatte, als sei das Leben nur ein nicht mehr rückgängig zu ma-
> chender Pfusch, den man erst bemerkt, wenn es zu spät ist, und der
> ihn jetzt aus diesem immer noch leeren, fragenden, stummen For-
> mular anklagte…

gen die abstrakte Kategorie von „Held" und „Vorbild" steht eine
krumme menschliche Biographie mit all ihren trivialen Gründen,
in der es vielleicht nur die Flucht vor dem Liebeskummer und kein
ideologisch edlerer Grund war, warum er sich zum freiwilligen
Einsatz in der Zuckerrohrernte meldete. Am Ende bleibt auch der
Roman die Antwort schuldig, ob Carlos' Leben nun verdienstvoll
oder verfehlt war: Der Text bricht ab, gerade als die Parteiver-
sammlung zur Abstimmung über ihn schreitet.

Jesús Díaz war in Kuba bereits 1966 mit den prämierten Kurzgeschichten *Die harten Jahre* in Erscheinung getreten. Als Direktor der Kulturzeitschrift *Caimán Barbudo* (Bärtiger Kaiman) sowie als Mitherausgeber der sozialwissenschaftlichen Publikation
Pensamiento Crítico (Kritisches Denken) wurde er einer der wichtigsten intellektuellen Köpfe derjenigen, die man als die kubanischen „68er" bezeichnen könnte. Anfang der 70er Jahre fielen
beide Zeitschriften der dogmatischen Kulturpolitik des „grauen
Jahrfünfts" zum Opfer, die mit dem „Fall Padilla" eingeleitet worden war. Jesús Díaz selbst ging an das Filminstitut, verfaßte Drehbücher, drehte Dokumentarfilme – und schrieb die *Initialen der
Erde*. Nach ihrer Fertigstellung legte die Kulturbürokratie den
Roman jedoch in einer endlosen Hinhaltetaktik 12 Jahre lang auf
Eis (und Díaz veröffentlichte ihn auch nicht im Ausland); erst
1987 konnten *Die Initialen der Erde* schließlich erscheinen.

Ende der 80er Jahre zählte Jesús Díaz zu den engagiertesten
Stimmen, die sich für einen Erneuerungsprozeß von Partei und

Staat von innen heraus stark machten. Er zeichnete unter anderem für das Drehbuch des kritischen, in Kuba nie in die Kinos gekommenen Films *Alicia im Dorf der Wunder* verantwortlich. 1992, als der Schriftsteller mit einem Ein-Jahres-Stipendium des Deutschen Akademischen Austauschdienstes in Berlin weilte, schrieb Kubas Kulturminister einen martialischen Drohbrief gegen Jesús Díaz, in dem er ihn als Verräter anprangerte (O-Ton: „Dein Name sollte Judas sein!"). *De facto* kam dieser Angriff einer Ausbürgerung gleich. Seitdem lebt Díaz im Exil. Seit Mitte der 90er Jahre gibt er in Madrid die Kulturzeitschrift *Encuentro de la Cultura Cubana* (Begegnung der kubanischen Kultur) heraus, mit der er in gewisser Weise an seine früheren Herausgebertätigkeiten anknüpft – nun allerdings von außerhalb der Insel und inzwischen mit einer klaren Oppositionshaltung gegen die Regierung in Havanna, aber nach wie vor auf hohem intellektuellen Niveau.

Der Literatenszene um den *Caimán Barbudo* in den 60er Jahren hat Jesús Díaz seinen Roman *Die verlorenen Worte* (1992) gewidmet. Seine späteren Erfahrungen mit dem Kino prägen die Erzählung *Die Haut und die Maske* (1995): Entlang den Dreharbeiten zu einem Film konstruiert Díaz darin in wechselnder Erzählperspektive ein mehrschichtiges Spiel mit Schauspielern und ihren Rollen und schildert dabei en passant die kubanische Gesellschaft in der Krise der 90er Jahre. Sein jüngster Roman *Erzähle mir etwas von Kuba* (1999) beschreibt mit trockenem Humor die Odyssee eines in Miami gelandeten Kubaners, der – um bei den US-Behörden Anrecht auf ein Visum zu bekommen – von seinen Verwandten als Floßflüchtling präpariert und per Motoryacht vor der Küste Floridas im Meer ausgesetzt wird.

Neben den Revolutionsromanen rückte seit Ende der 60er Jahre ein zweites, in dieser Form neuartiges Genre ins Rampenlicht: die sogenannte *Testimonio*-Literatur (wörtlich: Zeugnisliteratur), die versuchte, über die Niederschrift autobiographischer Berichte ein authentisches Erzählen auch jener „einfachen Leute" zu erreichen, die in der herkömmlichen Literaturproduktion bislang ohne Stimme waren. Das wegweisende Buch dafür war *Der Cimarrón* (1966) von Miguel Barnet, dessen Grundlage lange Tonbandinterviews mit dem 106 Jahre alten Esteban Montejo bilden. Spiegelten die Sklavenromane des 19. Jahrhunderts letztlich immer nur die Sicht von „aufgeklärten Weißen", präsentierte Barnet nun, wie

> **Miguel Barnet (1966): Der Cimarrón**
>
> Da der *Cimarrón* ein Sklave war, der floh, schickten die Herren einen Trupp Sklavenjäger hinterher; grobe Bauern mit Jagdhunden, die sollten einen mit Bissen aus den Bergen zurückholen. Nie bin ich auf einen gestoßen. Und hab auch keinen solchen Hund aus der Nähe gesehen. Die Hunde waren abgerichtet zum Negerfangen. ... Heute sehe ich einen Hund, und es passiert nichts, aber hätte ich damals einen gesehen, hätte man meine Fußsohlen viele Meilen weit suchen können. Hunde haben mich niemals angezogen. Für mich haben sie böse Instinkte.
>
> Wenn ein Sklavenjäger einen Neger erwischte, gaben ihm der Herr oder der Aufseher eine Goldunze oder mehr. Keiner kann sich vorstellen, wie viele Bauern bei diesem Geschäft mitmachten! Die Wahrheit ist, daß ich als *Cimarrón* gut lebte; sehr verborgen, aber bequem. Nicht mal von den anderen *Cimarrones* ließ ich mich sehen: *‚Cimarrón* mit *Cimarrón* verkauft *Cimarrón‘*.

es im deutschen Untertitel des *Cimarrón* heißt, „Die Lebensgeschichte eines entflohenen Negersklaven aus Cuba, von ihm selbst erzählt".

Diese indirekte Autobiographie bot einen persönlichen und sehr anschaulich erzählten Zugang zu einer „Geschichte Kubas von unten". Barnets Buch feierte nicht nur auf der Insel selbst, sondern weltweit große Erfolge. Das Genre des *Testimonios* avancierte schnell zu einer festen Institution in der gesamten lateinamerikanischen Literatur. In Deutschland machten Hans Magnus Enzensberger und Werner Henze aus Barnets *Cimarrón* sogar eine Oper.

Miguel Barnet hat sich selbst einmal als „Dichter mit der Berufung zum Ethnologen" bezeichnet. Wurde er mit seinem so erfolgreichen wie politisch korrekten *Cimarrón* zu einem Aushängeschild der Revolution, änderte sich dies mit seinem zweiten, 1969 erschienenen Buch *Lied der Rachel* über eine ehemalige Kabarett-Sängerin im Havanna der ersten Jahrhunderthälfte. Ob dieser so wenig proletarischen Hauptperson war Barnet in den „grauen" 70er Jahren starker Kritik seitens der Kulturbürokratie ausgesetzt. Stattdessen erlebte Kuba nun einen Boom von *Testimonios*, die weniger von schriftstellerischer Neugierde als vielmehr von dem politischen Auftrag geprägt waren, die vorrevolutionären Ausbeutungsverhältnisse zu illustrieren und die Errungenschaften der Revolution zu preisen.

Barnet selbst legte erst nach der ideologischen Entkrampfung Ende der 70er Jahre wieder neue *Testimonio*-Romane vor: *Alle träumten von Cuba* (1981), das einen Anfang des Jahrhunderts nach Kuba eingewanderten Galicier von seinem Leben erzählen läßt, und *Ein Kubaner in New York* (1984), das – fern des eingefahrenen Bildes vom kubanischen Exil als revanchistisches Oberklassen-Miami – einen in einfachen Verhältnissen in einem Latino-Viertel New Yorks lebenden Kubaner zu Wort kommen läßt. Heute hat Miguel Barnet verschiedene Funktionen im Kulturleben inne und ist zudem Abgeordneter in der Nationalversammlung.

Als literarische Gattung ist die *Testimonio*-Literatur gleichwohl nicht unumstritten. Einerseits erhebt sie den Anspruch auf Authentizität, andererseits trägt sie aber immer auch die Handschrift jenes hilfreichen Schriftstellers, dessen politisch wie literarisch gefärbte Auswahl- und Gestaltungskriterien zwangsläufig mit einfließen. Ein anderes Problem dieser nachträglichen Suche nach historischer Authentizität wird auch bei Barnets *Cimarrón* deutlich, der auf den Schilderungen des zum Zeitpunkt der Niederschrift, wie er sagt, 106 Jahre alten Esteban Montejo basiert. Der Kölner Historiker Michael Zeuske hat unlängst jedoch die Geburtsurkunde eben dieses Esteban Montejo gefunden, die als Geburtsdatum das Jahr 1868 ausweist, acht Jahre später als im Buch geschildert. Damit aber wird klar, daß seine Schilderungen (etwa die des Zehnjährigen Krieges, der ja 1868 begann) nicht nur „die klaren und sauberen Worte der Erfahrung" (so Miguel Barnet in seinem Vorwort) sein können, sondern daß sie – wie letztlich jede Erinnerung – vermischt sind mit einer Vielzahl anderer Eindrücke und imaginierter Erfahrungen.

Als wichtigste Theaterautoren dieser Zeit können neben Virgilio Piñera vor allem José Triana (*Die Nacht der Mörder,* 1965) und Antón Arrufat (*Sieben gegen Theben,* 1968) gelten. Zum führenden Literaturtheoretiker der Insel avancierte der Dichter und Essayist Roberto Fernández Retamar (s. Seite 76), der auch Leiter der *Casa de las Américas* wurde. In der Poesie knüpfte die schwarze Dichterin Nancy Morejón (*1944) politisch, thematisch und stilistisch am engsten an die Tradition Nicolás Guilléns an. (Sie wurde auch Herausgeberin seiner gesammelten Werke). Dabei gab Morejón der „schwarzen", emphatisch mit dem sozialistischen Projekt verbundenen Poesie eine markant weibliche Perspektive, etwa in ihrem Gedicht *Schwarze Frau* (1979) oder, in schärferer Form, in *Ich liebe meinen Herren* (1986). Seit den 70er Jahren – sprich: vor dem politischen Hintergrund der „internationalistischen Missionen" der kubanischen Armee in Äthiopien und Angola – verband Nancy Morejón ihre Erkundung der schwarzen Identität Kubas immer wieder mit den anti-kolonialen und Anti-Apartheids-Kämpfen in Afrika (*Balladen für einen Traum*, 1989). Sie hat verschiedene kulturpolitische Ämter innegehabt und wurde in den 90er Jahren Direktorin der Stiftung Pablo Milanés.

Eine Sonderrolle in der „Generation nach 1959" kommt Reinaldo Arenas (1943–1990) zu. Sein bekanntestes Buch ist sein letztes: *Bevor es Nacht wird* (1990), so der Titel seiner Memoiren, die er in einem Wettlauf mit der Zeit gegen seine fortschreitende Aids-Krankheit geschrieben hat. In einer Art Anti-Revolutionsroman präsentiert Arenas darin die Lebenschronik eines von der Literatur, seiner Sexualität und einem bedingungslosen Freiheitsdrang Besessenen. Dem schleichenden Tod durch die Krankheit kommt Arenas schließlich durch seinen Freitod zuvor. Das Buch endet mit seinem Abschiedsbrief.

In Kuba galt Reinaldo Arenas in der Tat als *Enfant terrible*. Er war immer wieder staatlichen Repressalien ausgesetzt und auch in den Homosexuellen-Umerziehungslagern, den UMAP, interniert worden. 1980 konnte er über den Hafen von Mariel in die USA

Reinaldo Arenas (1990): Abschiedsbrief

„Liebe Freunde, angesichts meines kritischen Gesundheitszustands und der furchtbaren Ohnmacht, die ich verspüre, weil ich nicht mehr schreiben und für die Freiheit Kubas kämpfen kann, setze ich meinem Leben ein Ende. In den letzten Jahren konnte ich, obwohl ich mich sehr krank fühlte, mein literarisches Werk abschließen, an dem ich fast 30 Jahre lang gearbeitet habe. Ich vermache Euch all meine Ängste, aber auch die Hoffnung, daß Kuba schon bald frei sein wird. ... Ich setze meinem Leben freiwillig ein Ende, weil ich nicht mehr weiter arbeiten kann. Keiner der Menschen, die mich umgeben, hat an dieser Entscheidung irgendeinen Anteil. Es gibt nur einen Verantwortlichen: Fidel Castro."

emigrieren. Arenas' Memoiren sind, den Tod vor Augen, von einem geschundenen Leben nur so herausgebrüllt. Seine Abrechnung mit dem Staate Castros wird genauso obsessiv wie die Beschreibung seines grenzenlosen Sexuallebens. In dem Kuba seiner Erinnerung jedenfalls gibt es immer und überall atemberaubend schöne junge Männer, die allzeit an Geschlechtsverkehr mit ihm interessiert sind.

Bevor es Nacht wird ist den einen ein Dokument, das durch die Umstände seiner Entstehung zwar bewegend ist, das gleichwohl in seiner Selbststilisierung und seinem Pathos schwer verdaulich ist. Anderen gilt es als „eines der erschütterndsten Zeugnisse, die in spanischer Sprache über Unterdrückung und Rebellion geschrieben worden sind", so der peruanische Schriftsteller Mario Vargas Llosa. Letzten Endes aber erfährt man in *Bevor es Nacht wird* vermutlich mehr über Reinaldo Arenas als über Kuba.

Los Novísimos: Neue und neueste Literatur

Ein gemeinsamer Strang ist in der kubanischen Literatur der 90er Jahre schwer auszumachen. Bei den ins Deutsche übersetzten Büchern ist die Qualität sehr unterschiedlich; aus der Krise heraus ist teilweise auch eine Literatur entstanden, die sich an den Moden des internationalen Marktes orientiert und Klischeebilder bereitwillig bedient, frei nach dem Rezept: Man nehme viel Lokalkolorit, gebe deftige Erotik dazu, streue genügend Politik ein (denn Fidel und die Revolution sind Pop), das ganze gut gewürzt mit karibischer Lebensfreude und exotischen *Santería*-Kulten...

Einige Werke sind allerdings hervorzuheben. *Das tägliche Nichts* (1995) von Zoé Valdés ist eine furiose, auch in Deutschland zum Bestseller gewordene Abrechnung mit dem Kuba der 90er Jahre. Einem deprimierenden, in grellen Farben gezeichneten Alltag stellt die Autorin ein ungestümes Sexualleben entgegen, von dem sie mit größter Freude in vulgärer Sprache und expliziten Darstellungen berichtet – und damit als Frau ein Tabu bricht und ein Terrain erobert, das bis dahin Kubas männlichen Schriftstellern vorbehalten war. Anzumerken ist hier, daß sich bei Zoé Valdés diese provozierende Direktheit auch schon in ihren wenig bekannten Gedichten der 80er Jahre findet, in denen sie ihre Menstruation genauso unverschämt feiert (*Wie glücklich bin ich, das*

Bettlaken mit Blut befleckt zu haben) wie ihre sexuellen Phantasien.

1995 ging Zoé Valdés nach Paris ins Exil, wo auch *Das tägliche Nichts* erschien. Dort hatte sie bereits in den 80er Jahren als Ehefrau eines kubanischen Schriftstellers gelebt. Geschrieben hat sie das Buch, nachdem sie 1987 von Paris nach Kuba zurückkehrte, wo sie stellvertretende Leiterin der Filmzeitschrift wurde. Ganz im Unterschied zu Reinaldo Arenas, an dessen „Aufschrei-Literatur" *Das tägliche Nichts* erinnert, gehörte Zoé Valdés in Kuba keineswegs zu den vom Staat Drangsalierten und Verfolgten, sondern war Teil des Establishments. Während sie eine vernichtende Bilanz der politischen Verhältnisse im Lande zieht, zeigt sie an einer kritischen Selbstbefragung allerdings wenig Interesse.

Genau um diese so bitteren Fragen hingegen geht es Eliseo Alberto in seinem bemerkenswerten *Rapport gegen mich selbst* (1996). Das Buch beginnt mit dem lakonischen Satz: „Den ersten Bericht gegen meine Familie verlangte man von mir Ende 1978." Als er zögerte, legte man ihm Dutzende Berichte vor, die andere über ihn angefertigt hatten: Nachbarn, Kollegen, Freunde. Und auch Eliseo Alberto, der Sohn des alten Dichters Eliseo Diego, begann zu berichten.

Eliseo Alberto lebt inzwischen im Ausland, auch sein Buch erschien nicht auf Kuba. Aber *Rapport gegen mich selbst* ist keine wütende Abrechnung, sondern, was ungleich schwieriger ist, das

---

Eliseo Alberto (1996): Die Berichte

Ich unterschrieb diese Berichte gegen oder über die Meinen mit einem Pseudonym, wie es in solchen Fällen üblich war. Ich nannte mich Pablo (der Name, den ich meinem Sohn gegeben hätte), und ich erzählte die Geschichte auf meine Art, ohne jemandem Schaden zuzufügen, glaube ich. Hoffe ich. Vermöge es Gott.
Eines schönen Tages suchten sie mich nicht mehr auf. Gaben mir keine Erklärungen. ... Sie ließen mich in Frieden. In Frieden? Wie auch immer. Sie hatten mich in den Akten. Ich bin gefangen in einer Akte. Jene handgeschriebenen Blätter, auf denen ich erklärte, daß ich bis ans Ende meiner Tage stolz sein würde, freiwillig mit der Geschichte zusammenarbeiten zu dürfen, sind der direkte Vorgänger dieses Buches. Seine ersten Seiten.

Beharren auf einem differenzierten Urteil und auf dem Versuch, auch jene Sichtweisen zu verstehen, die man nicht teilt. Eliseo Alberto schreibt nicht als Richter, sondern präsentiert sich als Teil des zu verhandelnden Falls. Eingefügt in diese Mischung aus Lebensbericht, scharfsinnigem Essay und Kurzgeschichten sind Reaktionen und Kommentare von ganz unterschiedlichen Freunden, auf der Insel und außerhalb, denen der Autor vorab das Manuskript zum Lesen gegeben hatte. Damit läßt er die Leser in direkter Form an seinen, an den kubanischen Diskussionen teilhaben. Eliseo Albertos *Rapport gegen mich selbst* ist eines der klügsten und auch bewegendsten Bücher der letzten Jahre.

Auf der Insel selbst sind in den vergangenen Jahren eine Reihe neuer Stimmen hervorgetreten, die bislang nur mit einzelnen Stücken oder in Anthologien in deutschen Übersetzungen vorliegen. Senel Paz wurde international bekannt durch die Erzählung *Der Wald, der Wolf und der Neue Mensch*, aus der er auch das Drehbuch für den Spielfilm *Erdbeer und Schokolade* entwickelte. Leonardo Padura, Chefredakteur der offiziellen Zeitschrift des Schriftstellerverbands *La Gaceta de Cuba*, hat sich auch international mit intelligenten Kriminalromanen einen Namen gemacht. Der Lyriker, Romancier und Dramaturg Abilio Estévez feierte mit seinem Roman *Dein ist das Reich* (1999) in Spanien große Erfolge bei Publikum und Kritik.

Zum politischen „Fall" wurde die Dichterin María Elena Cruz Varela. Noch 1989 erhielt sie für ihren Band *Tochter der Eva* den Nationalpreis für Poesie, doch publiziert wurde das Buch in Kuba nie. Denn Cruz Varela erklärte öffentlich ihre Ablehnung einer Parole wie „Fidel ist unser aller Vater" (die sein Bruder Raúl ausgegeben hatte) und unterzeichnete 1991 mit anderen Intellektuellen einen als „Erklärung der Zehn" bekannt gewordenen Aufruf zu Reformen im Land – was ihr die erbitterte Feindschaft des Staates einbrachte. Hierauf gründeten diese Intellektuellen die Gruppe *Criterio Alternativo* (Andere Meinung), deren bekannteste Wortführerin María Elena Cruz Varela wurde. Gegen die „Staatsfeindin" wurden nun „Akte des Abscheus" inszeniert: ein organisierter Mob drang in ihr Haus ein, und im Fernsehen brüstete sich einer dieser aufrechten Revolutionsanhänger damit, daß man der Konterrevolutionärin die Flugblätter ihrer Organisation in den Mund gestopft habe. Wegen „konspirativer Tätigkeit" wurde

María Elena Cruz Varela zu zwei Jahren Gefängnis verurteilt, danach ging sie ins Exil. Der Dichter Raúl Rivero, den manche für Kubas bedeutendsten Gegenwartslyriker halten, war ebenfalls bei *Criterio Alternativo* dabei, blieb aber im Land und leitet heute eine dissidente Presseagentur, die ihre Nachrichten via USA ins Internet stellt.

Los Novísimos, „Die Allerneuesten", wird etwas hilflos eine in den 90er Jahren auf die Bühne tretende Literatengeneration (bzw. -gruppe) genannt. Eine zentrale Brückenfunktion zwischen den Generationen kommt dabei der Dichterin Reina María Rodríguez zu, die 1996 mit dem Nationalpreis der Literaturkritik ausgezeichnet wurde. Ihr Haus ist zu einer regelrechten Institution geworden, ihre Dachterrasse ist Treffpunkt einer der intensivsten Dichterkreise der neuen Generation. Sie hat vor, aus ihrem Haus eines Tages ein auch offiziell anerkanntes, aber gleichwohl wahrhaft unabhängiges „Haus der Poesie" zu machen. Dieses Projekt ist in gewisser Hinsicht bezeichnend für die Gruppe: Man sucht nicht den Konflikt mit dem Staat, wohl aber die Autonomie der Kultur. Ihrer Poesie geht es weniger um die Politik als vielmehr um die Befreiung der Poesie von der Politik. Eine ihrer prägnantesten Stimmen ist der Essayist und Dichter Rolando Sánchez Mejías, der in offener Abgrenzung zur staatlichen Kulturpolitik, aber nach wie vor auf der Insel arbeitet. Andere, wie der Essayist Rafael Rojas oder der Dichter Ramón Fernández-Larrea, sind ins Ausland gegangen.

In den 90er Jahren erlebte Kuba auch ein ausgesprochen vitales Theaterleben, das sowohl einst an den Rand gedrängte Autoren wie Virgilio Piñera wieder auf die Bühne brachte als auch immer wieder die gesellschaftlichen und politischen Verhältnisse auf der Insel kritisch reflektierte. Eines der herausragendsten Beispiele war die vom Publikum begeistert gefeierte und mit dem Nationalen Kritikerpreis ausgezeichnete Interpretation von Shakespeares *Sturm,* die die Gruppe *Buendía* unter dem Titel *Ein anderer Sturm* präsentierte: Afrokubanische Gesänge, Tänze und Masken verfremden das Stück, in dem Prospero, ein Mann aufgeklärter Ideale, dem Eingeborenen Calibán Lesen und Schreiben beibringt, aber zum Tyrannen wird, wenn man ihm widerspricht. Alle Lesarten sind erlaubt.

Eine Entwicklung ganz eigener Art ist die neue Literatur jener kubanischer Emigranten, die bereits in den USA aufgewachsen sind und die auf Englisch schreiben. Große Resonanz fand insbesondere der Roman *Träumen auf Kubanisch* von Cristina García. Auch die Werke von Oscar Hijuelos (*Die Mambo Kings spielen Songs der Liebe*) und Pablo Medina (*Das Schattenparadies*) sind in Englisch entstanden und bewegen sich an der Schnittstelle zwischen kubanischer Literatur, die im Ausland entsteht, und von Immigranten geschriebener US-Literatur.

Film

Eine nationale Filmindustrie entsteht

Das erste Gesetz, das die Revolution zur Kultur erließ, schuf im März 1959 das Kubanische Film-Institut ICAIC (*Instituto Cubano del Arte e Industria Cinematográficos*). Damit wurde der Grundstein gelegt für eine eindrucksvolle Entwicklung des Filmschaffens, das aus Kuba eines der bedeutendsten Filmländer der Dritten Welt machte – und das dem Kino auf der Insel selbst immer wieder eine wichtige Rolle in den öffentlichen Diskussionen gab.

Vor der Revolution hatte der Film ein Schattendasein geführt. Zwar brachte bereits früh, im Jahre 1897, ein Franzose den ersten Kinematographen ins Land und drehte auch den ersten Film: eine Übung der Feuerwehr, Gesamtlaufzeit: 1 Minute. Doch danach entwickelte sich der Film in Kuba vor allem als Filiale der US-Firmen. In den Studios von Havanna wurden vorwiegend US-Filme für den lateinamerikanischen Markt synchronisiert, und das Land wurde zum Drehort vieler US-amerikanischer Filme, die tropisches Lokalkolorit verlangten. (Noch nach der Revolution entstand als letzter US-Streifen Carol Reeds Verfilmung von Graham Greenes populärer Agenten-Komödie *Unser Mann in Havanna*.)

Das neu gegründete Filminstitut konnte allerdings auf den Aufbruch junger Filmemacher und Studenten zurückgreifen, die in den 50er Jahren ein authentisch kubanisches Kino forderten. Programmatisch für diese Neuorientierung an den Realitäten Kubas, nicht an den Wünschen Hollywoods, war der 1955 entstandene Kurzfilm *El Mégano* über eine Köhlerfamilie im Sumpfgebiet der Zapata-Halbinsel. Regie führten dabei zwei junge Kubaner, die beide in Rom studiert hatten: Julio García Espinosa, der später eine Reihe von Filmen drehte und in den 80er Jahren Direktor des Filminstituts wurde, und Tomás Gutiérrez Alea (1928–1996), der die alles überragende Figur des kubanischen Filmschaffens in diesem Jahrhundert werden sollte.

Auch der Gründungsdirektor des Filminstituts, Alfredo Guevara, kam aus dieser kritischen Film-Bewegung. Er prägte die kommenden vier Jahrzehnte lang den kubanischen Film – und zwar nicht als Regisseur, sondern als der wohl wichtigste Kulturfunktionär der Revolution, der dem Filminstitut vergleichsweise große intellektuelle Freiräume sicherte. Nach einer Unterbrechung in den 80er Jahren ist Alfredo Guevara seit Anfang der 90er Jahre wieder amtierender Direktor des ICAIC.

Die „goldenen 60er Jahre“:
Erinnerungen an die Unterentwicklung

Die 60er Jahre wurden zur „goldenen Zeit“ des kubanischen Films. Die Verstaatlichung der Studios, Filmfirmen und Kinos schuf einzigartige materielle Voraussetzungen, und der revolutionäre Prozeß bot großartige Themen. Zudem verfügte Kuba über eine Generation junger Filmemacher, die sich mit Elan, Originalität und hohem künstlerischen Können an die neuen Aufgaben machten. Der nationale Film erreichte ein Massenpublikum wie nie zuvor, und „Kinomobile“ machten Filmvorführungen selbst in entlegensten Orten auf dem Land möglich. (Eine dieser Aufführungen ist festgehalten in dem schönen Kurzfilm *Zum ersten Mal* [1967] von Octavio Cortázar.) Gleichzeitig wurde in diesem Bereich aber auch das erste große Exempel inhaltlicher Zensur statuiert, als 1961 der Film *P. M.* von Sabá Cabrera über das Nachtleben Havannas aus den Kinos verbannt wurde.

Ein Schwerpunkt der Entwicklung nach dem Triumph waren Dokumentarfilme über den Kampf der Guerilla und die revolutionäre Umgestaltung des Landes, die auch außerhalb Kubas auf großes Interesse stießen. Der führende Dokumentarfilmer wurde Santiago Álvarez. Seine Arbeiten standen zeitlebens eng im Dienst der staatlichen Öffentlichkeitsarbeit: Álvarez wurde Leiter der Kino-Wochenschau, drehte die offiziellen Dokumentationen vieler Auslandsreisen Castros, der Parteikongresse etc. In der Form aber waren seine Filme bemerkenswert innovativ. Sein schnell geschnittener, nur 6 Minuten dauernder Montagefilm *Now!* (1965) gegen die Rassendiskriminierung in den USA etwa fand international ebenso große Beachtung wie sein unkonventionell inszeniertes Ho-Chi-Minh-Porträt *79 Lenze* von 1969.

Auch Tomás Gutiérrez Alea (von seinen Freunden kurz „Titón" genannt) drehte einige frühe Dokumentarfilme, etwa *Tod den Invasoren* (1961) über die Schweinebuchtinvasion. Sein Spielfilm *Geschichten der Revolution* (1960), der erste des neugegründeten ICAIC überhaupt, war in ähnlicher Tonlage gehalten und zeigte den Kampf gegen die Batista-Diktatur in drei verschiedenen Phasen. Doch später ging es Alea in seinen Filmen nicht mehr darum, den Heroismus der Revolution zu illustrieren, sondern die Zwischentöne der neuen Gesellschaft auszuleuchten; auf hohem künstlerischen Niveau Geschichten zu erzählen, die eine kritische Auseinandersetzung mit alten und neuen Verhaltensweisen ermöglichen – und die dabei dennoch unterhalten. Bezeichnend wurde sein mit spitzem Humor gefilmter *Die 12 Stühle* (1962): Ein reicher, von der Revolution enteigneter Großbürger versucht, einen Stuhl aus dem Familienbesitz zurückzuerlangen und muß sich dafür mit seinem ehemaligen Hausangestellten verbünden, der nun das Sagen hat.

In *Tod eines Bürokraten* (1966) führte Alea dies weiter. Der Film schildert die absurde Odyssee eines Kubaners, dessen Onkel, als hervorragender Arbeiter ausgezeichnet, nach seinem Tod mitsamt seinem Ausweis begraben wurde. Nun muß aber dieses Dokument wiederbeschafft werden, damit die Witwe ihre Pension erhalten kann. Es ist eine fröhliche Komödie, die Stan Laurel und Oliver Hardy Reverenz erweist, aber gleichzeitig auch eine aggressive Satire, die die bürokratischen Strukturen, die mit der Revolution entstanden sind, in überdrehter Zuspitzung bloßlegt und kritisiert. Am Ende stürzt sich der gute Mann auf den Bürokraten und erwürgt ihn.

Fern allen Klischees vom sozialistischen Realismus ist auch Julio García Espinosas Film *Juan Quin Quin* (1967), dessen Protagonist mehr Schelm als Held ist. *Die erste Schlacht mit der Machete* (1969) von Manuel Octavio Gómez ist eine historische Reportage über die Anfänge des Unabhängigkeitskampfes, in der die Figuren auch aus der Handlung heraustreten und Interviews geben können. Eines der bedeutendsten Werke der 60er Jahre ist schließlich das große Epos *Lucía* (1968) von Humberto Solás: In drei auch filmisch kontrastierenden Geschichten zeigt Solás den Emanzipationsprozeß einer Lucía am Ende der Kolonialzeit, einer Lucía während des Kampfes gegen die Machado-Diktatur sowie einer Lucía im sozialistischen Kuba, deren Mann zwar ein engagierter Revolutionär ist, sich ihr gegenüber aber als der alte Macho und Haustyrann zeigt, der ihr Arbeit, Studium und Selbstverwirklichung verbieten will.

Den unumstrittenen Höhepunkt dieser Zeit aber markiert *Erinnerungen an die Unterentwicklung* (1968) von Tomás Gutiérrez Alea, der Klassiker des kubanischen Films schlechthin, der auch als einer der ganz großen Filme des lateinamerikanischen Kinos insgesamt gilt. Schon die Erzählperspektive ist höchst ungewöhnlich, zumal für einen Film, der in der Zeit der radikalen Konfrontation der Revolution spielt, zwischen Schweinebucht-Invasion und Raketenkrise: Hauptperson und Ich-Erzähler ist ein bürgerlicher Intellektueller mit Namen Sergio. Dieser verachtet zwar seine Frau Laura und all seine Freunde und Verwandten, die Kuba verlassen; aber auch die Revolution erlebt er nur als Zuschauer, als intellektuelles Spiel, das er mit einer Mischung aus Ablehnung, Faszination und Unverständnis betrachtet.

Sergio verzweifelt an der Unterentwicklung seines Landes. Letztlich aber ist es der Einbruch des zuvor ausgeschlossenen einfachen Volkes in „sein Havanna", in seine kultivierte, ganz an Europa und den USA orientierte Welt, den er nur als Zerstörung und Dekadenz erlebt. Er begleitet diese Ereignisse genau wie die Emigration der alten Bürgerschicht mit bissigen (und durchaus intelligenten) Kommentaren, aber immer, ohne selbst aktiv zu werden. Er leistet keinen Widerstand, er verläßt nicht das Land, er zieht sich lediglich zurück und bleibt Beobachter, während seine Welt nach und nach in Stücke fällt.

Zum Symbol wird das Teleskop, das Sergio auf dem Balkon seines eleganten Apartments installiert hat und durch das er auf die Stadt schaut, als ob sie ein Laboratorium wäre. Am Ende des Films ist dies eine Stadt, die sich, auf dem Höhepunkt der Raketenkrise (hier sind Dokumentaraufnahmen der Zeit hineingeschnitten), mit der Mobilisierung von Milizen und Armee dem drohenden Krieg entgegenstellt. Sergio bleibt auch hier nur Publikum: „Und wenn das alles jetzt los geht? Es hat keinen Sinn zu

Tomás Gutiérrez Alea (1968):
Erinnerungen an die Unterentwicklung

Sergio: „Alle sind doch Träumer. Die Contra, weil sie in der Überzeugung lebt, daß sie ganz einfach ihre bequeme Ignoranz zurückbekommen könnte; die Revolution, weil sie denkt, sie könnte dieses Land aus der Unterentwicklung holen. (...) Alles Talent der Kubaner wird darauf verschwendet, sich an den jeweiligen Moment anzupassen. Auf Erscheinungen. Die Leute sind nicht konsistent, sie sind mit wenig zufrieden. Sie brauchen immer jemanden, der für sie denkt." Die Kamera schwenkt auf ein großes Fidel-Porträt, an dem das Auto gerade vorbeifährt.

***

Die Kamera zeigt eine Stellwand mit der Parole: „Diese große Menschheit hat gesagt: ‚Genug!' und hat begonnen, zu gehen! – *Fidel*". Kommentar von Sergio: „Genauso wie meine Eltern und Laura, und sie werden nicht halt machen, bevor sie nicht in Miami angekommen sind."

***

Sergio (Monolog): „Wie wird man die Unterentwicklung los? Sie durchdringt alles. Alles. Und was machst Du hier unten, Sergio? Was bedeutet all das? Du hast nichts mit denen gemein. Du bist allein. In der Unterentwicklung hat nichts Kontinuität, alles wird vergessen. Aber Du erinnerst Dich an vieles, an zu vieles. Wo sind jetzt Deine Familie, Deine Arbeit, Deine Frau? Du bist nichts, Du bist tot."

protestieren. Ich werde sterben wie alle anderen auch. Diese Insel ist eine Falle." Das Drehbuch sah an dieser Stelle noch den Selbstmord Sergios vor, doch Alea entschied sich für das viel stärkere offene Ende: Sergios „Tod", das ist seine lähmende Einsamkeit.

Erinnerungen an die Unterentwicklung zeigt dem Zuschauer die komplexe Innensicht eines Nicht-Revolutionärs, die von den gängigen politischen Stereotypen weit entfernt ist. Dafür wurde der Film von den orthodoxen Kräften des Staatsapparats zunächst auch offen angefeindet. Doch Tomás Gutiérrez Alea geht es weder um Mitleid noch um Verurteilung seines bürgerlichen Anti-Helden; wenn der Film dazu einlädt, sich mit dem Protagonisten zu identifizieren, dann gerade, um mit ihm sein Scheitern zu erleben.

Die 70er und 80er Jahre: Belastungsproben und neue Themen

Die ideologische Verhärtung der 70er Jahre war auch im kubanischen Filmschaffen spürbar. Manche Streifen wurden jahrelang zurückgehalten, einige Regisseure verließen Kuba. Dennoch war das Filminstitut auch in dieser Zeit noch offener als andere Bereiche der Kultur; es bot dem Musiker Pablo Milanés genauso Arbeitsmöglichkeiten wie dem geschaßten Schriftsteller Jesús Díaz. Eine Selbstdarstellung des ICAIC beschreibt diese Zeit rückblickend so: „In den 70er Jahren, dem sogenannten ‚grauen Jahrzehnt‘, zwingen die politische und ökonomische Belagerung von außen, verbunden mit zunehmenden Anzeichen von Intoleranz und ideologischer Starrheit im Inneren, zu einer Unterbrechung des kreativen Aufbruchs auf verschiedenen Gebieten. Das ICAIC allerdings war eine der wenigen Institutionen, die in diesem Sturm nicht unterging."

Beispiele für Filme, die nun auf historische Themen zurückgriffen (und darin gleichwohl über Themen der Gegenwart redeten), sind *Ein kubanischer Kampf gegen die Dämonen* (1971) sowie *Das letzte Abendmahl* (1976) von Tomás Gutiérrez Alea, aber auch der Sklavenfilm *Der andere Francisco* (1973) von Sergio Giral. Eine großartige Parabel inszenierte Alea in *Die Überlebenden* (1978): Eine hochherrschaftliche Familie schließt sich in ihrem Palast von der Welt ab, um ihre hohen Ideale gegen die „erniedrigenden Einflüsse" der revolutionären Verhältnisse zu verteidigen. Doch Schritt für Schritt zwingt ihre Isolierung sie selbst zur Erniedrigung, gehen sie in einer Art negativer Evolution die Entwicklungsstadien der Menschheit zurück, um schließlich in der Barbarei zu enden.

In den 70er Jahren entstand auch der erste und bislang einzige (!) von einer Frau gedrehte kubanische Spielfilm: Versetzt mit dokumentarischen Elementen thematisiert *Auf gewisse Weise* (1974) von Sara Gómez die schwierige Integration ehemaliger sozialer Randgruppen (das „Lumpenproletariat") in den revolutionären Prozeß und das Fortwirken des *Machismo* in der sozialistischen Gesellschaft. Noch bevor sie den fertigen Film sehen konnte, starb die junge Regisseurin an einem Asthma-Leiden. Das neue Selbstbewußtsein der Frauen und der Widerstand der Männer, deren Gleichberechtigung zu akzeptieren, ist auch das Thema von Pastor Vegas *Porträt von Teresa* (1979), ein Film, der leidenschaftliche Diskussionen in der Bevölkerung auslöste, sowie später den Film von Tomás Gutiérrez Alea *Bis zu einem gewissen Punkt* (1983). Daneben entstanden in den 70er Jahren aber auch eine Reihe politischer Lehrstücke über den revolutionären Kampf und den sozialistischen Aufbau, etwa *Der Mann von Maisinicú* (1973) von Manuel Pérez über den Kampf gegen konterrevolutionäre Gruppen im Escambray-Gebirge, *Der Lehrer* (1977) von Octavio Cortázar oder das Porträt des KP-Gründers *Mella* (1975) von Enrique Pineda Barnet.

In ungewöhnlicher Weise stellte Humberto Solás' Film *Cecilia* (1981) die Frage nach der nationalen Identität und speziell nach der Rolle, die „die Mulattin" darin zugewiesen bekommt. Das Erscheinen des Films entzündete unerwartet heftige politische Kontroversen. Das Filminstitut sah sich in einem offenen Konflikt mit den staatlichen Instanzen, der auch die kommenden Jahre belastete. Rückblickend heißt es in einem Text des ICAIC über die 80er Jahre, daß neben einigen herausragenden Filmen „die Dekade geprägt wurde von einer Tendenz zum Populismus und der einfachen Illustrierung der Wirklichkeit".

Das heikle Thema der kubanischen Emigration in die USA griff Jesús Díaz in seinem Spielfilm *Ferne* (1985) auf: Eine nach Miami gegangene Kubanerin kehrt zurück auf die Insel, um ihren Sohn wiederzutreffen, den sie als Teenager zurückgelassen hatte; ein Jahrzehnt später verarbeitete Díaz diesen Film in seinem Roman *Die Haut und die Maske,* den er nun selbst im Exil schrieb. Ein Zustand innerer Klaustrophobie seiner Protagonistinnen kennzeichnet sowohl Juan Carlos Tabíos Debüt-Komödie *Wohnung zu tauschen* (1983) wie auch sein *Plaf, oder: Zuviel Angst vor dem Leben* (1989). Von der Kritik gelobt wurde Orlando Rojas' Film *Nebenrollen* (1989), zum Publikumserfolg aber wurde im gleichen Jahr *Die Schöne des Alhambra* (1989) von Enrique Pineda Barnet, ein leichtes Musical über das „Heimattheater" der vorrevolutionären Zeit.

Die 90er Jahre: Filme gegen die Trägheit der Revolution

Die 90er Jahre begannen mit einem Paukenschlag: *Alicia im Dorf der Wunder* (1991) von Daniel Díaz Torres wollte die Gesellschaft in einer Art Schocktherapie aufrütteln. Das „Dorf der Wunder", in das die Film-Alicia gerät, zeigt ein mit grellem Humor überzeichnetes Zerrbild der kubanischen Gesellschaft. Die Leute in dem Dorf, allesamt aus ihren Ämtern Entlassene und hierher versetzte, sehen noch die absurdesten Situationen als normal an. Beherrscht wird der Ort von einem großen Sanatorium, dessen väterlich-diktatorischer Direktor es als Errungenschaft preist, daß hier alle, Gesunde wie Kranke, gleich behandelt werden. Alicia verzweifelt an diesen Zuständen, aber auch an der resignierten Hörigkeit und dem Opportunismus seiner Bewohner. Mit Hilfe eines Kindes gelingen schließlich Flucht und Rebellion.

Alicia hielt dem Land einen bitterbösen Spiegel vor, der Probleme und Deformationen der Gesellschaft ins Groteske steigerte, um sie kenntlich zu machen und Heuchelei, Opportunismus sowie autoritäre Strukturen zu kritisieren. War *Alicia* in diesem Sinne ein Alarmruf für Reformen, sah die Staatsmacht darin einen Angriff auf den sozialistischen Staat. *Alicia* wurde zum „Fall", der Schockwellen durch die gesamte kubanische Kulturwelt schickte.

José Antonio Évora (1992): *Alicia* – ein revolutionärer Film

Der Film *Alicia im Dorf der Wunder* entstand in einer Situation, in der der „revolutionäre Impuls", den früher die Politik für sich beansprucht hatte, nun in Widerspruch zu einer stillschweigend praktizierten neuen Politik der „revolutionären Trägheit" geriet. Eine Anekdote mag dies illustrieren: Auf einer Pressekonferenz im Dezember 1991 verteidigte Regisseur Daniel Díaz Torres *Alicia*, indem er auf dem „revolutionären Charakter" des Films bestand. Damit meinte er offenkundig nicht den semantischen Gehalt des Wortes „revolutionär", sondern seinen in Kuba gängigen Gebrauch in dem Sinne: „was der Revolution treu ist" (in der Praxis: „was der Kommunistischen Partei treu ist", sprich: „was Fidel Castro treu ist") – und dies hat mehr mit Trägheit zu tun als mit einem revolutionären Impuls. Doch *Alicia* ist „revolutionär" im eigentlichen Sinne des Wortes, aufgrund seiner kritischen, progressiven, erneuernden, entmystifizierenden, ketzerischen Haltung.

Der Film erfuhr wüste Beschimpfungen von der Parteipresse und wurde aus den Kinos verbannt. Der Direktor des Filminstituts, Julio García Espinosa, wurde geschaßt, weil er den Film nicht rechtzeitig verhindert hatte. Und die Filmemacher Kubas mußten sich schließlich auch gegen den Versuch wehren, das ganze Filminstitut künftig der Armee zu unterstellen. Inzwischen konnte *Alicia* im Ausland mehrfach gezeigt werden, auf der Insel ist der Film aber bis heute nicht regulär in den Kinos gelaufen oder als Video zu erhalten. Der Regisseur Daniel Díaz Torres blieb im Land und konnte auch nach *Alicia* Filme produzieren. *Lieb' mich und Du wirst sehen* (1995) sowie *Kleines Tropicana* (1997) sind schwungvolle Komödien, allerdings ohne politische Zuspitzung.

Eine ganze Reihe weiterer Filme der 90er Jahre setzten sich kritisch, wenn auch in weniger drastischen Formen als *Alicia,* mit der kubanischen Gesellschaft auseinander. Und wieder war es Altmeister Tomás Gutiérrez Alea, dessen Werk alle anderen überragte: Sein *Erdbeer und Schokolade* (1993) wurde ein riesiger Publikumserfolg in Kuba und gewann auch international großes Ansehen und höchste Auszeichnungen (unter anderem, als erster kubanischer Film überhaupt, auch eine Nominierung für einen Oscar). Der aus einer Kurzgeschichte von Senel Paz entwickelte Film erzählt mit viel Sensibilität und Humor die Beziehung zwischen Diego, einem vom Staat drangsalierten schwulen Intellektuellen, und David, einem jungen Kader des Kommunistischen Jugendverbands. Mit *Erdbeer und Schokolade* wurde zum ersten Mal die Diskriminierung der Homosexuellen im Kuba der 70er Jahre offen und ungeschönt dargestellt – und zwar keineswegs nur als ge-

---

Erdbeer und Schokolade (1993): Das Recht, so zu leben, wie man möchte

Diego: Ich hatte auch Probleme mit dem System.
David: Was für welche?
Diego: Ich werde bespitzelt. Ich beteilige mich nicht an freiwilligen Arbeitseinsätzen oder an Wachen. Ich werde schikaniert am Arbeitsplatz.
David: Ich finde ja, daß jeder das Recht hat, so zu leben, wie er möchte.
Diego: Die Revolution könnte mehr Kader wie Dich brauchen.

---

sellschaftliche „Altlast", sondern als eine vom sozialistischen Staat betriebene und zu verantwortende Politik. Die Wirkung des Films war enorm, und seine Bedeutung für einen neuen, entspannteren Umgang mit Homosexualität im Land ist kaum zu überschätzen.

Der Regisseur Tomás Gutiérrez Alea hat dabei immer wieder betont, daß *Erdbeer und Schokolade* nicht nur ein Film über Homosexualität ist, sondern darüber hinaus ein grundsätzliches Plädoyer für Toleranz gegenüber andersdenkenden und von der aufgestellten Norm abweichenden Menschen. Im Film wird dies unterstrichen durch die Nachbarin des Homosexuellen, die vom Selbstmordversuch bis zu kleinen Schwarzmarktgeschäften oder der Anrufung diverser Heiliger eine Vielzahl unsozialistischer Verhaltensweisen aufweist und die von Mirta Ibarra, einer der großen Schauspielerinnen Kubas (und Ehefrau Aleas), so liebevoll gespielt wird. Fast nebenbei setzt der Film auch jenen Künstlern ein Denkmal, die von der Revolution ins Abseits gestellt worden waren, von José Lezama Lima bis zu Ernesto Lecuona, dessen Kompositionen einen Gutteil der Filmmusik ausmachen. Die Wohnung Diegos inszeniert Tomás Gutiérrez Alea geradezu als Museum jenes anderen, über viele Jahre verdrängten Kubas.

David, der junge Parteikader, reagiert zunächst abwehrend auf die Annäherungen Diegos; auffällig-unauffällig rückt er sein Mitgliedsbuch der Parteijugend zurecht, um durch diese Warnung den

---

Tomás Gutiérrez Alea (1996): Das Dilemma der Kritik

Frage des Interviewers: Wie kommt es, daß in Kuba die Filmemacher die Rolle von gesellschaftlichen Kritikern übernehmen?
Tomás Gutiérrez Alea: Weil es keine anderen Stimmen gibt. Der Journalismus zum Beispiel erfüllt nicht seine Aufgabe einer kritischen Reflexion der Gesellschaft. Doch die Leute reden in den Gängen, in den Cafés, in der Straße, auf dem Bürgersteig, beim Schlangestehen; aber diese Probleme finden keinen öffentlichen Ausdruck und dies führt zu großer Frustration. So verspürt man die Notwendigkeit, im Film zu reden. (...) Die einen sagen, ich sei ein Dissident, weil ich die kubanische Realität kritisiere. Die anderen sagen, ich sei ein Propagandist der Regierung, weil ich mit dieser Kritik den Anschein erwecke, daß es in Kuba Freiheit gäbe, obwohl es sie nicht gibt. Was für ein Dilemma!

Homosexuellen von Avancen abzuhalten. Mit der Zeit aber gewinnt Diego zwar nicht Davids Herz, aber seine Freundschaft. Doch auch das Happy-End ist nur ein halbes: Diego, der die staatlichen Schikanen nicht mehr aushält, verläßt schließlich das Land. Der Film endet mit der aufrichtigen, schmerzlichen Umarmung von David und Diego, in der Alea dem Aufruf zur Versöhnung der kubanischen Gesellschaft über die Wunden der Vergangenheit hinweg ein bleibendes Bild gegeben hat.

Nach dem in jeder Hinsicht überzeugenden *Erdbeer und Schokolade* blieb Aleas anschließende Komödie *Guantanamera* (1995) – die Geschichte einer durch bürokratische Fallstricke verkomplizierten Überführung eines Leichnams von Guantánamo nach Havanna – eher blaß. Das Thema des Todes war allerdings keineswegs zufällig: Tomás Gutiérrez Alea war bereits schwer an Krebs erkrankt (und teilte sich deswegen auch die Regie mit Juan Carlos Tabío). Im April 1996 starb Kubas großer Filmemacher. Seine Beisetzung auf dem Friedhof von Havanna wurde zu einem bewegenden Ereignis, das noch einmal Kubaner ganz unterschiedlicher politischer Haltung und gesellschaftlicher Stellung zusammenführte.

Wie *Erdbeer und Schokolade* entstand auch das Regie-Debut von Gerardo Chijona, *Verehrenswerte Lügen* (1991), nach einem Drehbuch von Senel Paz. In immer neuen Wendungen führt die Komödie die allgegenwärtige Doppelmoral in der kubanischen Gesellschaft vor. Chijonas späterer Film *Ein Paradies unter den Sternen* (1999) hingegen ist eine Hommage an das berühmte Tropicana-Kabarett, die das touristische Kuba-Bild eher bestätigt als in Frage stellt. Fernando Pérez führt die kritische Auseinandersetzung mit der Krise und dem Werteverlust im Kuba der 90er Jahre in melancholisch-poetischer Bildsprache in *Madagascar* (1994) sowie in dem beim Filmfestival 1998 preisgekrönten *Das Leben, ein Pfeifen* (1998). Rolando Díaz' nur 50 Minuten langes *Melodrama* (1995) hingegen ist, dem Titel zum Trotz, eine mit cleverer Kritik unterlegte Komödie über den gegenwärtigen Alltag, die musikalisch mit den spitzzüngigen Liedern Pedro Luis Ferrers begleitet wird. Mit *Wenn Du mich verstehen könntest* (1998) gelang Rolando Díaz ein außergewöhnlicher, fast zufällig entstandener Dokumentarfilm: Das Vorsprechen für eine Musicalrolle wird zum Anlaß, die schwarzen Frauen zu Wort kommen zu lassen, die sich bewerben, ihnen in ihre alltägliche Lebenswelt zu folgen und die Krise und Konflikte der kubanischen Gesellschaft von heute aus ihrem Blickwinkel zu erleben. *Wenn Du mich verstehen könntest* wurde auf dem Filmfestival von Havanna 1998 erstmals gezeigt und gleich darauf abgesetzt; auch die Auszeichnung, die Rolando Díaz' Film von der Jury erhielt, fehlte, als die Parteizeitung am folgenden Tag die Liste der Preisträger veröffentlichte.

Kuba ist immer wieder auch Gegenstand von Spiel- und Dokumentarfilmen ausländischer Regisseure gewesen. Wim Wenders' Kassenschlager über die alten *Son*-Musiker des *Buena Vista Social Club* (1999) ist hierfür nur das prominenteste Beispiel. Dessen direkter Vorläufer war der von Sonia Herman Dolz gefilmte Dokumentarfilm *Lágrimas Negras/Schwarze Tränen* (1997) über die alten Herren des Quintetts *Vieja Trova Santiaguera*. Bereits 1991 drehten Ingrid Kummels und Manfred Schäfer den liebevollen Dokumentarfilm *Havana Girl Orchestra* (1991) über ein Frauenorchester von zehn Schwestern, die in den 30er Jahren Erfolge feierten und die nun ein halbes Jahrhundert später wieder in Havanna besucht werden. Einfühlsame Dokumentarfilme über das Kuba der einfachen Leute sind auch den jungen Filmemachern Uli Gaulke und Jeanette Eggert mit *Quién es el último?* (Wer ist der Letzte?, 1998) und *Havanna, mi amor* (2000) gelungen.

Im kubanischen Fernsehen sind übrigens, Ironie der Geschichte, ausgesprochen viele US-Streifen und Hollywood-Filme zu sehen; diese sind nämlich für das Land kostenlos, da wegen des Washingtoner Wirtschaftsembargos die Insel im Gegenzug auch keinerlei Copyright-Gelder an die US-Firmen zahlt.

Malerei und Bildende Kunst

Die moderne Malerei, die in den 20er Jahren dieses Jahrhunderts als Avantgarde-Bewegung entstand, trug wesentlich zur Herausbildung der nationalen Identität Kubas bei. Neben der Malerei Mexikos zählt sie zu den bedeutendsten Entwicklungen der Bildenden Kunst Lateinamerikas in der ersten Hälfte des 20. Jahrhunderts. Mit Wifredo Lam brachte sie einen Künstler hervor, der weit über die Grenzen des Kontinents hinaus Weltruhm erringen sollte.

Der kubanische Modernismus, die sogenante *Vanguardia* (Avantgarde), brach mit der bis dahin vorherrschenden Malweise, wie sie die von den Spaniern 1818 gegründete Kunsthochschule des Landes, die *Escuela de San Alejandro,* als Kanon aufgestellt hatte. Der erste Maler von Rang, Vicente Escobar (1757–1834), durfte zwar die spanischen Statthalter porträtieren, in der Akademie hatte er jedoch nichts zu suchen, schließlich war er ein Schwarzer aus einfachen Handwerkerkreisen. Das 19. Jahrhundert hindurch standen Porträts, Historienmalerei und Themen aus der Mythologie – selbstverständlich nicht aus der kubanischen, sondern der des alten Griechenlands! – hoch im Kurs (Federico Martínez, Guillermo Collazo), dazu im Stil der europäischen Romantiker gehaltene Landschaften (Esteban Chartrand, Valentín Sanz Carta) und pittoreske Alltagsdarstellungen.

Die Vanguardia-Bewegung

1927 erschütterte eine Reihe von Ausstellungen diese heile Welt der akademischen Kunst. Eine Generation meldete sich zu Wort, die um die Jahrhundertwende – und damit in der Gründungszeit der kubanischen Republik – geboren war. Viele von ihnen verbrachten prägende Studienjahre in Madrid oder Paris. Doch nicht beeindruckt von den alten europäischen Meistern kehrten sie zurück, sondern angesteckt von den Ideen jener aufbegehrenden jungen Maler, die mit Expressionismus, Kubismus und Surrealismus die europäische Moderne revolutionieren sollten. Aus dieser Kombination entstand das Leitmotiv der *Vanguardia*-Bewegung: einerseits die Suche nach einer authentischen kubanischen Identität jenseits der kolonialen Leitbilder und der formalen Republikgründung, andererseits eine radikale Erneuerung der künstlerischen Formen.

Im Unterschied zu den Gruppen Europas bildete die kubanische Avantgarde keine einheitliche, sich nach außen hin abgrenzende „Schule", sondern bestand aus miteinander kommunizierenden, aber ganz individuelle Wege gehenden Künstlern. In der Frühphase fand sie, wie auch der literarische Aufbruch jener Zeit, in der *Revista de Avance* (Zeitschrift des Fortschritts) ihr Forum. „Wir verurteilen und verweigern die akademische Kunst des 19. Jahrhunderts", heißt es da programmatisch. „Das höchste

Ziel unser jungen Künstler ist es, alles bisherige zu vergessen, all die Museen, die sie besucht haben, all das Feuerwerk der vergangenen Kunst. Wir suchen einen Neubeginn."

Landschaft war jetzt nicht mehr gleich Landschaft, sondern Ausdruck eines neuen Blicks auf die kubanische Identität. Verbunden war dies mit einer sozialen Orientierung hin zu den einfachen Volksschichten. Die *Guajiros,* die armen und hart arbeitenden kubanischen Kleinbauern, waren in den Bildern von Eduardo Abela und Antonio Gattorno nicht mehr folkloristisches Lokalkolorit, sondern das Rückgrat der Nation; die Bilder wollten ihnen den Rang geben, der ihnen auch in der Gesellschaft zustehen sollte.

Dies gilt auch für das große Wandgemälde, das Gattorno 1938 im Stile der mexikanischen Muralisten für das Bacardí-Büro in Manhattan gestaltete. Es ist keine pamphletische soziale Anklage – wie sollte es dies angesichts des Auftraggebers auch sein. Aber es setzt künstlerisch um, daß der Reichtum jenes Firmensitzes weniger den modernen Rumdestillen oder dem Genius der Familie Bacardí zu verdanken war, sondern jenen Leuten auf dem Gemälde, die zwischen den Zuckerrohrfeldern zur Arbeit gingen, Kaffee vor Holzhütten tranken und nichts von dem sie umgebenden Reichtum der Natur abbekamen; Holzhütten, die nun mitten in Manhattan standen und auf diese Weise noch einmal die Teilung der Welt in Wohlhabende und Habenichtse unterstrichen.

Das Thema der Landbevölkerung als Fundament der kubanischen Nation fand seinen Ausdruck auch in dem zur Ikone gewordenen Martí-Porträt (1943) von Jorge Arche (s. Abb. S. 35). Es zeigt den Nationalhelden in einem einfachen weißen Hemd und mit einer Hand auf der Brust, als ob er dem Vaterland ewigen Dienst schwören würde; dieses Vaterland zeigt der Hintergrund als die grünen Hügel, Felder und Palmen des ländlichen Kuba, nicht etwa symbolisiert durch Hafeneinfahrt oder Kathedrale von Havanna. Zu sehen sind dieses und viele andere bedeutende Werke der kubanischen Kunstgeschichte im *Museo Nacional de Cuba;* eine weitere große Sammlung findet sich im *Museo de Bellas Artes* (beide in Havanna).

Zu den prominenten Künstlern der *Vanguardia*-Bewegung gehörte auch Carlos Enríquez, der mit seinen Frauen-Akten die „gute Gesellschaft" seiner Zeit provozierte. Sein Bild „Die Nackten" (1934) zeigt zwei Frauen, von denen die eine mit einem Kuß-Mund in Lippenstiftfarbe auf dem blanken Busen dargestellt ist; die so angedeutete lesbische Erotik rief empörte Reaktionen hervor und führte zur Schließung der Ausstellung. Andere Bilder griffen frontal die sozialen und politischen Verhältnisse an, etwa das von Marcelo Pogolotti 1933 unter dem Eindruck der Machado-Diktatur gemalte Bild „Kubanische Landschaft" (s. Abb. S. 45). Im Stile der Maschinenästhetik Fernand Légers ausgeführt, ist Pogolottis „Landschaft" eine Darstellung von Ausbeutungsverhältnissen, in der Soldaten die Arbeiter auf Distanz halten, während der Reichtum des Landes für den Export verladen wird und Kapitalisten die Geldscheine zählen. (Der Titel provoziert noch einmal die alte Landschaftsmalerei des 19. Jahrhunderts.)

Ganz im Gegensatz zu solch aggressiven Tönen stehen die Arbeiten von Víctor Manuel, der von Gauguins Polynesien-Bildern inspiriert war und eine ähnlich zeitlose Idylle in kubanischer Umgebung herbeimalte. Eines der auf der Insel populärsten Gemälde – „Kubas Mona Lisa", wie manche sagen – ist sein melancholisches Frauenporträt „Tropische Zigeunerin" (1929). Dieses Bild variiert den Mythos der Mulattin als archetypischer Verkörperung der ethnischen Mischung Kubas, indem es der porträtierten Frau stark asiatische Züge gibt. Zu den *Vanguardia*-Künstlern gehörte auch der Bildhauer Florencio Gelabert. Zu seinen bekanntesten Werken zählt das Ensemble von sechs Skulpturen, das seit 1957 das Hotel *Riviera* schmückt, sowie die nach der Revolution geschaffene Skulptur „Die Geschwindigkeit" (1960) am Omnibusbahnhof von Havanna. Auch die Arbeiten der Bildhauerin Rita Longa begegnen vielen Touristen; von ihr stammt unter anderem die Plastik „Die Tänzerin" (1950) am Eingang des berühmten *Tropicana*-Cabarets sowie die Figurengruppe „Dorf der Taíno" (1964) im rekonstruierten Museums-Dorf der kubanischen Ureinwohner in Guamá. Von René Portocarrero ist im ersten Stock des Hotels *Habana Libre* ein großes in Keramik gearbeitetes Wandbild zu sehen.

Eine herausragende Stellung kommt den Gemälden von Amelia Peláez del Casal zu. Suchten andere *Vanguardia*-Künstler die Wurzeln nationaler Identität in der bäuerlichen Kultur oder den afro-kubanischen Mythen, wird bei ihr der Rückbezug auf die ornamentale Kunst der Kolonialarchitektur zum zentralen Stilmittel.

Die kunstvollen Muster der Mosaikfenster und der schmiedeeiser-
nen Fenstergitter Alt-Havannas werden durch eine an Picasso und
Braque erinnernde Sicht- und Darstellungsweise gebrochen. Diese
Fusion aus kolonialem Barock und kubistischen Einflüssen prägt
das Werk von Amelia Peláez. Berühmt geworden sind vor allem
ihre in intensiven Farben und aufwendigen Kompositionen gemalten Stilleben von Fischen und einheimischen Früchten, die die
Grenze zwischen dem dargestellten Sujet und der dieses umgebenden Architektur auflösen.

Wifredo Lam: Der Dschungel im Kopf

Der überragende Maler der *Vanguardia*-Generation und der kubanischen Kunstgeschichte insgesamt ist Wifredo Lam. Als Sohn
eines nach Kuba immigrierten Kanton-Chinesen und einer Mulattin wurde Lam 1902 in dem verschlafenen Provinzort Sagua La
Grande geboren. Er wuchs unter der Obhut einer schwarzen
Amme auf, deren Erzählungen das Kind in die Mythen und Vor-
stellungswelten der afro-kubanischen Religionen führte und die
ihn auch zu Kulten und Ritualen mitnahm. Doch es brauchte
einen dramatischen Umweg, bis Lam vier Jahrzehnte nach seiner
Geburt wieder zu seinen afrikanischen Wurzeln zurückkehrte und
diese wie niemand zuvor künstlerisch umzusetzen verstand.

1923 verließ Lam Kuba und kehrte 18 Jahre lang nicht auf die
Insel zurück. Zunächst in Spanien und dann in Paris sog er den
Surrealismus, Kubismus und „modernen Primitivismus" der neuen
Künstlergeneration auf und wurde ein enger Freund Picassos und
André Bretons. Die Niederlage der spanischen Republik trieb ihn
nach Paris, und es war die Besetzung Frankreichs durch Hitler-
Deutschland 1940, die ihn mit Hunderten anderer französischer
Intellektueller zur Emigration nach Amerika zwang.

Die Wiederbegegnung mit seiner Heimat war für Lam spekta-
kulär. In Kuba fügten sich unverhofft die Bausteine seiner Biographie neu zusammen und entzündeten jenen Funken, der sein
Kunstschaffen förmlich explodieren ließ. Lam war berauscht von
der tropischen Fülle der Vegetation. „Was für ein Unterschied",
rief er einmal aus, „zwischen der Natur Kubas mit ihren Ceiba-
Bäumen und Zuckerrohrfeldern und den manikürten Gärten
Frankreichs oder der trockenen Strenge Kastiliens!" Diese tropi-

schen Pflanzen begannen nun, seine Bilder zu erobern. Sie drängten sich in die kubistisch geprägten Porträts (etwa das 1942 entstandene „Frau mit Zuckerrohr") genauso wie in die Stilleben.
„Der Stuhl", den Lam 1943 malte, steht nicht mehr „still" in
einem ordentlichen Raum, sondern läßt sich inmitten sprießender
Blätter und Stämme nieder, die, so ahnt man, ihn bald überwuchert haben werden. Gleichzeitig stürzte Wifredo Lam sich nun in
die afro-kubanischen Mythen und Riten, die ihm aus seiner Kind-
heit vertraut waren. Unterschwellig nimmt der Stuhl in dem Still-
leben nun Züge eines Altars an, die Blumenvase auf seiner Sitz-
fläche erhält einen Sinn als Opfergabe an die Kräfte der Natur.

Seinen Höhepunkt erreicht diese Kunst Lams in seinem großen,
1943 geschaffenen Meisterwerk „Der Dschungel", das heute in
der Eingangshalle des *Museum of Modern Art* in New York einen
Ehrenplatz hat. In üppiger Fülle drängen sich Tiere, Menschen,
Pflanzen, die Götter und Geister der afro-kubanischen Religionen,
Gegenstände und sexuelle Motive vor dem Betrachter. Doch die
Übergänge sind fließend. Sind dies noch zwei spitze Blätter oder
schon eine Schere? Ist das der Stiel einer Pflanze oder der Arm
einer Person? Ist jenes ein Auge oder nur ein Ast-Stumpf? Er-
wächst da aus dem Menschenleib nicht ein Pferdekopf? Trägt der
Baum eine tropische Frucht oder ist es eine nackte Frauenbrust?
Gewißheiten sind nicht mehr zu finden; die einzige Konstante
scheint die ewige Verwandlung zu sein. Der Titel führt übrigens in
die Irre. Kein Dschungel, sondern landwirtschaftliche Nutzpflanzen sind abgebildet: dichtes Zuckerrohr und Blätter, die an Tabak-
pflanzen erinnern. „Dschungel" wird daraus nur im Kopf. Lam
geht es nicht um eine Landschaft, sondern um einen seelischen

---

Wifredo Lam: Die schwarze Seele Kubas

„Die Schwarzen galten als ‚pittoresk'. Sie äfften ihrerseits die Weißen
nach und bedauerten, daß sie keine weiße Haut hatten. Und sie waren untereinander geteilt: Die Schwarzen wollten mit den Mulatten
nichts zu tun haben, und die Mulatten haßten ihre eigene Haut, weil
sie nicht mehr so war wie die ihrer Väter, aber auch nicht weiß. . . .
Mit ganzem Herzen wollte ich das Drama meines Landes malen –
und zwar indem ich versuchte, auf profunde Weise seiner schwarzen
Seele Ausdruck zu verschaffen."

Zustand, wie er einmal erklärte. All die kubistisch geprägten Bilder und surrealistischen Zeichnungen, die er vorher in Europa geschaffen hatte, erscheinen rückblickend als bloße Fingerübungen, die erst durch die Begegnung mit Kuba, durch die Rückbesinnung auf die afro-kubanischen Mythen, Rituale und Bilderwelten ihren Sinn und ihre Kraft fanden.

Als Lam 1941 nach Kuba zurückkehrte, war er bei aller Faszination auch bestürzt über die Gesellschaft, die er vorfand – insbesondere über die Stellung der Schwarzen, aber auch über deren mangelndes Selbstbewußtsein. Seine Kunst verstand sich so immer auch als soziale Parteinahme und als Versuch, der afro-kubani-

Gemälde von Wifredo Lam. Der Dschungel, 1943, Öl auf Papier,
Museum of Modern Art, New York, Inter-American Fund

schen Identität seiner Heimat die ihr vorenthaltene Anerkennung zu verschaffen.

1944, mitten im Zweiten Weltkrieg, eroberte eine große Ausstellung in New York den *Vanguardia*-Künstlern internationale Anerkennung; Lams „Dschungel" wurde gefeiert und noch im gleichen Jahr vom *Museum of Modern Art* angekauft. Erst zwei Jahre später fand die erste Ausstellung Lams in Kuba selbst statt. Trotz – oder vielleicht auch wegen – des Erfolges seiner Bilder veränderte Lam seinen Stil erneut. Bereits 1945 begann er, seinen Arbeiten radikal ihre Farbigkeit und Üppigkeit zu nehmen. Die tropische Vegetation verschwindet, die Figuren werden flächiger und abstrakter. Die Stimmung wird düsterer, es herrschen nun Weiß-, Ocker- und Schwarz-Töne vor. Als Reich der Geister (und des Geistes) erscheint nun die Nacht. Dem afrokubanischen Erbe wird konsequent alles Beschauliche oder Folklorehafte ausgetrieben; es wirkt nun dunkel, von archaischer Strenge und bedrohlich (z. B. „Hochzeit" 1947; „Hellsehen" 1950).

In Kuba hielt es Wifredo Lam nur ein paar Jahre. Schon 1947 begann er, unermüdlich zwischen Havanna, New York, Paris und Italien zu pendeln. 1952 ließ er sich dauerhaft in Paris nieder. Die aus den afro-kubanischen Mythen entwickelte Bilderwelt aber blieb sein Lebensthema; er trug sie in sich. Auch nach der von ihm emphatisch begrüßten kubanischen Revolution blieb Lam in Frankreich. Zu Fidel Castro hielt er freundschaftlichen Kontakt, und bei einem Aufenthalt in Kuba malte er 1966 für den Präsidentenpalast das monumentale Gemälde „Die Dritte Welt". Die dämonischen Mensch-Tier-Geister-Gestalten sollen hier die Ausbeutung der unterdrückten Völker Asiens, Afrikas und Lateinamerikas verkörpern. Wifredo Lam starb 1982, exakt an seinem 80. Geburtstag, in Paris.

Die Kunst seit der Revolution

Nach der Revolution wurde die Kunst in Kuba auf neue institutionelle Grundlagen gestellt. Der *Vanguardia*-Bildhauer Florencio Gelabert wurde neuer Direktor der alten Kunsthochschule. Parallel dazu erfolgte 1962 die Gründung der *Escuela Nacional de Arte* (ENA) und 1976 des *Instituto Superior de Arte* (ISA), das heute die führende Kunstakademie des Landes ist. Das *Centro Wifredo*

Lam organisiert seit 1984 die Biennale von Havanna, die ein wichtiger Treffpunkt für Künstler aus der Dritten Welt ist, aber auch ein vielbeachtetes Forum für Kubas neue Kunst-Szene selbst darstellt.

Zu der ersten Generation, die nach der Revolution in den neuen Hochschulen ausgebildet wurde, zählt der 1944 geborene Manuel Mendive. Auch sein Werk wird beherrscht von den Bilderwelten der afro-kubanischen Mythen. Wurden Lams Bilder mit der Zeit jedoch düsterer und abstrakter, führt Mendive sie wieder auf eine „primitiv"-figürliche Gestaltung und grenzenlose Farbenpracht zurück. Beispielhaft ist sein „Che" von 1967, in dem der große Revolutionär im geblümten (!) Kampfanzug durch einen in afrikanisch-naivem Stil und poppig-bunten Farben gemalten Wunderwald reitet. Vier runde Blumen strahlen darüber als Sonnen, und sein Pferd geht auf einem Weg, vielleicht auch ein Fluß, in dem sich jedenfalls vier Nixen tummeln. Das alles ist keineswegs als Parodie mißzuverstehen. Mendive ist vielmehr aktiver Praktiker der afro-kubanischen Religionen; seine Gemälde führen nicht mehr nur Elemente der Religion in die Kunst ein, sie werden selbst gleichsam zu Heiligenbildern – und in der Tat werden Arbeiten Mendives von *Santería*-Anhängern teilweise für Initiationsrituale benutzt. Auch die von Mendive in den 80er Jahren inszenierten Tanz-Performances mit bemalten Körpern sind in diesem Sinne als eine Fortsetzung der religiösen Rituale auf künstlerischem Terrain zu verstehen.

Es mag paradox erscheinen, wenn Mendive gleichzeitig vielen als einer der kommerziellsten Künstler der Insel gilt. Seine farbenfrohen und dekorativen Bilder entsprächen allzu glatt dem Geschmack des internationalen Publikums, für das er einen leicht verdaulichen „Wilden" verkörpere, sagen seine Kritiker. Aber Kuba wäre nicht Kuba, wenn die Politik da nicht auch noch eine ganz andere Sicht hineinbringen würde: 1988 erstand der Exilkubaner José Juara, einst Fallschirmspringer bei der Schweinebucht-Invasion, auf einer Auktion für viel Geld Mendives Bild „Der Pfau" – nur um es dann öffentlich zu verbrennen als Zeichen gegen die Unterwanderung durch „marxistische Kunst". Das *Cuban Museum of Art and Culture* in Miami wurde in den 80er Jahren wiederholt Opfer von Bombenanschlägen, weil es Werke von Künstlern ausstellte, die noch auf der Insel lebten.

Ein unerwartetes Zentrum künstlerischer Innovation wurde in Kuba Mitte der 60er Jahre die Druckgraphik und Plakatkunst, in der sich eine ganz originär kubanische Variante der Pop-Art herausbildete. Der unumstrittene Star dieses *Pop Cubano* war der 1927 geborene Raúl Martínez, der seine Ausbildung nicht den neuen Hochschulen verdankte, sondern bereits vor der Revolution abstrakt-expressionistische Bilder malte und zum Broterwerb für eine US-amerikanische Werbefirma in Havanna Graphikarbeiten anfertigte. Wo in den USA Andy Warhol mit seinen Seriengraphiken Pop-Stars zu nationalen Ikonen machte, ging Raúl Martínez den umgedrehten Weg und machte aus nationalen Ikonen – Martí, Che, Fidel – Pop-Stars der Revolution. Die in naivem Stil, mit groben Linien und in knalligen Farben gemalten Porträts werden in Variationen wiederholt; sein berühmtes Plakat „Martí und der Stern" von 1966 etwa ergibt sich aus einem Raster von 4×4 Bildern des kubanischen Nationalhelden samt jenem Stern, der in Kubas Fahne die Unabhängigkeit symbolisiert. Neben derartiger politischer Revolutionsgraphik wurden vor allem Film-Plakate das zentrale Medium dieser Pop-Kunst. Hier sind die stärker an französischer und polnischer Plakatkunst orientierten Arbeiten des Graphikers Eduardo Muñoz Bachs zu nennen und wiederum Raúl Martínez, der mit dem Plakat zum Film *Lucía* das bekannteste Werk schuf.

Die „graue Zeit" der 70er Jahre war in den bildenden Künsten weniger dogmatisch als etwa in der Literatur, frei nach dem Diktum Fidel Castros: „Unsere Feinde sind Kapitalismus und Imperialismus – nicht abstrakte Malerei!" Doch auch hier wurden Exempel statuiert. So gab die Künstlerin Antonia Eiriz nach vernichtender offizieller Kritik an ihren Werken nicht nur ihre Professur an der Kunsthochschule, sondern die Malerei überhaupt auf. Andererseits war selbst der kubanische „Realismus" jener Zeit, wie ihn das preisgekrönte *All You Need is Love* von Flavio Garciandía oder das Porträt des KP-Gründers Mella von Tómas Sánchez verkörpern, zwar vom „sozialistischen Realismus" der Sowjetunion geprägt, aber mindestens genauso sehr auch vom modernen US-amerikanischen Realismus eines Edward Hopper und dem in der westlichen Kunstszene aufkommenden „Foto-Realismus".

Neue Aufbrüche in den 80er und 90er Jahren

Die eigentliche „Revolution in der Revolution" fand in der bildenden Kunst allerdings erst im Januar 1981 mit der Ausstellung *Volúmen Uno* (Erster Band) statt, die genauso wie die ersten Auftritte der *Vanguardia*-Künstler 1927 einen Wendepunkt markiert. Mit dieser Ausstellung meldete sich auf spektakuläre Weise jene Generation von Künstlern zu Wort, die nach der Revolution aufgewachsen war und für die die „epischen" Themen der Vergangenheit wie nationale Identität und nach-koloniale Kunst keine kühne Herausforderung, sondern der jetzt etablierte neue *Mainstream* waren. Ihre Rebellion setzte dagegen auf ein freizügiges Experimentieren mit neuen Einflüssen, das die einst avantgardistische und nun etablierte Kunst herausforderte. Später wurde ihnen immer wieder fehlender Respekt vor den nationalen Traditionen („unkubanischer Kosmopolitismus") und verderblicher sozialer Einfluß vorgeworfen. Noch drei Jahre vor *Volúmen Uno* war eine kleinere Ausstellung verhindert worden, da, so die Begründung der Kulturbürokratie, „der generelle Eindruck der Ausstellung negativ war; die Arbeiten spiegelten Häßlichkeit und Unerfreuliches in unserer Realität".

Flavio Garciandía etwa, der zu den *Volúmen Uno*-Künstlern gehörte, verließ nun seine realistische Malerei und wurde zum Begründer dessen, was als *Kitsch Cubano* bezeichnet wird – ein unglücklicher Begriff, schließlich ging es nicht um die Produktion von Kitsch, sondern just um die künstlerische Auseinandersetzung mit diesem Phänomen. Denn Kitsch, so die Ausgangsthese der Künstler, ist genauso ein Teil der kubanischen Volkskultur wie etwa die afro-kubanischen Mythen, die Lam und Mendive auf die Leinwände der hohen Kunst hoben. Ein Beispiel für den ironisch-kritischen Unterton des *Kitsch Cubano* ist Flavio Garciandías Installation „Schwanensee", mit der er auf der ersten Biennale von Havanna 1983 Aufsehen erregte. Auf einer gekästelten Fläche schwimmen vier Schwäne, die von den Ecken her von Flamingos, den röhrenden Hirschen der Karibik, beäugt werden. Der schachbrettartige See der Schwäne ist dabei ausgefüllt mit Klischee-Bildern trivialer Malerei – und mit politischen Symbolen der Revolution. Ganz *en passant* wird so auch eine stereotype politische Bildsprache, von Hammer und Sichel bis zu den normierten Abbildern der Revolutionshelden, in den großen Topf des geliebten Kitsches geworfen – und es ist wohl im Sinne des Künstlers, wenn der Betrachter ins Staunen kommt, wie gut sie da hineinpassen.

Zu den bekanntesten *Volúmen Uno*-Künstlern zählen neben Garciandía auch Rubén Torres Llorca, Leandro Soto sowie die stark mit Elementen der afro-kubanischen Religionen arbeitenden José Bedia, Ricardo Rodríguez Brey und der jung verstorbene Juan Francisco Elso Padilla. Der international berühmteste und kommerziell erfolgreichste von ihnen wurde bemerkenswerterweise aber Tomás Sánchez, der sich der Experimentierlust der anderen verweigerte und stattdessen seinen realistischen Stil fortentwickelte zu einem bis ins kleinste Detail fotografisch genauen Hyper-Realismus von Bäumen und Landschaften („Überschwemmung" 1985, „Lagune und Meer" 1988). Diese Bilder verkörpern eine Perfektion, die, so scheint es, von der Natur nur unzureichend nachgeahmt werden kann. Und sie erzielen auf dem internationalen Kunstmarkt Höchstpreise. In den 90er Jahren hat Tómas Sánchez, wie so viele andere bildende Künstler, Kuba verlassen und lebt inzwischen in Miami.

Eine besondere Rolle kommt Ana Mendieta zu. Im Alter von 13 Jahren war sie, drei Jahre nach der Revolution, von ihren Eltern in die USA geschickt worden. Erst 1980, als aufstrebende New Yorker Künstlerin, besuchte sie wieder ihre Heimat. In den folgenden fünf Jahren stand sie in engem Kontakt mit der jungen Kunstszene Havannas. Ana Mendietas expliziter Feminismus und die radikale Form, in der sie ihren Körper zum Gegenstand ihrer Arbeiten machte, war völlig neu für die Kunst auf der Insel und wurde für viele kubanische Künstlerinnen ein wichtiger Einfluß. Ana Mendieta starb 1985 nach einem Sturz aus dem 34. Stock ihres Wohnhauses in New York; bis heute ist ungeklärt, ob es ein Unfall, ein Selbstmord oder Mord war. (Ihr Ehemann, der Bildhauer Carl Andre, wurde von den Gerichten 1988 freigesprochen.)

Vor dem Hintergrund der Perestroika in der Sowjetunion und des *Rectificación*-Prozesses in Kuba kam es in der zweiten Hälfte der 80er Jahre zu einem neuerlichen Aufbruch in der kubanischen Kunstszene. Weit mehr als andere Bereiche der Kultur entwickelte sich nun die bildende Kunst zu einem regelrechten Brennpunkt der gesamtgesellschaftlichen Auseinandersetzungen jener Jahre. Es war eine kritische und provozierende Kunst, die die Gesellschaft in einer Art Schocktherapie wachrütteln sollte. Getragen wurde sie ganz überwiegend von informellen Gruppen der jüngsten Absolventengeneration der Kunsthochschulen. Das größte Aufsehen erregten die Aktionen der Gruppe *Arte Calle* (Kunst Straße), die – der Name ist Programm – die Ausstellungsräume verließen und mit Aktionen und Wandbildern auf die Straße und in die Öffentlichkeit drängten.

Diese Kunst war dabei nicht „gegen die Revolution", sondern als ein „revolutionäres S.O.S." gegen deren Erstarrung und Versteinerung gerichtet. So zeigt eines der in Havanna immer noch zu sehenden Wandgemälde von Carlos Cárdenas eine Reihe monoton marschierender Männer, die anfangs nur teilweise, dann immer mehr und am Ende vollständig aus Ziegelsteinen bestehen. Ein anderes, ebenfalls bis heute nicht übermaltes Wandbild griff das Transportproblem in bewußt maßloser Übertreibung auf: Ein vollgepferchter Bus ist im Stile von Picassos berühmtem *Guernica*-Bild gemalt. Programmatisch war auch eine individuelle Arbeit des *Arte Calle*-Begründers Aldito Menéndez, ein Gemälde mit dem Text „*Reviva la Revo*"; ein Wortspiel: statt „Es lebe die Revolution" nun also „Man wiederbelebe die Revo" – und darunter auf dem Fußboden ein Teller mit der Bitte, für die Vollendung des Werkes zu spenden...

Auch in der Kunst, die „im Saale stattfand", griff eine junge Generation kubanischer Künstler jetzt explizit politische Themen auf. Großes Aufsehen erregte etwa die Ausstellung des Künstler-Duos Eduardo Ponjuán und René Francisco Rodríguez 1989 im *Castillo de la Real Fuerza*, einer alten spanischen Festungsanlage in Havanna. In ihren auf den *Kitsch Cubano* zurückgreifenden Bildern, Collagen und Installationen erreichten sie durch künstlerische Verfremdungseffekte eine Verunsicherung politischer Gewißheiten, von den internationalistischen Militäreinsätzen in Angola – eine mit Leopardenfell überzogene Patrone – bis hin zu einer ganzen Serie von Arbeiten, die die Person Fidel Castro selbst thematisierten. Eine kleine Bleistiftzeichnung zeigte zum Beispiel einen Mann, der beim morgendlichen Blick in den Spiegel in Athletenpose geht, um imposant zu wirken – und im Spiegelbild Fidel Castro sieht. „Verbotene Reproduktion", so der Titel.

Doch die Reproduktion war in der Tat verboten. Eduardo Ponjuán und René Francisco hatten ein Tabu verletzt, die Ausstellung wurde geschlossen und erst nach der Entfernung aller Bilder, die Castro zeigten, wieder eröffnet. Es kam zu einer ganzen Reihe von „Fällen", in denen die Staatsmacht dem künstlerischen Aufbruch die Flügel stutzte. Tomás Esson beendete seine Ausstellung in einer städtischen Galerie, nachdem die Kulturbehörden von ihm verlangt hatten, als anstößig empfundene Werke zu entfernen. Eines der Bilder zeigte eine erotische Verfremdung der kubanischen Nationalfahne, ein anderes – „Meine Hommage an den Che" – stellte zwei der für Esson typischen Halb-Vieh-halb-Mensch-Gestalten beim Geschlechtsakt vor einem Bild Che Guevaras dar. Bezeichnenderweise wurde nicht nur dieser Sex vor den Augen Guevaras als Entwürdigung des Revolutionshelden kritisiert, sondern auch der Umstand, daß Esson seinem Che die Züge eines Mulatten, wie er selbst einer ist, gegeben hatte.

Andere „Skandale" und „Fälle" folgten, in der Regel begründet mit sexuellen Anstößigkeiten, der Verletzung vaterländischer Symbole oder der Respektlosigkeit gegenüber den Helden der Revolution – was nur das belegte, was die Künstler kritisierten: daß die Helden zunehmend zu Heiligen der Revolution mutiert waren. Anfang der 90er Jahre waren der Bewegung die Zähne gezogen. Dutzende von Künstlern verließen die Insel, manche im offenen politischen Bruch, viele aber auch in ein „samtenes Exil" mit Rückfahrkarte. Dennoch gab es auch auf Kuba die ganzen 90er Jahre hindurch eine dynamische Entwicklung in den bildenden Künsten, die die neuen Dollar-Welten genauso thematisierte wie die gesellschaftliche Krise oder das Drama der *Balsero*-Flüchtlinge, die ihr Leben riskierten, um die Insel zu verlassen. Alexis Leyva (Künstlername „Kcho") etwa zeigte auf Havannas 5. Biennale 1994 eine Installation namens „Regatta", in der Hunderte von aus Strandgut gebastelten Miniatur-Flößen und -Booten eine deprimierende Landkarte Kubas bildeten.

Viele weitere Künstler – auf der Insel und außerhalb – wären für die Generation der 80er und 90er Jahre zu nennen. Etwa Arturo Cuenca, Marta María Pérez Bravo und Rogelio López Marín (alias „Gory") mit ihren innovativen fotografischen Arbeiten. Oder Belkis Ayón, die als Frau wie kein Künstler vor ihr in Mystik und Mythologie der nur Männern vorbehaltenen Geheimgesellschaft der *Abakuá* eintauchte und die sich 1999, zum Entsetzen ihrer Freunde und Kollegen, mit gerade 32 Jahren das Leben nahm;

oder Consuelo Castañeda und Antonio Eligio Fernández (alias „Tonel"), Lázaro Saavedra und Ciro Quintana, Flora Fong und Glexis Novoa. Nicht zu unterschätzen ist schließlich auch die Bedeutung von Gerardo Mosquera, der als Journalist und Essayist die aufbegehrenden Künstler von Anfang an intellektuell begleitete und heute als Kubas angesehenster Kunstkritiker gilt.

International erlebte die neue kubanische Kunst in den 90er Jahren einen regelrechten Boom. In Europa wie in den USA kam es zu vielbeachteten Ausstellungen. Der Aachener Sammler Peter Ludwig wurde zu einem ihrer großen Förderer. Unter anderem holte er 1994 einen großen Teil der 5. Biennale Havannas für drei Monate nach Deutschland. Mit dem internationalen Erfolg verbunden waren aber auch neue Abhängigkeiten für die Künstler. Ponjuán und René Francisco thematisieren diese neue Kommerzialisierung in ironischer Form, zum Beispiel in ihrer großen Werkfolge „Traum – Kunst – Markt", die auf der 5. Biennale zu sehen war. Auf einem der darin enthaltenen Gemälde zeigen sie den Kunstsammler Ludwig, wie er in einer von ihm erworbenen Installation sitzt, gerade so, als sei er durch den Kauf selbst zu einem Teil des Kunstwerks geworden.

Architektur

Das größte Architekturmuseum des Landes ist Havanna. Alle Epochen und alle Stile sind zu besichtigen, von den enormen Festungsanlagen, die die Baumeister der spanischen Kolonialmacht errichteten, bis zu den Art Déco-Villen im einst so eleganten Vedado-Viertel und dem ehrgeizigen sozialistischen Wohnungsbauprojekt in der Satellitenstadt Alamar. Die anderen Städte Kubas weisen zwar durchaus architektonische Eigenheiten auf, in den Grundzügen orientierten sie sich jedoch an den Entwicklungen in der Hauptstadt.

Von kolonialer Pracht zur modernen Skyline

Den kolonialen Kern Havannas hat die Unesco 1983 zum „Weltkulturerbe" erklärt, ebenso die einst reiche und heute verschlafene Kleinstadt Trinidad im Süden der Insel. Beide gehören zu den größten erhaltenen Beispielen spanischer Kolonialarchitektur in der „Neuen Welt". Der Reichtum der „Zuckerinsel" ließ imposante Paläste und Kathedralen entstehen. Der besondere Charme der kubanischen Kolonialarchitektur resultiert aber nicht zuletzt daraus, daß die barocke Fülle, die die spanischen Architekten mitbrachten, sich mit dem tropischen Klima arrangieren mußte. Zu den prägenden Elementen gehören die opulenten Gitter vor offenen Fenstern, die *Patios,* die unverzichtbaren Innenhöfe der Häuser, die großen Lamellentüren und -fenster, die jederzeit Luft in die Häuser lassen, die zahllosen Balkone und nicht zuletzt die mosaikförmigen *Vitrales,* halbrunde Bogenfenster aus farbigem Glas, die sich über Haustüren und zwischen Arkadenbögen spannen.

Im 19. Jahrhundert expandierte Havanna, und als 1860 bereits 160 000 Einwohner gezählt wurden, riß man die Stadtmauern ein. Das heute so dichtbevölkerte, von Baufälligkeit gezeichnete *Centro Habana* entstand als elegantes Wohnviertel entlang großer Boulevards westlich des alten Stadtkerns. Die Häuser glänzten in einem Sammelsurium von Stilen, vielfach mit klassizistischen Formen, mit griechisch angehauchten Säulen und Stützpfeilern und den für Havanna so charakteristischen endlosen Kolonnadengängen, die den Bürgersteigen Schatten spenden.

So wie die spanischen Kolonialherren den großen Pracht-Boulevard, der parallel zur alten Stadtmauer verläuft, *Prado* nannten und nach dem Vorbild des berühmten Prado in Madrid gestalteten

---

Alejo Carpentier (1979): Havanna – Stadt der Säulen

Allmählich wuchsen die Häuser höher, größere Gebäude schlossen die Grenzlinien der Plätze, und in der Stadt erschien – und war nicht mehr nur der bloße Galgen der Konquistadoren – die Säule. ... Die unglaubliche Fülle von Säulen in einer Stadt, die ein wahrer Säulenstapelplatz, ein Säulenurwald, eine endlose Kolonnade geworden ist, die letzte Stadt, die Säulen in solcher Überfülle besitzt. ... Es muß hier nicht eigens daran erinnert werden, daß ein Fußgänger in Havanna von der Hafenfestung bis in die Außenbezirke der Stadt wandern, daß er das ganze Zentrum, die alten Pflasterstraßen Monte oder Reina durchwandern ... könnte und sich dabei immer in ein und derselben, sich stets erneuernden Kolonnade befände.

(heute: *Paseo de Martí*), so setzte im 20. Jahrhundert die Dominanz der USA ihre Zeichen im Stadtbild. Sichtbarstes Symbol dafür ist das pompöse *Capitolio,* das die kubanische Hauptstadt überragt und eine müde Kopie des *Capitol* in Washington ist. Wie dieses beherbergte das 1925 von Diktator Gerardo Machado eingeweihte Gebäude beide Kammern des Parlaments; heute ist es Sitz der kubanischen Akademie der Wissenschaften.

Im 20. Jahrhundert wuchs Havanna beständig weiter gen Westen; im Stadtteil Vedado entstand das moderne Zentrum mit schicken Villen im Art-Déco-Stil und eleganten Appartement-Türmen mit Blick aufs Meer. Kubas prachtvollstes Beispiel für den Art-Déco-Stil dürfte allerdings das 1930 in Alt-Havanna eingeweihte *Bacardí*-Hochhaus sein. In den 50er Jahren gaben die neuen Hotelbauten und das als höchstes Bauwerk der Insel errichtete *Focsa*-Gebäude der Skyline Havannas ein neues Gesicht. Gleichzeitig weiteten sich aber auch die Viertel mit den für Havanna so typischen *Solares* aus, beengten Mietskasernen für das einfache Volk, deren großer Innenhof bis heute ein zentraler, Gemeinschaft stiftender Ort des Alltagslebens ist – und der auch jederzeit zur improvisierten Bühne für Musik, Tanz und religiöse Zeremonien verwandelt werden kann.

Revolutionäre Architektur und sozialistischer Wohnungsbau

Die Revolution setzte mit ihrer sozialistischen Ausrichtung ganz andere Schwerpunkte in der Architektur. Wie es der Doyen der kubanischen Architekturprofessoren, Roberto Segre, einmal formulierte: „Es ging um Bauen, nicht um Kunst." Vorrang hatten nun die Dörfer und Städte der Provinz, die mit dem Bau von Schulen und Kanalisationsnetzen, Krankenhäusern und Neubauwohnungen einen kräftigen Urbanisierungsschub erhielten. Architektonisch war dabei mehr Serienfertigung als Originalität gefragt. Auch in Havanna stand neuer Wohnraum, nicht die Sanierung des historischen Bestands im Vordergrund. Im Osten der Stadt entstanden Neubaublocks und als mustergültig gefeierte Trabantenstädte in Plattenbauweise. Die größte von ihnen, Alamar, beherbergt heute 80 000 Einwohner.

Im ganzen Land wurden seit Anfang der 70er Jahre im Wohnungsbau auch sogenannte „Mikrobrigaden" eingesetzt. Diese bestanden aus Leuten aller Berufsgruppen, die sich für einen Zeitraum von zumeist drei Jahren von ihrer regulären Arbeit freistellen ließen. Als Belohnung für ihren Arbeitseinsatz winkte die Aussicht, eine der gebauten Wohnungen am Ende selbst beziehen zu können. Das technische Niveau dieser Amateur-Bauarbeiter war bescheidener als das der professionellen Brigaden, doch die Arbeitsmoral lag bei den *Microbrigadistas* in der Regel deutlich höher – schließlich baute man an seinen eigenen vier Wänden, nicht nur für die Planerfüllung.

Bemerkenswert und keineswegs selbstverständlich ist, daß nach der Revolution keinerlei Monumentalarchitektur errichtet wurde. Die politische Führung selbst bezog sogar eben jene Gebäude um den heutigen *Plaza de la Revolución*, die noch Batista in den 50er Jahren als neues Zentrum der Macht eingeweiht hatte und die unübersehbar vom Stil der faschistischen Architektur (mehr Mussolinis als Hitlers) geprägt sind. Hier finden sich bis heute Präsidentensitz und Zentralkomitee, Ministerrat und Verteidigungsministerium, Staatsrat und – mit einer riesigen Silhouette Che Guevaras versehen – das Innenministerium. „Die *Plaza*", wie sie oft nur heißt, ist auch der Schauplatz für die großen Massenkundgebungen der Revolution, bei denen sich oft Hunderttausende auf der sonst so öden Freifläche drängen. Auch das weithin sichtbare Denkmal für José Martí, ein 110 Meter hoher Obelisk, stammt bereits aus vorrevolutionärer Zeit.

Das architektonisch herausragendste Einzelprojekt der frühen Revolutionszeit war der Bau der Kunsthochschule *Escuela Nacio-*

Jesús Díaz (1991): Die Plaza de la Revolución

Ehe er sich dessen versah, stand er drei Meter vor dem Wandphoto des Platzes und fragte sich, ob er darauf sein Konterfei ausmachen könnte. Er stellte fest, daß aus dieser Entfernung nur die beeindruckende Menschenmenge zu erkennen war und ging beim Bereich um die Nationalbibliothek, wo er bei den Massenaufmärschen zu stehen pflegte, näher ran. Er war ganz verstört, als ihm klar wurde, daß es eine Brennweite gab, bei der zwar die Gesamtansicht verloren ging, trotzdem aber keine Einzelpersonen zu erkennen waren. Aus nächster Nähe war das Photo eine Summe von Pünktchen, die die gesamte Grauskala abdeckten.

nal de Arte, der 1961 auf dem Gelände des einst hoch-exklusiven *Country Clubs* in Havannas Nobel-Viertel Cubanacán begonnen wurde. Auf der Basis von Ziegelsteinen und Zement bauten der Kubaner Ricardo Porro und die Italiener Vittorio Garatti und Roberto Gottardi ein so originelles wie überzeugendes Ensemble aus geschwungenen Formen und runden Kuppeln, das sich wie ein kleines Dorf in die umgebende Parklandschaft einfügte. Die Zeit ungebremster Experimentierfreude war jedoch auch für die Architektur bald vorbei, das Projekt wurde 1965 beendet – ohne fertiggestellt worden zu sein – und ist heute teilweise von Pflanzen überwuchert. Nach dreieinhalb Jahrzehnten wird dieser verschütteten architektonischen Perle nun jedoch auch im offiziellen Kuba wieder Anerkennung gezollt. Es gibt, so hat man dem inzwischen 73 jährigen Architekten zugesichert, sogar ernsthafte Pläne zu einer Restaurierung und Fertigstellung des Bauwerks.

Ein noch in den 80er Jahren begonnenes architektonisches Vorzeige-Projekt war das für die Panamerikanischen Spiele 1991 gebaute Sportlerdorf, das sowohl von seiner Lage als auch seiner Gestaltung an die Satellitenstädte Ost-Havannas anknüpfte. Ansonsten waren es in der Krise der 90er Jahre vor allem Vorhaben im Devisensektor Tourismus, in denen eine neue, von der Postmoderne beeinflußte kubanische Architektur in Erscheinung trat. Am bekanntesten ist das neu erbaute 5-Sterne-Hotel in Santiago de Cuba geworden, ein Turm aus Glas und bunten Farben, der in seiner eigenwilligen Form an eine Zuckerrohrfabrik erinnern soll. Eine kühne Konstruktion ist auch der von José Antonio Cloy in dekonstruktivistischem Geist errichtete Neubau des Flughafengebäudes von Santiago de Cuba, das mit seinen schiefen Ebenen wie die Überreste eines abgestürzten Flugzeugs wirkt.

Ganz anderer Art sind die Arbeiten im historischen Kern von Havanna. Hier ist in den letzten Jahren unter Obhut des Stadthistorikers Eusebio Leal und mit vielfältiger internationaler Unterstützung ein großes Sanierungsprogramm in Gang gekommen. Insbesondere in der „Touristenmeile" von *Habana Vieja* entlang der Obispo-Straße und um den Platz der Kathedrale ist wieder die Pracht vergangener Jahrhunderte zu bewundern – beziehungsweise das, was als solche präsentiert wird. Denn bei Historikern wie Architekten ist die gegenwärtige Rekonstruktion, die Formen und Farben im Zweifelsfall auch nach dem aktuellen Geschmack gestaltet und Kanonenkugel-Imitate zur Parkplatzbegrenzung auf die Straße pflanzt, nicht unumstritten. „Der Leal", so fluchte etwa der Wiener Architekt Carl Pruscha über Havannas Chef-Restaurator, „baut doch hier ein Disneyland für Touristen!"

Pruscha und andere Stars der internationalen Architektenszene waren nach Kuba gereist und hatten – völlig unbelastet von etwaigen Realisierungschancen – ihre Utopien für ein Havanna der Zukunft entworfen, avantgardistische Stadtkonzeptionen entwickelt und futuristische Bauten auf Stelzen skizziert. Die Pläne und Modelle wanderten in die Museen von Los Angeles, Wien und Hannover. Ende 1999 wurde die Ausstellung schließlich auch in der kubanischen Hauptstadt gezeigt. So faszinierend die Radikalität der Entwürfe teilweise war, so herrschte am Ende doch auch Erleichterung, daß schon allein aus Geldmangel dem alten Havanna eine derartige Schocktherapie erspart bleiben wird.

Auch in der Vergangenheit wurde das architektonisch wohl revolutionärste Bauwerk Kubas übrigens nie gebaut – genauer: es wurde nicht in Kuba gabaut. Denn 1957 hatte der große Pionier der modernen Architektur, Mies van der Rohe, ein neues Verwaltungsgebäude für den Stammsitz der Firma *Bacardí* in Santiago de Cuba entworfen. Die Revolution kam dazwischen, *Bacardí* wurde enteignet, die Pläne des Architekten interessierten auf der Insel niemanden mehr. Aber der Entwurf mit seiner bahnbrechenden Glas-Stahl-Konstruktion wurde dann, leicht modifiziert, doch noch realisiert – und zwar in Form der 1968 eröffneten Neuen Nationalgalerie in Berlin, die als eines der Meisterwerke Mies van der Rohes und als Meilenstein der Moderne gilt. Kubas architekturhistorisch berühmtestes Gebäude steht, wenn man so will, in der Mitte Berlins.

„Havanna ist seiner Geschichte treu", Straßenfriseure, Foto: Roland Pujol

ANHANG

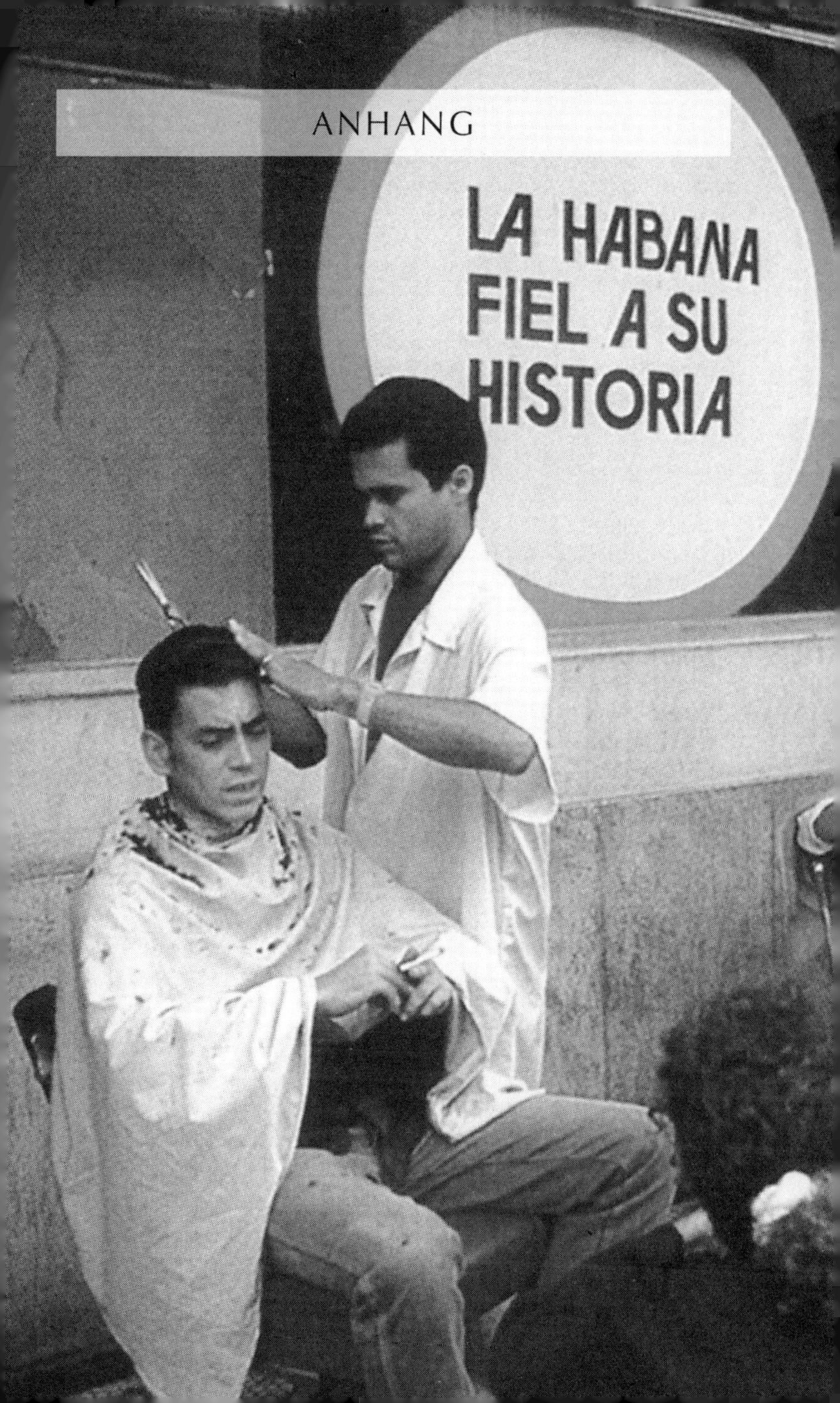

Kuba auf einen Blick

Staatsname: Republik Kuba (República de Cuba)

Staatsfahne: Weißer Stern in rotem Dreieck, rechts daneben drei blaue und zwei weiße Streifen

Staatsform: Sozialistische Republik; nur eine Partei, die Kommunistische Partei Kubas (PCC, *Partido Comunista de Cuba*) ist zugelassen; enge Verzahnung der Funktionen von Partei und Staat

Staatsoberhaupt: Staatspräsident und *Comandante en Jefe* der kubanischen Revolution: Fidel Castro Ruz

Landessprache: Spanisch

Größe: Größte Insel der Karibik: 110 860 km², in West-Ost-Ausdehnung 1250 km lang, zwischen 31 und 200 km breit

Lage: Randtropische Lage, knapp südlich des nördlichen Wendekreises (Havanna: 23° N, 82° W); durch die Floridastraße (90 Meilen) von den Vereinigten Staaten getrennt; weitere Nachbarn sind die Bahamas im Norden, Haiti im Osten, Mexiko im Westen und Jamaika im Süden; die USA halten seit 1902 einen Flottenstützpunkt in der Bucht von Guantánamo besetzt

Klima: Zwei Jahreszeiten: heiße und niederschlagsreiche Sommermonate (Mai bis Oktober) mit durchschnittlichen Tageshöchsttemperaturen um 31°C; kühler und trockener Winter (November bis April), Tagesmaxima um 26°C. Wassertemperaturen ganzjährig zwischen 24° und 28°C

Bevölkerung: 11,1 Millionen Einwohner; Bevölkerungsdichte: 99,3 Einw./km²; jährliches Bevölkerungswachstum: 0,9%

Ethnische Zusammensetzung: 66% „Weiße", 22% „Mulatten", 12% „Schwarze" (gemäß Selbstklassifizierung im Zensus von 1981)

Städte: Hauptstadt: Havanna (La Habana) mit 2,241 Millionen Einw.; weitere Städte: Santiago de Cuba 440 084 Einw.; Camagüey 293 961; Holguín 242 085 Einw.; Guantánamo 207 796 Einw.; Santa Clara 205 400 Einw.; Anteil der städtischen Bevölkerung an Gesamtbevölkerung (1994): 76%

Administrative Gliederung: Das Land gliedert sich in 14 Provinzen plus eine Sonderverwaltungszone (Isla de la Juventud)

Religionen: Volksreligion ist die *Santería*, die afrikanische und katholische Glaubenselemente verbindet; die Hälfte der Bevölkerung ist katholisch getauft, nur eine Minderheit davon aber als gläubige Katholiken zu bezeichnen; zudem eine Vielzahl protestantischer Kirchen sowie afro-kubanische Glaubensgemeinschaften (*Regla de Palo, Abakuá*); 15% bezeichnen sich als Atheisten

Währung: Drei Währungen sind im Umlauf: Der normale kubanische Peso, theoretisch mit 1:1-Parität zum Dollar, wird auch von staatlichen Wechselstuben zu annähernd freiem Kurs getauscht (Anfang 2000 ca. 20 Pesos = 1 US-Dollar); seit 1993 ist der US-Dollar legalisiert; zudem gibt es in geringem Umfang den „konvertiblen Peso" (*Peso convertible*), der real 1:1 zum Dollar ist und quasi ein selbstgedrucktes Wechselgeld der US-Währung darstellt

Wirtschaft: Zentrale Einnahmequellen sind Tourismus (Brutto: $ 1800 Millionen, netto: ca. 700 Millionen) sowie Geldüberweisungen von Auslandskubanern ($ 500–1100 Millionen). Wichtigste Exportprodukte: Zucker ($ 601 Millionen), Nickel ($ 263 Millionen), Tabak ($ 184 Millionen), Fischfang ($ 128 Millionen) sowie in geringerem Maße Zitrusfrüchte und Biotechnologie. Zusammensetzung des Bruttosozialprodukts: Handel und Dienstleistungen 55,9%, verarbeitende Industrie und Handwerk 29,1%, Landwirtschaft und Fischfang 6,9%. Auslandsverschuldung in Devisen: ca. 11,2 Milliarden US-Dollar (Alle Daten für 1998)

Soziale Indikatoren: Lebenserwartung 75 Jahre; Säuglingssterblichkeit 6,5 pro 1000 Geburten; Analphabetenrate 1,9%

Zeittafel

ca. 8000 v. Chr.	Kubas erste Besiedlung durch die Ciboncyes; weitere prä-kolumbische Einwandererwellen folgen
1492	Christoph Kolumbus landet an der Nordküste Kubas
1510–15	Eroberung der Insel für die spanische Krone durch Diego Velázquez
1514	Havanna wird gegründet
1762–63	Britische Besetzung von Havanna; Öffnung für Handel, auch Beginn des Sklavenhandels
1789	Spanisches Kolonialdekret erlaubt explizit den freien Sklavenhandel
1792–95	Erster Zuckerboom
1810–26	Spaniens Kolonien auf dem lateinamerikanischen Festland werden unabhängig; viele pro-spanische Kräfte suchen in Kuba Zuflucht, das als „die immer treue Insel" gilt
1837	In Kuba erste Eisenbahn Lateinamerikas
1840	Kuba wird größter Zuckerproduzent der Welt
1840–70	Rund 150 000 chinesische Kontraktarbeiter kommen nach Kuba
1868–78	Erster Unabhängigkeitskrieg gegen Spanien („Der Zehn-Jährige Krieg"); Niederlage der Kubaner; 1878 Friedensschluß, den lediglich Rebellengeneral Antonio Maceo verweigert (die „Geste von Baraguá")
1879–80	Rebellen unter Maceo kämpfen weiter gegen Spanien; sog. *Guerra Chiquita* („der Kleine Krieg")
1886	Endgültige Aufhebung der Sklaverei
1895–98	Zweiter Unabhängigkeitskrieg; 24. Februar 1895: Beginn des Kampfes; 19. Mai 1895: Tod von José Martí
1898	Die USA greifen in den Krieg ein, nachdem im Hafen von Havanna das US-Kriegsschiff „Maine" explodiert; Niederlage der spanischen Truppen; Friedensverhandlungen zwischen USA und Spanien ohne kubanische Beteiligung
1899–1902	Kuba unter Militärverwaltung der USA
1902	Gründung der Republik Kuba; ein Zusatz in der Verfassung (das *Platt-Amendment*) gibt den USA das Recht zu Interventionen; Tomás Estrada Palma erster Präsident des Landes
1903	Pachtvertrag gibt den USA die Bucht von Guantánamo „auf ewig" als Marinestützpunkt
1906–09	Zweite Besetzung Kubas durch die USA
1912	Blutige Niederschlagung einer Schwarzenrevolte im Osten Kubas, 3000 Todesopfer
1920	Zuckerboom („Tanz der Millionen")

1924–33	Herrschaft des Diktators Machado
1925	Gründung der Kommunistischen Partei Kubas
1933	Sturz Machados nach Generalstreik und „Revolte der Unteroffiziere" unter Batista; Reformprogramm der Regierung Grau San Martín („die Regierung der 100 Tage")
1934	Sturz Grau San Martíns durch Batista (mit Rückendeckung der USA); Aufhebung des *Platt-Amendments*
1940	Batista zum Präsidenten gewählt; neue, in vielem fortschrittliche Verfassung
1942	Kuba erklärt Deutschland, Italien und Japan den Krieg
1944–52	Amtszeiten von Grau San Martín ('44–'48) und Carlos Prío Socarrás ('48–'52) von Korruption und Gewalt geprägt
1951	Selbstmord des Oppositionsführers Eduardo Chibás
1952	Militärcoup Batistas; Präsidentschaftswahlen werden annulliert
1953	26. Juli: Sturm Fidel Castros auf die Moncada-Kaserne; im Prozeß gegen Castro hält dieser seine Verteidigungsrede „Die Geschichte wird mich freisprechen"
1955	Castro und seine Gefolgsleute werden amnestiert und gehen nach Mexiko
1956	Castro und 82 Rebellen landen im Osten Kubas, Beginn des Guerilla-Kriegs in der Sierra Maestra
1959	1. Januar: Triumph der Revolution; Radikalisierung der Revolution und Bruch mit den bürgerlichen Kräften; erste Agrarreform (Enteignung der Großgrundbesitzer)
1960	Eskalation des Konflikts mit den USA; erstes Handelsabkommen mit der Sowjetunion; Verstaatlichung ausländischer und einheimischer Großunternehmen; USA verhängen Wirtschaftsembargo; Gründung der Milizen und revolutionären Massenorganisationen
1961	USA brechen diplomatische Beziehungen zu Kuba ab; exil-kubanische Invasion in der „Schweinebucht" (*Playa Girón*) wird zurückgeschlagen; Castro verkündet „sozialistischen Charakter" der Revolution; Alphabetisierungskampagne
1962	Die „Raketen-Krise" bringt die Welt an den Rand eines Atomkriegs: Sowjetunion stationiert Atomraketen auf Kuba; nach militärischer Seeblockade der USA zieht sie sie wieder ab; USA sichern zu, nicht militärisch in Kuba zu intervenieren
1963	Zweite Agrarreform verstaatlicht auch alle mittleren landwirtschaftlichen Betriebe
1967	Che Guevaras Guerilla-Expedition nach Bolivien scheitert, er wird von bolivianischen Militärs ermordet
1968	Fidel Castro begrüßt sowjetischen Einmarsch in Prag; „Re-

volutionäre Offensive" verstaatlicht private Kleinunternehmen

1970   Die 10-Millionen-Tonnen-Zucker-Ernte (*Gran Zafra*) scheitert; Beginn des „Prozesses der Institutionalisierung" mit Übernahme politischer und wirtschaftlicher Strukturen aus der UdSSR

1971   Der Dichter Heberto Padilla wird inhaftiert und zu öffentlicher Selbstkritik gezwungen; Beginn des „grauen Jahrfünfts" dogmatischer Kulturpolitik

1972   Kuba wird Vollmitglied im RGW (Comecon)

1975   Aufnahme diplomatischer Beziehungen zwischen Kuba und der Bundesrepublik

1975–88   Kuba entsendet massive Truppenverbände in den Angola-Krieg

1976   Neue sozialistische Verfassung schreibt KP als „führende Kraft in Gesellschaft und Staat" fest; die politischen Strukturen der „Volksmacht" (*Poder Popular*) werden etabliert

1976–80   Entspannungsphase zwischen USA und Kuba in der Amtszeit Carter; 1977 werden „ständige Vertretungen" als Botschaftsersatz eingerichtet

1980   Mehr als 125 000 Kubaner verlassen die Insel über den Hafen von Mariel in die USA

1983   Bei der Militärinvasion der USA in Grenada sterben 24 Kubaner

1986   Kampagne der *Rectificación* („Korrektur von Irrtümern") als Gegenkurs zur Perestroika; Abschaffung der Bauernmärkte und nationalistische Reorientierung; offene Schuldenkrise gegenüber westlichen Kreditgebern

1989   Gorbatschow besucht Havanna; Einfuhr sowjetischer Perestroika-Publikationen wird verboten; „Fall Ochoa": Der ranghöchste Militär hinter Fidel und Raúl Castro wird wegen Korruption und Konspiration zum Tode verurteilt

1989/90   Beginn der tiefen Wirtschaftskrise nach Zusammenbruch der sozialistischen Staaten in Osteuropa; Notprogramm *Período Especial* („Sonderperiode") verbindet Quasi-Kriegswirtschaft mit Außenöffnung in Tourismus und Dollar-Sektoren; dramatischer Fall des Lebensstandards

1992   USA verabschieden Torricelli-Gesetz: Ausweitung des Embargos auf US-Tochterfirmen in Drittstaaten

1993   Tiefpunkt der Wirtschaftskrise; Legalisierung des US-Dollar; begrenzte Reformschritte: Arbeit auf eigene Rechnung, Umwandlung der Staatsfarmen in sog. UBPC-Genossenschaften

1994   5. August: Offene Unruhen in Havanna; mehr als 30 000

Kubaner verlassen auf selbstgezimmerten Flößen die Insel (*Balsero*-Krise); Zulassung freier Agrarmärkte

1996   Kubas Luftwaffe schießt zwei exil-kubanische Kleinflugzeuge ab; erneute Verschärfung der US-Sanktionen durch Helms-Burton-Gesetz; in Kuba Kampagne gegen Reformkräfte

1997   Der 5. Parteitag der KP bestätigt Fidel Castro in allen Ämtern und bekräftigt seinen Bruder Raúl Castro als designierten Nachfolger

1998   Papst Johannes Paul II. besucht Kuba

1999   In Havanna findet der 9. Iberoamerika-Gipfel statt; ein Teil der eingeladenen Staatschefs trifft sich demonstrativ mit Dissidenten

2000   Ein erbitterter politischer Streit entzündet sich um den 6jährigen Elián González, der eine Flucht in die USA überlebte, während seine Mutter dabei starb. Während die Exil-Kubaner Elián in Miami behalten wollen, organisiert die kubanische Regierung monatelang Massenkundgebungen für die Rückkehr des Jungen. Auch die US-Regierung gibt das Sorgerecht dem in Kuba lebenden Vater Eliáns. Nach sieben Monaten juristischen Tauziehens kehrt Elián am 28. Juni nach Kuba zurück.

Im US-Kongreß einigen sich die Spitzen beider Parteien auf eine Lockerung des Embargos für Nahrungs- und Arzneimittel

Literaturhinweise

Sachbücher

Historische Gesamtdarstellungen: Eine umfassende Geschichte Kubas bis zur Unabhängigkeit ist: Michael Zeuske/Max Zeuske: Kuba 1492–1902. Kolonialgeschichte, Unabhängigkeitskriege und erste Okkupation durch die USA (Leipzig: Universitätsverlag 1998). Sehr viel handlicher ist die von Michael Zeuske verfaßte und jetzt im Beck-Verlag erschienene „Kleine Geschichte Kubas" (München, 2000). Gut lesbar ist Frank Niess: 20 mal Kuba (München: Piper Verlag 1991). Das englischsprachige Standardwerk zur Geschichte Kubas von der Frühgeschichte bis heute liegt als Paperback vor: Louis A. Pérez Jr.: Cuba. Between Reform and Revolution (New York/ Oxford: Oxford University Press 1995). Einen hervorragenden Einstieg bietet: Leslie Bethell (ed.): Cuba. A Short History (Cambridge University Press 1993). Empfehlenswert zur Revolution und ihrer Vorgeschichte: Mariféli Pérez-Stable: The Cuban Revolution. Origins, Course, and Legacy (New York/Oxford: Oxford University Press 1993). Auf deutsch erschienen sind zudem: Hugh Thomas: Castros Cuba (Berlin: Siedler 1984), Roberto Massari: Geschichte Kubas. Von den Anfängen bis zur Revolution (Frankfurt/M.: dipa 1992) sowie Jürgen Hell: Geschichte Kubas (Berlin/ DDR: Deutscher Verlag der Wissenschaften 1989; parallel bei Pahl-Rugenstein, Köln). Ein historischer Fotobildband ist 1999 im Aufbau-Verlag erschienen: Osvaldo Salas/Roberto Salas: Kuba. Eine Revolution in Bildern.

Kolonialzeit: Sehr zu empfehlen ist der in deutscher Übersetzung vorliegende Klassiker von Fernando Ortiz: Tabak und Zucker. Ein kubanischer Disput (Frankfurt: Insel 1987). Über die Eroberung ist lesenswert: Bartolomé de las Casas: Bericht von der Verwüstung der Westindischen Länder (Hg. H. M. Enzensberger; Frankfurt: Insel-Verlag 1981). Alexander von Humboldt; Cuba-Werk (Darmstadt: Wissenschaftliche Buchgesellschaft 1992; Studienausgabe in 7 Bänden, Bd. 3).

Fidel Castro: Eine aktuelle Biographie bietet Robert Quirk: Fidel Castro (Berlin: edition q 1996). Beim Rowohlt-Verlag ist eine neue Castro-Biographie von Volker Skierka in Arbeit. Aus den 80er Jahren stammt die populäre Biographie von Peter G. Bourne: Fidel Castro (Düsseldorf: Econ 1988). Die politisch substantiellere Arbeit von Tad Szulc: Fidel. A Critical Protrait (New York: Avon 1986) liegt nur auf englisch vor.

Che Guevara: Drei zum 30. Todestag Guevaras erschienene Biographien stehen in Konkurrenz: John Lee Anderson: Che. Die Biographie (Düsseldorf/München: List 1997); Jorge Castañeda: Che Guevara (Frankfurt a. M./ Leipzig: Insel 1997); Paco Ignacio Taibo: Che. Die Biographie des Ernesto Guevara (Hamburg: Edition Nautilus 1997). „Ausgewählte Schriften" von Che Guevara in mehreren Bänden (Hg. von Horst-Eckardt Gross) bei Weltkreis 1986 ff. sowie Pahl Rugenstein Nachf. 1997 (darunter auch das „Bolivianische Tagebuch").

Schweinebucht: Bislang geheime CIA-Berichte über die Invasion sind jüngst veröffentlicht worden: Peter Kornblum (ed.): Bay of Pigs Declassified (New York: The New Press 1998). Die Protokolle der Verhöre der gefangengenommenen Invasionsteilnehmer wurden von Hans Magnus Enzensberger zu einem „Selbstbildnis der Konterrevolution" verdichtet: Das Verhör von Habana (Frankfurt: Suhrkamp 1970).

Raketenkrise: Erst Anfang der 90er Jahre gaben die USA, Rußland und Kuba lange unter Verschluß gehaltene Dokumente frei: Laurence Chang/Peter Kornbluh: The Cuban Missile Crisis 1962 (New York: The New Press 1992). Auf einer Reihe von Konferenzen redeten zudem die damaligen Entscheidungsträger (auch Fidel Castro) mit ungewohnter Offenheit: Bernd Greiner: Reden über einen Krieg, der beinahe stattgefunden hätte (in: Mittelweg 36, Okt/Nov 1992); Ingo Juchler: Revolutionäre Hybris und Kriegsgefahr. Die Kuba-Krise von 1962 (in: Vierteljahreshefte für Zeitgeschichte, 1/1993 München: Oldenbourg).

Die Krise der 90er Jahre: Hans-Jürgen Burchardt: Kuba. Der lange Abschied von einem Mythos (1996) sowie: Kuba im Herbst des Patriarchen (1999) sind kenntnisreiche Analysen der politischen und wirtschaftlichen Entwicklung (beide Schmetterling Verlag, Stuttgart). Bert Hoffmann (Hg.): Wirtschaftsreformen in Kuba. Konturen einer Debatte (Frankfurt: Vervuert 1994, 2. akt. Aufl. 1996) vereint sozialwissenschaftliche Beiträge aus verschiedenen Perspektiven. Ein Überblick über die kubanische Reformdiskussion ist: Bert Hoffmann: Die Reform von innen, die nicht stattfand (in: Prokla, Zeitschrift für kritische Sozialwissenschaft 107, 27. Jg. 1997). Über das Helms-Burton-Gesetz: Bert Hoffmann: Helms-Burton und kein Ende? Auswirkungen und Perspektiven für Kuba, die USA und Europa (in: Lateinamerika. Analysen-Daten-Dokumentation Nr. 33. Hamburg: Institut für Iberoamerika-Kunde 1997). Raimund Krämer: Der alte Mann und die Insel. Essays zu Politik und Gesellschaft in Kuba (Berliner Debatte Initial 1998). Substantielle Berichte und Analysen zu Kuba finden sich auch regelmäßig in dem Jahrbuch: Lateinamerika Analysen und Berichte (Hg. Dirmoser bzw. ab 1996: Gabbert et al.: Horlemann, Bad Honnef, [ab 2000: Westfälisches Dampfboot, Münster] jährlich), darunter auch: Pedro Monreal: Migration und Überweisungen in Kuba (Band 23, 1999).

Gesellschaft: Einen Einblick sowohl in die Geschlechterverhältnisse im Alltag bietet der Aufsatz von Ingrid Kummels: Der Alltag der Krise (in: Hoffmann: Wirtschaftsreformen in Kuba, 2. Aufl., s.o.). Umfassend ist die Dissertation von Doris Henning: Frauen in der kubanischen Geschichte. Zur Rolle der Frau im gesellschaftlichen Entwicklungsprozeß Kubas von der Kolonialzeit bis zur Revolution (Frankfurt a.M. 1996: Peter Lang). Zu Homosexualität: Ian Lumsden: Machos, Maricones and Gays. Cuba and Homosexuality (Philadelphia 1995, Temple University Press).

Religionen: Miguel Barnet: Afrokubanische Kulte (Frankfurt: Suhrkamp 2000); Christoph Anders: Kuba, Kirchen, Religion und Revolution (Evangelisches Missionswerk in Deutschland: Länderheft 32, 1997); Stephan Palmié: Das Exil der Götter. Geschichte und Vorstellungswelt einer afrokubanischen Religion (Frankfurt: Peter Lang, 1991; ethnologische Doktorarbeit über Santería in Miami). Ein langes Interview mit Fidel Castro über Religion ist erschienen als: Frei Betto: Nachtgespräche mit Fidel (Freiburg/ Schweiz: Edition Exodus 1986; auch Berlin/DDR: Union Verlag 1986).

Musik: Inklusive CD ist: Olavo Alén Rodríguez: From Afrocuban Music to Salsa (Piranha: Berlin 1997). Nur in englisch liegt vor: Hernando Calvo Ospina: Salsa! Havana Heat, Bronx Beat (ebenfalls inkl. CD; Latin American Bureau 1995; Bezug: LN-Vertrieb Berlin, Tel: 030–6946100). Im Sog des Buena Vista Social Club-Booms auf den Markt gekommen sind: Thomas Mießgang: Der Gesang der Sehnsucht. Die Geschichte des Buena Vista Social Club und der kubanischen Musik (Köln: Kiepenheuer & Witsch 2000), und Maya Roy: Buena Vista. Die Musik Kubas [mit Vorwort von Compay Segundo] (Heidelberg: Palmyra 2000).

Literatur: Martin Franzbach: Kuba. Die neue Welt der Literatur in der Karibik (umfaßt vor allem die Zeit 1959–1984; Pahl-Rugenstein, Köln 1984). Für die Zeit bis 1959: José Antonio Portuondo: Kubanische Literatur im Überblick (Leipzig: Reclam 1974); Klaus Bunke: Testimonio-Literatur in Kuba (Dissertation; Pfaffenweiler: Centaurus 1988). Eine gute Einführung bieten die Passagen zu Kuba in: Michael Rössner (Hg.): Lateinamerikanische Literaturgeschichte (Stuttgart/Weimar: Metzler 1995). Eine Sammlung aktueller Aufsätze zum Theater findet sich in: Heidrun Adler, Adrián Herr (Hg.): Zu beiden Ufern. Kubanisches Theater (Frankfurt: Vervuert 1999). Zu Frauen in der kubanischen Literatur: Catherine Davies: A Place in the Sun? Woman Writers in Twentieth-Century Cuba (London & New Jersey: Zed Books 1997). Empfehlenswert zu den literarischen Darstellungen der Sklaverei und dem historischen Hintergrund von Barnets „Cimarrón" ist das Nachwort von Michael Zeuske in: Daisy Rubiera Castillo: Ich, Reyita (Zürich: Rotpunktverlag 2000). Einen hochinteressanten und aktuellen Einblick in die „neuen und neuesten Tendenzen der kubanischen Literatur und Kultur Kubas" bieten die 16 Aufsätze des von Janett Reinstädler und Ottmar Ette herausgegebenen Buchs: Todas las islas la isla. Nuevas y novísimas tendencias en la literatura y cultura de Cuba (Frankfurt: Vervuert 2000).

Film: Peter B. Schumann (Hg.): Kino in Cuba 1959–1979 (einführender Überblick sowie Dokumente und Aufsätze kubanischer Autoren; Frankfurt: Vervuert 1980); José Antonio Évora: Filme gegen die Trägheit der Revolution (Aufsatz über die kubanischen Spielfilme zwischen 1975 und 1991; in: Film und Fernsehen 6/92+1/93, Berlin).

Kunst: Juan A. Martínez: Cuban Art & National Identity. The Vanguardia Painters, 1927–1950 (Gainesville: University Press of Florida 1994). Wifredo Lam: Kunstsammlung Nordrhein-Westfalen (Düsseldorf 1988; Ausstellungskatalog mit exzellenten Abbildungen und einführenden Artikeln). Luis Camnitzer: New Art of Cuba (Austin: University of Texas Press 1994); Cuba – Landkarten der Sehnsucht. Kubas zeitgenössische Kunst jenseits von Karibikmalerei und Revolutionskitsch (Wien: folio 1999).

Architektur: Andrea Brizzi (Fotos)/Rachel Carley (Text): Kuba – Architektur aus vier Jahrhunderten (Berlin: E. A. Seemann 1998; Bildband mit 200 Farbfotos); Kosta Mathéy (Hg.): Phänomen Cuba. Alternative Wege in Architektur, Stadtentwicklung und Ökologie (Universität Karlsruhe 1994).

Reiseführer: Parallel zum Aufschwung des Tourismus sind eine Vielzahl von Reiseführern erschienen. Gut ist der von Ulli Langenbrick verfaßte Kuba-Führer in der „DuMont Richtig Reisen"-Reihe (2. Aufl. 1998). Schmal, aber gut ist: Kuba verstehen. SympathieMagazin Nr. 42 (herausgegeben vom Studienkreis für Tourismus und Entwicklung 1998; Tel. 0 81 77–17 83). Für Individualreisende empfehlenswert ist insbesondere der (leider nur auf englisch erhältliche) „Lonely Planet"-Führer von David Stanley. Das „Merian"-Heft zu Kuba von 1990 wurde 1995 aktualisiert; ein neues Heft ist für November 2000 geplant.

CD-Rom: Eine Landeskunde auf CD-Rom aus offizieller kubanischer Sicht ist: Todo de Cuba/All about Cuba (La Habana 1997: CEDISAC; Texte von der staatlichen Nachrichtenagentur Prensa Latina).

Belletristik

Auswahlbibliographie kubanischer Literatur in deutschsprachigen Übersetzungen. Die Reihenfolge folgt der Darstellung im Kapitel Literatur; dort beziehen sich die Jahresangaben auf die Erstveröffentlichung des Werkes, hier auf die Publikation in deutscher Übersetzung.

José Martí: Mit Feder und Machete. Gedichte, Prosaschriften, Tagebuchaufzeichnungen (Hg. von Hans-Otto Dill, Rütten & Loening [Berlin/DDR] 1974); Marti, José: Die Krabbe, die zaubern konnte. Zwei Kindergeschichten (Kinderbuchverlag [Berlin/DDR] 1977)

Lydia Cabrera: Die Geburt des Mondes – Schwarze Geschichten aus Kuba (Suhrkamp 1999)

Nicolás Guillén: Gedichte. Spanisch und deutsch (Suhrkamp 1982); Bitter schmeckt das Zuckerrohr. Gedichte von den Antillen (Volk und Welt 1952; Übers. Erich Arendt; darin auch „Ein Lied auf Stalin"); Sie gingen Gitarren jagen. Gedichte (Volk und Welt [Berlin/DDR] 1977); Auf dem Meere der Antillen fährt ein Schiffchen aus Papier – Gedichte für große Kinder (Volk und Welt 1985); Umgeblätterte Seiten – Memoiren (Volk und Welt 1989); Cuba-Lyrik-Revolution. Ausgewählte Gedichte, spanisch und deutsch (Pahl-Rugenstein 1981)

Alejo Carpentier: Das Reich von dieser Welt (Suhrkamp 1974; bei Volk und Welt 1969); Barockkonzert (Suhrkamp 1976); Die Harfe und der Schatten (Suhrkamp 1979); Die verlorenen Spuren (Suhrkamp 1979; als „Die Flucht nach Manoa" 1958 bei Piper und 1979 bei Volk und Welt); Die Methode der Macht (Suhrkamp 1989; als „Staatsräson" 1978 bei Volk und Welt); Die Hetzjagd (Suhrkamp 1990 sowie Reclam [Leipzig/DDR] 1966; bei Fischer [Frankfurt/M.] 1966 unter dem Titel „Finale auf Kuba"); Le Sacre du Printemps (Suhrkamp 1995); Explosion in der Kathedrale (Suhrkamp 1999); Kurze Prosa (darin: Das Reich von dieser Welt, Barockkonzert u. a.; Volk und Welt 1977); Stegreif und Kunstgriffe – Essays zur Literatur, Musik und Architektur in Lateinamerika (Suhrkamp 1980; bei Volk und Welt als „Essays" 1985). Unter dem Titel „Mein Havanna" ist jüngst eine Sammlung von Zeitungsreportagen und Aufsätzen Carpentiers neu herausgegeben worden (Zürich: Ammann: 2000).

José Lezama Lima: Paradiso (Suhrkamp 1979; Aufbau-Verlag [Berlin/DDR] 1982); Spiel der Enthauptungen – Erzählungen (Frankfurter Verlags-Anstalt 1991)

Virgilio Piñera: Kleine Manöver (Suhrkamp 1986)

Eliseo Diego: In meinem Spiegel (Aufbau-Verlag 1984)

Cintio Vitier: Eine Straße in Alt-Havanna (Aufbau-Verlag 1987)

Severo Sarduy: Bewegungen (Suhrkamp 1968); Kolibri (edition diá 1991); Woher die Sänger sind (edition diá 1993)

Guillermo Cabrera Infante: Drei traurige Tiger (Suhrkamp 1987); Ansicht der Tropen im Morgengrauen (Suhrkamp 1992); Wie im Kriege also auch im Frieden (Suhrkamp 1996); Rauchzeichen (Suhrkamp 1987)

José Soler Puig: Bertillon 166 (Volk und Welt 1961; Weltkreis-Verlag 1987)

Lisandro Otero: Rebellion im Paradies (Verlag der Nation [Berlin/DDR] 1961); Schaler Whisky (Volk und Welt 1967); Wehe dir, große Stadt (Volk und Welt 1973, Weltkreis-Verlag 1985); General zu Pferde (Weltkreis-Verlag 1980; Volk & Welt 1986); Stadt im Feuer (Weltkreis 1985); Bolero. Die Geschichte eines karibischen Sängers (Volk und Welt 1988)

Manuel Pereira: Comandante Veneno (Volk und Welt 1982; unter dem Titel „Veneno" bei Beltz & Gelberg 1980)

Jesús Díaz: Die Initialen der Erde (Piper 1990 sowie Aufbau-Verlag 1990); Die verlorenen Worte (Piper 1992); Die Haut und die Maske (Piper 1997); Erzähle mir etwas von Kuba (geplant Piper 2001; span. Original 1999)

Heberto Padilla: Außerhalb des Spiels (Gedichte sowie Dokumente zum „Fall Padilla"; Suhrkamp 1971); In meinem Garten grasen die Helden (Roman, Hanser 1985)

Miguel Barnet: Der Cimarrón (Suhrkamp 1976, Insel 1969, Rütten & Loening 1970); Alle träumten von Cuba. Die Geschichte eines galicischen Auswanderers (Suhrkamp 1995); Ein Kubaner in New York (Suhrkamp 1992; Aufbau-Verlag 1982); Das Lied der Rachel (Suhrkamp 1983; Aufbau-Verlag, 1980); Die stummen Hunde – Kubanische Fabeln (Edition diá 1986); Das Handwerk des Engels (Autobiographie, Ammann 1993)

Reinaldo Arenas: Bevor es Nacht wird (1993 Edition Diá; 1996 bei dtv); Rosa (1996 Edition Diá); Reise nach Havanna. Roman in drei Reisen (Edition Diá 1994); Der Palast der blütenweißen Stinktiere (Luchterhand 1982); Wahnwitzige Welt (Suhrkamp 1982)

Zoé Valdés: Das tägliche Nichts (Ammann 1996); Dir gehört mein Leben (Ammann 1997, btb Goldmann 1999)

Eliseo Alberto: Rapport gegen mich selbst. Ein Leben in Kuba (Rotpunktverlag Zürich 1998)

Leonardo Padura: Masken (Ammann 1999)

Abilio Estérez: Dein ist das Reich (Luchterhand 2000)

Senel Paz: Erdbeer und Schokolade – Film-Erzählung, Drehbuch und andere Geschichten (Ammann 1995)

Cristina García: Träumen auf Kubanisch (Fischer 1995); Die Schwestern Agüero (Fischer 1997)

Pablo Medina: Das Schattenparadies (Rütten & Loening 1995, Aufbau-Verlag 1997)

Oscar Hijuelos: Die Mambo Kings spielen Songs der Liebe (Fischer 1990)
Jorge C. Oliva Espinosa: Unsere Zeit zu Leben (Aufbau-Verlag 1999)
Daisy Rubiera Castillo: Ich, Reyita. Ein Leben in Kuba (Nachwort von
    Michael Zeuske; Rotpunktverlag Zürich 2000)

Sammlungen von Gedichten, Erzählungen und Theaterstücken

Kuba. Nach 36 Jahren Revolution. Neue Literatur von der Insel; Sonderheft
    der Zeitschrift „entwürfe & zündschrift" (Bern, September 1995)
Thomas Brovot, Peter B. Schumann (Hg.): Der Morgen ist die letzte Flucht.
    Kubanische Literatur zwischen den Zeiten (Edition diá 1995)
Heidrun Adler, Adrián Herr: Kubanische Theaterstücke (Vervuert 1999)
J. A. Friedl Zapata (Hg.): Geschichten aus der Geschichte Kubas (Luchterhand
    1990)
Peter Schultze-Kraft (Hg.): Wie ich zuhaus einmarschiert bin (Fischer 1973)
Hans-Otto Dill (Hrsg.): Erkundungen – 33 kubanische Erzähler (Volk und
    Welt 1976) sowie: Erkundungen II – 39 kubanische Erzähler (Volk und Welt
    1987)
Hans-Otto Dill (Hg.): Die Augen Simóns. Das neue Kuba erzählt (Kürbiskern,
    München 1978)
Janheinz Jahn (Hg.): Rumba Macumba. Afrocubanische Lyrik (Hanser 1957)

Quellennachweise der Dokumente

(Wo nur der Autorenname genannt ist, findet sich die vollständige bibliographische Angabe unter „Literaturhinweise".)

Geographie und Naturräume: *Nicolás Guillén*: in: Sie gingen Gitarren jagen, S. 96; *Fernando Ortiz*: Tabak und Zucker, S. 10–12; *Ernest Hemingway*: Der alte Mann und das Meer; Hamburg: Rowohlt, S. 113–115.
Geschichte bis zur Revolution: *Bartolomé de las Casas*, S. 25–27; *Alexander von Humboldt*: Cuba-Werk, S. 92; *John Quincy Adams*; in: Louis A. Pérez Jr., S. 108; *Kubas Nationalhymne*: CD-Rom „Todo de Cuba"; *José Martí*: Guantanamera; in: José Martí. Mit Feder und Machete, S. 51–53; *José Martí*: Meine Schleuder ist die Schleuder Davids; in: Kursbuch 18, Okt. 1969, S. 3; *J. G. Breckenridge*; in: Encuentro de la Cultura Cubana No. 3, 1996, S. 31; *Platt-Amendment*; in: Frank Niess, S. 241 f.; *Drei Ansichten (40er Jahre)*; in: Mariféli Pérez-Stable, S. 14, S. 36; *Fidel Castro*; in: La historia me absolverá; Editorial de Ciencias Sociales, La Habana 1973.
Politik und Wirtschaft: *Fidel Castro*: Rede nach Einzug in Havanna (9. Januar 1959; http://www.lanic.utexas.edu/la/cb/cuba/ castro.html); *Fidel Castro*: Die neue Regierung (ebenda); *Roberto Fernández Retamar*; in: Franzbach, S. 146 ff.; Brief *Chruschtschow*; in: Juchler, S. 94; *John F. Kennedy/Nikita S. Chruschtschow*: in: Chang/Kornbluh, S. 224–226, S. 147 f.; *Che Guevara*: Der neue Mensch; El socialismo y el hombre en Cuba; La Habana: Editora Política 1988, S. 12, 16, 25; *Che Guevara*: Eine neue Generation; ebenda, S. 24; *Hans Magnus Enzensberger*; aus: Bildnis einer Partei. Vorgeschichte, Struktur und Ideologie der PCC; in: Kursbuch 18, Oktober 1969, S. 215; *Rudi Dutschke u. a.*: in: R. Dutschke, T. Käsemann, R. Schöller: Vorwort zu: Der lange Marsch: Wege der Revolution in Lateinamerika (Red. Rudi Dutschke); Trikont München, S. 11–16; *Die neue Verfassung*, in: http://www.georgetown.edu/LatAmerPolitical/Constitutions/Cuba/cuba1976.html; *Fidel Castro*; in: Bert Hoffmann: Wirtschaftsreformen in Kuba, S. 56; *Anonym*: Sonett vom Nahrungsmittelplan; in: ebenda, S. 41; *Guillermo Cabrera Infante*; in: Drei Traurige Tiger, Suhrkamp 1967, S. 11; *Pedro Luis Ferrer*: 100 % Kubanisch!; in: Hoffmann: Wirtschaftsreformen in Kuba, S. 182; *Pedro Monreal*: Migration und Überweisungen, S. 73; *Kongreß der USA*: Helms-Burton-Gesetz; U. S. Congress H. R. 927, 1996.
Gesellschaft: *Fernando Ortiz*: aus: El pueblo cubano. La Habana: Editorial de Ciencias Sociales 1997. S. 14; *Nicolás Guillén*: Ich habe; aus: Gedichte; Suhrkamp 1982, S. 122–127; *Monika Krause*: aus: El retorno; in: Encuentro de la Cultura Cubana 8/9, 1998, S. 188 f.; *Jesús Díaz*: Die Initialen der Erde, S. 269; *Pedro Luis Ferrer*: Begleitheft der Deutschland-Tournee 1998; *Monseñor Pedro Meurice Estiú*; in: Encuentro de la Cultura Cubana 8/9, 1998, S. 71/72.
Kultur: *Fidel Castro*: aus: La Revolución Cubana; Havanna: Ediciones Era 1972, S. 356 ff. (auch in: Schumann, S. 39–45); *Heberto Padilla*: Außerhalb des Spiels; Suhrkamp 1971, S. 43 f.; *Carlos Puebla*: in: Hernando Calvo Ospina, S. 33; *Carlos Varela*: in: Lateinamerika Nachrichten 214, S. 14 (April

1992); *José María Heredia*: in: Portuondo, S. 61 f.; *Cirilo Villaverde*: in: Jean Franco: An Introduction to Spanish-American Literature; New York: Cambridge University Press 1969, S. 60; *Nicolás Guillén*: beide Gedichte aus „Sóngoro Cosongo", Buenos Aires: Editorial Losada 1952, S. 12 f. und S. 39 f.; *Miguel Barnet*: Der Cimarrón, S. 51 f. (Suhrkamp); *Jesús Díaz*: Die Initialen der Erde, S. 7 (Aufbau-Verlag); *Reinaldo Arenas*: Bevor es Nacht wird, S. 297; *Eliseo Alberto*; Rapport gegen mich selbst, S. 18; *José Antonio Évora*, S. 113; Tomás Gutiérrez Alea; Encuentro de la Cultura Cubana 1 (Madrid 1996), S. 75 f.; *Wifredo Lam*; in: Juan A. Martínez, S. 143; *Alejo Carpentier*: in: Stegreif und Kunstgriffe, S. 182 ff.; *Jesús Díaz*: *in*: Die verlorenen Worte, S. 380.

Für alle spanisch- oder englischsprachig angegebenen Quellen sowie den Text von Reynaldo Escobar: Übersetzung Bert Hoffmann; auch bei hier in deutsch genannten Quellen wurde, wo möglich, auf das Original zurückgegriffen, woraus sich in einzelnen Fällen Übersetzungsunterschiede ergeben.

Kuba im Internet

Eine umfassende, regelmäßig aktualisierte Liste von Kuba-Links aller Bereiche bietet das Latin American Network Information Center der Universität Texas: http://www.lanic.utexas.edu/la/cb/cuba

Politik
Offizielle Homepage der Republik Kuba mit weiterführenden Links:
http://www.cubaweb.cu
Verfassung:
http://www.georgetown.edu/LatAmerPolitical/Constitutions/Cuba/cuba1976.html
Fidel Castro Speech Database der University of Texas (englische Texte der Reden seit 1958): http://www.lanic.utexas.edu/la/cb/cuba/castro.html
Offizielle US-Politik: Kuba-Seite des State Department:
http://www.state.gov/www/regions/wha/cuba/index.html
Menschenrechte: amnesty international: http://www.amnesty.org

Institutionen
Portal des zentralen staatlichen Internet-Unternehmens Citmatel, das auch den Internet-Provider CENIAInternet umfaßt: http://www.cuba.cu
Filminstitut ICAIC: http://www.cinecubano.cu
Casa de las Américas: http://www.cult.cu/casa
Katholische Kirche Kubas: http://www.nacub.org
Cuba Sí (deutsche Solidaritätsgruppe, regierungsnah): http://www.cuba-si.com

Presse
Granma (Tagesausgabe der Parteizeitung; dort auch Links zu anderen offiziellen Zeitungen; spanisch): http://www.granma.cubaweb.cu
Granma Internacional (Wochenausgabe der Parteizeitung in spanisch und englisch, Monatsausgabe in deutsch): http://www.granma.cu
Berichte dissidenter Journalisten von der Insel sowie Meldungen internationaler Presseagenturen (teilweise auch in deutsch): http://www.cubanet.org
Miami Herald: http://www.herald.com (englische Ausgabe) und http://www.elherald.com (spanische Ausgabe)

Tourismus
Kubanisches Fremdenverkehrsamt in Frankfurt /M.: http://www.cubainfo.de
Kuba-Reiseführer von Lonely Planet:
http://www.lonelyplanet.com.au/dest/car/cub.htm
Offizielles Tourismusverzeichnis (nur spanisch): http://www.dtcuba.com
Tropicana Touristik (auf Kuba spezialisierter Reiseveranstalter):
http://www.tropicana-touristik.de
Große digitale Landkarte Kubas:
http://www.lib.utexas.edu/Libs/PCL/Map"collection/americas/Cuba.jpg

Schließlich noch der Hinweis auf die Homepage des Verfassers dieser Länderkunde: http://www.fu-berlin.de/lai/staff/hoffmann

Register

Abakuá 149, 165, 224, 232
Abela, Eduardo 213
Adams, John Quincy 33
Agramonte, Ignacio 32
Agrarreform 70, 94, 115, 167, 190, 235
Albers, Hans 161
Alberto, Eliseo 197f., 241
Aldana, Carlos 109, 123
Alea → Gutiérrez Alea, Tomás
Alfonso, Gerardo 168
Alicia im Dorf der Wunder (Film) 123, 192, 207f.
Almeida, Juan 62
Álvarez, Adalberto 173
Álvarez, Santiago 201f.
ANAP (Kleinbauernverband) 91
Angola 103, 105, 236
Annexion 33, 37
Arbeiterbewegung → s. Gewerkschaften
Arbenz, Jacobo 84
Arcaño y sus Maravillas 164
Arche, Jorge 35, 213
Architektur 225–230, 240
Arenas, Reinaldo 195, 241
Arrufat, Antón 194
Arte Calle 223
Ayón, Belkis 224

Babalú Ayé 143, 146f., a70
Bacardí 59, 213, 230
Balaguer, José Ramón 125
Balseros 116, 126f., 224, 236
Baquero, Gastón 190
Baraguá 32, 234
Barnet, Miguel 192f., 241
Barroso, Abelardo 163
Batista, Fulgencio 38, 46, 48–53, 56, 58, 61–63, 68f., 81, 88, 150, 184, 186, 202, 235
Bauzá, Mario 165, 174
Bedia, José 222
Berlin 77, 192, 230

Betto, Frei 151
Bewegung 26. Juli (Movimiento 26 de julio, M-26) 58, 60, 89, 190
Biermann, Wolf 167
Bildende Kunst 211–225, 240
Bildungswesen 81–83, 118
Blas Roca 90, 123
Bola de Nieve (Ignácio Villa) 164
Bolero 161, 164, 172
Bolivien 87f.
Breckenridge, J. G. 40
Breschnew 97
Brouwer, Leo 168
Buena Vista Social Club 9, 161, 174f., 211
Buendía (Theatergruppe) 199

Cabrera Infante, Guillermo 109f., 187, 189f., 242
Cabrera, Lydia 182, 241
Cabrera, Sabá 157, 201
Camagüey 16f., 232
Cárdenas, Carlos 223
Cardona, Miró 68
Carpentier, Alejo 182, 184–187, 189f., 226, 241
Carter, Jimmy 103, 172, 236
Casa de las Américas 156, 194, 246
Casal, Julián del 180
Casas, Fray Bartolomé de las 26f., 238
Castañeda 225
Castro Díaz-Balart, Fidel 56
Castro, Ángel 54
Castro, Fidel 9f., 18, 38, 41, 50, 53–58, 60–73, 75f., 78–81, 84, 87, 89–92, 95f., 100–107, 109f., 114, 116f., 120–122, 125f., 137f., 146f., 151, 153, 156, 160, 166–8, 184, 187, 195f., 198, 201, 218, 220, 223f., 232, 235–238, 246
Castro, Raúl 58, 62f., 75, 77, 92,

100, 105 f., 109, 117, 120, 124–126, 140, 153, 198
Cayos 17 f.
CDR (Komitees zur Verteidigung der Revolution) 91 f.
CEA (Zentrum für Amerika-Studien) 123
Cervantes, Ignacio 162
Céspedes, Carlos Manuel de 32
Chachachá 161, 164–166
Changó 143, 145, 147, 183
Charanga Habanera, La 173
Chartrand, Esteban 212
Chibás, Eduardo 52 f., 55 f., 62, 235
Chibás, Raúl 62, 236
Chijona, Gerardo 210
China, Chinesen 31, 87, 132 f., 234
Chirino, Willy 173
Chruschtschow, Nikita 64, 74
Ciboneyes 26, 176, 234
Ciego de Ávila 17
Cienfuegos (Stadt/Provinz) 17
Cienfuegos, Camilo 62 f., 66, 72, 147
Cienfuegos, Osmany 72
Cimarrón, Cimarrones 30, 192–193
Clinton, Bill 102, 121
Cloy, José Antonio 229
Collazo, Guillermo 212
Comecon → RGW
Compay Segundo 174 f.
Cooder, Ry 174
Cortázar, Octavio 201, 206
Criterio Alternativo 198 f.
Cruz, Celia 166, 173
Cruz Varela, María Elena 198
CTC (Gewerkschaftsdachverband; s. auch → Gewerkschaften) 91
Cuban-American National Foundation (CANF) 102
Cubop 164 f.
Cuenca, Arturo 224

D'Rivera, Paquito 172
Danzón 164
DDR 16, 86, 98, 167

Delgado, Isaác 173
Deutschland (s. auch gesondert → DDR) 40, 51, 98, 119, 170, 235 f.
Díaz Torres, Daniel 207 f.
Diaz, Jesús 123, 142, 190–192, 205 f., 228, 241
Díaz, Rolando 210 f.
Díaz-Balart, Mirta 56
Diego, Eliseo 187, 197, 241
Dissidenten 123 f., 153, 199, 237, 246
Dolz, Sonia Herman 211
Dorticós, Osvaldo 70
Durán, Alfredo 121
Dutschke, Rudi 95

Eggert, Jeanette 211
Eiriz, Antonia 220
Eisenhower, Dwight D. 70, 73
Elián González 102, 126, 237, s. auch Gonzáles Elián
Enríquez, Carlos 213 f.
Enzensberger, Hans Magnus 91, 158, 193, 238 f.
Erdbeer und Schokolade (Film) 141, 188, 198, 208 f.
Escalante, Aníbal 90
Escambray-Gebirge (Sierra del Escambray) 18 f.
Escobar, Reynaldo 10, 128–131
Escobar, Vicente 212
Espín, Vilma 91, 140
Esson, Tomás 224
Estefan, Emilio 173
Estefan, Gloria 155, 173
Estévez, Abilio 198, 241
Estiú, Mons. Pedro Meurice 152
Estrada Palma, Tomás 41, 43, 234
Évora, José Antonio 207, 240
Exil 17, 34, 36–38, 44, 46, 49, 51, 58, 73, 75 f., 101–103, 115, 119, 126, 135, 150, 166, 170, 176, 181, 184, 185, 187, 189 f., 194, 197, 206, 219, 235, 236 f., 239

FEEM (Schülervereinigung) 91
Feliú, Santiago 168

Feliú, Vicente 168
Fernández, Joseíto 163
Fernández-Larrea, Ramón 199
Ferrer, Ibrahim 174
Ferrer, Pedro Luis 9, 111f.
FEU (Studentenbund) 91
Film 123, 138, 141, 156f., 163, 168, 191f., 197, 200–211, 220, 240, 246
Fílin 164
Florida 14, 32, 36, 72, 101f., 128, 150
FMC (Verband der Kubanischen Frauen) 91f., 138, 140
Fong, Flora 225
Formell, Juan 171
Fornaris, José 176
Französische Revolution 29, 186
Frauen, Frauenbewegung 51, 91, 113f., 136–141, 177, 205, 222, 239f.

Gadea, Hilda 84
Garatti, Vittorio 229
Garay, Sindo 167
García Espinosa, Julio 200, 202, 208
García Marruz, Fina 187
García, Calixto 32
García, Cristina 200, 241
Garciandía, Flavio 220f.
Gattorno, Antonio 213
Gaulke, Ulrich 211
Gelabert, Florencio 214, 218
Gesundheitswesen 83–84, 118
Gewerkschaften 44–47, 50, 52, 87, 91, 111
Gillespie, Dizzy 165, 172
Giral, Sergio 205
Girón → Schweinebucht
Gómez de Avellaneda, Gertrudis 178
Gómez, Juan Gualberto 42
Gómez, Manuel Octavio 202
Gómez, Máximo 32, 36, 38f.
Gómez, Sara 205
González, Elián 102, 126, 237, s. auch Elián Gonzáles

González, Rubén 174
Gorbatschow 104, 236
Gory (Rogelio López Marín) 224
Gottardi, Roberto 229
Granma 17, 58, 60, 123, 129, 246
Grau San Martín, Ramón 47–49, 51f., 55, 181, 235
Greene, Graham 200
Grenada 236
Großbritannien 29f.
Guajiro 162, 174, 2123
Guantánamo 16f., 27, 210, 232, 234
Guatemala 84
Guevara, Alfredo 201
Guevara, Ernesto „Che" 9, 18, 58, 62f., 69, 72, 79, 84–89, 93, 147, 153, 167, 184, 219, 220, 224, 228, 235, 238
Guillén, Nicolás 15f., 133f., 136, 162, 182–184, 189, 194, 241
Guiteras, Antonio 47, 49
Gutiérrez Alea, Tomás 141, 201–206

Habanera 161
Haiti/Haitianer 14, 29, 54, 132, 149, 185
Hatuey 26–28, 176
Havanna (La Habana) 10, 14, 16, 27f., 39f., 45, 51, 53, 55, 59f., 63, 66, 78f., 101, 109–114, 116f., 134, 145, 153, 154, 156, 165, 170, 172, 182, 184, 189, 193, 200, 204, 210, 213, 225–230, 234, 236, 241
Helms-Burton-Gesetz 119–121, 236, 239
Hemingway, Ernest 23f., 113, 144
Henze, Werner 193
Heredia, José María 176
Hijuelos, Oscar 200, 241
Holguín 17, 54, 119
Homosexualität 141f., 168, 170, 195, 208f., 214, 239
Humboldt, Alexander von 18, 29, 238

Ibañez, Polito 168
Ibarra, Colomé 106
Ibarra, Mirta 209
ICAIC 168, 191, 200–202, 205, 246
Ignacio Piñeiro 163
Insel der Jugend (Isla de la Juventud) 17, 23, 232
Internet 199, 246
Irakere 172

Jazz 162, 165, 171–173
Jineteras → Prostitution
Jorrín, Enrique 165
Jüdische Gemeinde 154
Junge Pioniere 91

Katholische Kirche 140, 149–154, 232, 246
Kcho (Alexis Leyva) 224
Kennedy, John F. 74–80
Kitsch Cubano 221
Kolumbus, Christoph 14f., 234
Kommunistische Partei 35, 38, 44f., 50–52, 62, 68, 87, 89–92, 99f., 122f., 125, 134f., 137, 143, 147, 151, 160, 183, 206, 220, 232, 235, 237
Kongo 87
Korda, Alberto 70f., 85
Krause, Monika 140f.
Kummels, Ingrid 211

Lage, Carlos 125
Lam, Wifredo 211, 215–219, 240
Las Tunas 17
Las Villas 16
Leal, Eusebio 229
Lecuona, Ernesto 165, 209
Lezama Lima, José 187–189, 209, 241
Libreta 94, 108, 118
Licea, Manuel „Puntillita" 174
Longa, Rita 214
López, Orlando „Cachaíto" 174
Loveira, Carlos 180

Loynaz, Dulce María 181f.
Ludwig, Peter 225

Maceo, Antonio 32, 36, 38, 234
Machado, Gerardo 45f., 49, 181, 183, 185, 203, 214, 227, 235
Malerei → Bildende Kunst
Mambí, Mambises 38, 41
Mambo 161, 164, 166
Mañach, Jorge 181
Manolín – el Médico de la Salsa 173
Manuel, Víctor 214
Marcos, Juan de 174
Mariel 103, 195, 236
Martí, José 33–38, 53, 97, 101, 122, 163, 175, 189, 213, 220, 228, 234, 241
Martínez, Raúl 220
Martínez, Federico 212
Marx/Marxismus 38, 89, 90, 122, 135, 147, 219
Mas Canosa, Jorge 102
Massenorganisationen 89, 91f., 100, 235
Matamoros, Miguel (Trio Matamoros) 163
Matanzas 16
Matos, Huber 70–72
Matthews, Herbert L. 61
McNamara, Robert 78
Medina, Pablo 200, 241
Mella, Julio Antonio 44f., 206, 220
Mendieta, Ana 222
Mendive, Manuel 219
Menéndez, Aldito 223
Mexiko 58, 84, 160, 211, 235
Meyer-Lanski 110
Miami 101f., 126, 130, 160, 170, 174, 192, 206, 219, 240, 246
Mikojan, Anastas 72
Mikrobrigaden 227f.
Milanés, Pablo 124, 141, 167f., 170, 195, 205
Modernismo 178
Moncada-Kaserne 56, 58, 81
Monreal, Pedro 115, 239

Montaner, Rita 163
Monte, Domingo del 176
Moré, Benny 164
Morejón, Nancy 194
Mosquera, Gerardo 225
Movimiento 26 de julio (M-26-7)
→ Bewegung 26. Juli
Muñequitos de Matanzas, Los 164
Muñoz Bachs, Eduardo 220
Mussolini 46, 228

Napoleon 29
Nápoles Fajardo, Juan Cristóbal
176
NG la Banda 149, 173
NGOs (Nicht-Regierungs-Organisationen) 123f., 168
Nixon, Richard 70
Novoa, Glexis 225
Nueva Trova 167–170

Obatalá 143, 145
Ochoa, Arnaldo 105f., 123, 236
Ochoa, Eliades 174
Ochún 145
Organisation Amerikanischer Staaten (OAS) 69
ORI (Organizaciones Revolucionarias Integradas) 90
Oriente 16f., 134
Orígenes 187
Orishas 143, 145, 175
Ortega, Mons. Jaime 151
Orthodoxen, Die (Partei) 53, 55f.
Ortiz, Fernando 20–22, 131, 161, 163, 181f., 238
Otero, Lisandro 190, 241

Padilla, Heberto 158f., 184, 191, 236, 241
Padilla, Juan Francisco Elso 222
Padura, Leonardo 198, 241
Papst Johannes Paul II. 124, 150–153, 237
Partido Independiente de Color 43
Partido Socialista Popular (PSP) 52, 90

Pastor Vega 206
Paulito 173
Paz, Senel 198, 208, 210, 241
Pazos, Felipe 62, 86
Peláez del Casal, Amelia 214f.
Pereira, Manuel 190, 241
Perestroika 103f., 222, 236
Pérez Bravo, Marta María 224
Pérez Prado, Dámaso 194
Pérez Roque, Felipe 125
Pérez, Fernando 210
Pérez, Manuel 206
Período Especial („Sonderperiode")
106–109, 236
Pinar del Río 16, 19, 161
Pineda Barnet, Enrique 206
Piñera, Virgilio 187, 194, 199, 241
Plácido (Gabriel de la Concepción
Valdés) 176
Platt, Orville H. 42
Platt-Amendment 41f., 47f., 120, 234f.
Plaza de la Revolución 38, 73, 153, 228
Poder Popular (Volksmacht) 100, 236
Pogolotti, Marcelo 45, 214
Ponjuán, Eduardo 223, 225
Pop Cubano 220
Porro, Ricardo 229
Portocarrero, René 214
Portuondo, Omara 174
Pozo, Chano 165
Prag 95, 235
Prieto, Abel 125
Prío Socarrás, Carlos 52, 55, 235
Prostitution (Jineteras) 60, 113f., 138, 170
Protestantische Kirchen 153–154
Proyecto F 175
Pruscha, Carl 230
Puebla, Carlos 167, 173

Quintana, Ciro 225

Raketenkrise 77–80, 204, 235, 239
Rap Cubano 175

Reagan, Ronald 103
Rectificación 104, 160, 222, 236
Religion 21, 51, 55, 60, 122,
 143–154, 161, 170, 172, 184,
 196, 216, 219, 222, 227, 232, 239
Retamar, Roberto Fernández 76,
 194
Revista de Avance 181, 185, 212
RGW (Rat für Gegenseitige Wirt-
 schaftshilfe, Comecon) 97f.,
 105, 236
Rivero, Raúl 199
Robaina, Roberto 125
Roca, Vladimiro 123
Rodríguez Brey, Ricardo 222
Rodríguez, Arsenio 163
Rodríguez, Reina María 199
Rodríguez, René Francisco 223,
 225
Rodríguez, Silvio 167f., 170
Rohe, Mies van der 230
Rojas, Orlando 206
Rojas, Rafael 199
Roosevelt, Franklin D. 46, 55
Rubalcaba, Gonzalo 172f.
Rumba 161, 164, 166

Saavedra, Lázaro 225
Salsa 128, 149, 162, 165f., 171,
 173f.
Sánchez Mejías, Rolando 199
Sánchez, Elizardo 123
Sánchez, Tomás 220, 222
Sancti Spíritus 17
Sandoval, Arturo 172
Santa Clara 63, 89, 232
Santería 21, 143–149, 170, 172,
 184, 196, 216, 219, 222, 232
Santiago de Cuba 17, 40f., 45, 56,
 58, 63, 66, 81, 145, 152, 161,
 229f., 232
Sanz, Valentín 212
Sarduy, Severo 189, 241
Saumell, Manuel 162
Schäfer, Manfred 211
Schulden → Verschuldung
Schweinebucht (Playa Girón)

74–77, 78–80, 121, 186, 202f.,
 219, 235, 239
Seeger, Pete 163
Segre, Roberto 227
Sexteto Nacional 163
Sexteto Habanero 163
Sexualität 140f., 188, 195–197
Sierra Maestra 18, 55, 59–62, 69,
 70, 85, 88, 174, 199, 235
Sin Palabras 175
Sklaverei, Sklaven 20f., 28–33,
 132f., 143, 145, 176–180, 182,
 185f., 192–193, 234
Solás, Humberto 203, 206
Soler Puig, José 190, 241
Son 162–164, 166, 174f., 182
Soto, Leandro 222
Sowjetunion (UdSSR) 68, 72, 74,
 76–80, 85f., 94, 95–98, 99,
 103f., 160, 184
Spanien, spanisch 14, 26, 30–41,
 54, 79, 132, 150, 161f.,
 176–179, 183, 186, 190, 212,
 215, 226, 234
Stalin 183
Studenten/Studentenvereinigungen
 47f., 55, 58, 90f., 181
Suárez, Anselmo 178

Tabak 20–22, 26–28, 36, 161,
 176, 216, 233
Tabío, Juan Carlos 206, 210
Taíno 26, 214
Testimonio-Literatur 192–194, 240
Theater 157, 163, 178, 187, 194,
 199, 240, 243
Tonel (Antonio Eligio Fernández)
 225
Torres Llorca, Rubén 222
Torricelli-Gesetz 119, 236
Tourismus 10, 14, 18, 62, 66,
 108–114, 136, 148, 160, 167,
 210, 214, 229f., 232, 236, 240,
 246
Triana, José 194
Trinidad 225
Trova → Nueva Trova

U2 (Aufklärungsflugzeug) 78
UdSSR → Sowjetunion
UJC (Kommunistischer Jugendverband) 92
UMAP 141 f., 151, 168, 195
Unabhängigkeit/Unabhängigkeitskrieg 16, 31–44, 54, 79, 101, 150, 178, 234
UNEAC (Schriftstellerverband) 92, 158, 184, 186
Universität 44, 55, 82, 181
UPEC (Journalistenverband) 92
Urrutia, Manuel 68, 70
USA 14–16, 30, 32–44, 46–48, 51, 55, 58 f., 61 f., 68–80, 84, 93, 101–103, 105, 109 f., 114, 116, 119–121, 123, 126, 128, 130 f., 152, 154, 162, 165, 172, 177 f., 183, 195, 199 f., 206, 220, 234–237, 246

Valdés, Jesús „Chucho" 172
Valdés, Zoé 196 f., 241
Van Van, Los 171 f.
Vanguardia 181, 211–215, 218, 221, 240

Varadero 105, 110, 112
Varela, Carlos 10, 169
Varela, Félix 150
Velázquez, Diego 26, 234
Verfassung 51, 53, 56, 61, 99 f., 122, 236, 246
Verschuldung 98, 105, 236
Villa Clara 17
Villaverde, Cirilio 177
Vitier, Cintio 187, 241
Volksmacht → Poder Popular
Vólumen Uno 221 f.

Wahlen 100
Welles, Sumner 47 f.
Wenders, Wim 175, 211
Weyler, Valeriano 39
Yemayá 145
Zafiros, Los 171
Zapata-Halbinsel 19, 23
Zeuske, Michael 194, 238, 242
Zucker/Zuckerrohr 15, 20–22, 28 f., 36, 43 f., 46–48, 51 f., 60, 62, 74, 82, 93–97, 106, 114, 161, 192, 213, 215 f., 226, 233 f., 236

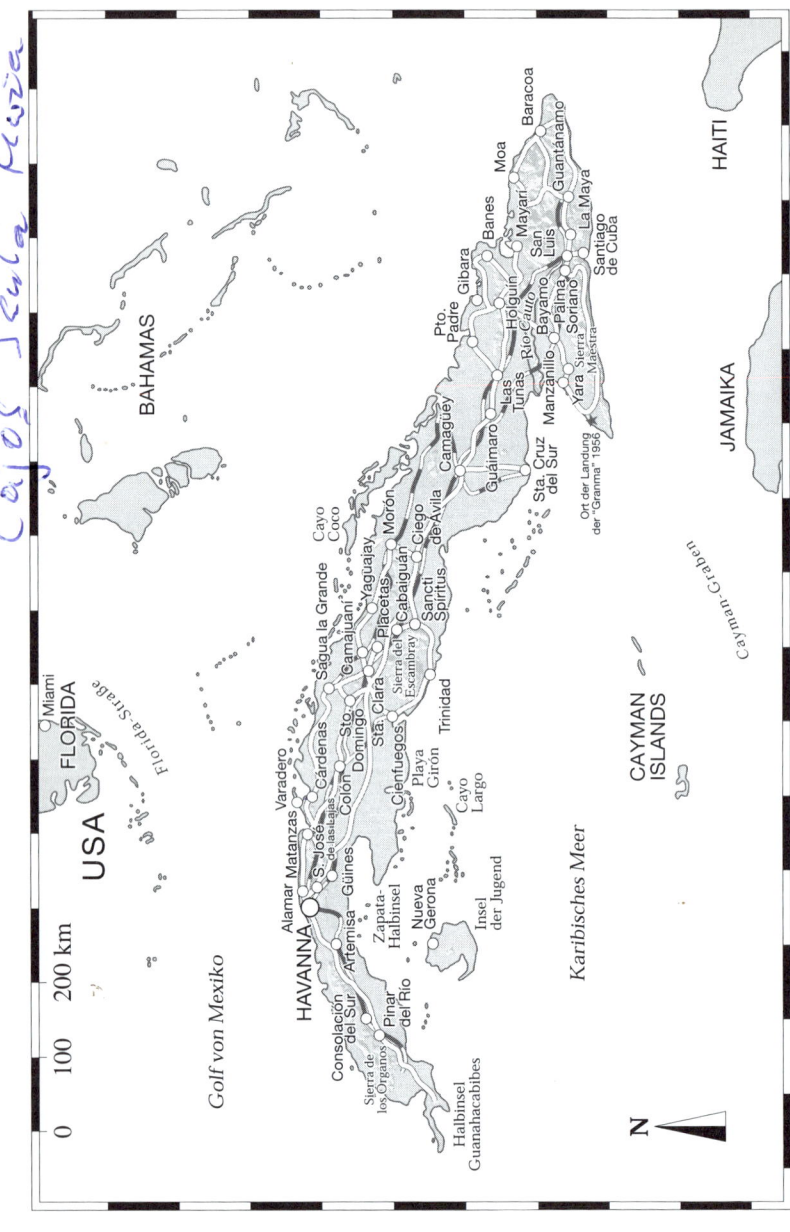

Cajos Santa María

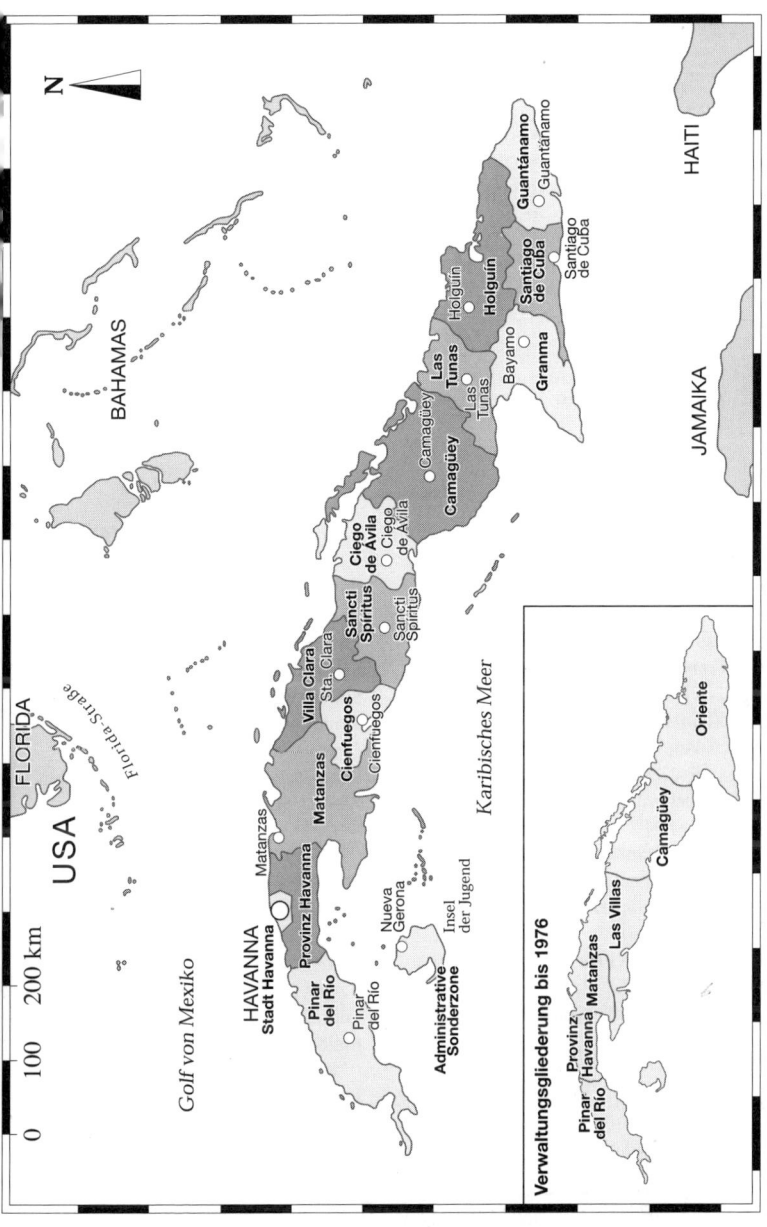

N

0   100   200 km

Golf von Mexiko

USA

FLORIDA

Florida-Straße

BAHAMAS

HAVANNA
Stadt Havanna

Matanzas

Provinz Havanna

Matanzas

**Pinar
del Rio**

Pinar
del Rio

Nueva
Gerona

**Administrative
Sonderzone**

Insel
der Jugend

Villa Clara

Sta. Clara

Cienfuegos

Cienfuegos

**Sancti
Spiritus**

Sancti
Spiritus

**Ciego
de Ávila**

Ciego
de Ávila

Camagüey

Camagüey

Karibisches Meer

**Las
Tunas**

Las
Tunas

Bayamo

Granma

Holguín

Holguín

**Santiago
de Cuba**

Santiago
de Cuba

Guantánamo

Guantánamo

HAITI

JAMAIKA

Verwaltungsgliederung bis 1976

**Provinz:
Pinar
del Rio**

Havanna

Matanzas

Las Villas

Camagüey

Oriente

Länder in der Beck'schen Reihe
(eine Auswahl)

Albanien, von Ch. v. Kohl (bsr 872)
**Äthiopien, Eritrea, Somalia,
Djibouti. Das Horn von Afrika,**
von V. Matthies (bsr 846)
Algerien, von W. Herzog (bsr 859),
s. auch Maghreb
Australien, von J. H. Voigt (bsr 883)
Bhutan, von H. Wilhelmy
(bsr 830)
Birma, von K. Ludwig (bsr 870)
Bolivien, von T. Pampuch/
A. Echalar A. (bsr 813)
Bulgarien, von G. Knaus (bsr 866)
China, von O. Weggel (bsr 807)
Kleines Deutschland-Lexikon, von
G. Haensch/A. Lallemand/
A. Yaiche (bsr 855)
Kleines England-Lexikon, von
P. Fischer/G. P. Burwell (bsr 814)
Estland, von K. Ludwig (bsr 881)
Frankreich, hrsg. von G. Haensch/
H. J. Tümmers (bsr 831)
Kleines Frankreich-Lexikon,
von G. Haensch/P. Fischer
(bsr 802)
Griechenland, von H. Eichheim
(bsr 877)
Großbritannien, von H. Händel/
D. Gossel (bsr 835)
Guatemala, von S. Kurtenbach
(bsr 874)
Politisches Lexikon GUS, von
R. Götz/U. Halbach (bsr 852)
Indien, von K. Gräfin v. Schwerin
(bsr 820)
Israel, von R. Balke (bsr 886)
Italien, von C. Chiellino/ F. Marchio/
G. Rongoni (bsr 821)
Kleines Italien-Lexikon, von
C. Chiellino (bsr 819)
Japan, von M. Pohl (bsr 836)

Kleines Japan-Lexikon, von M. Pohl
(bsr 861)
Jordanien, von O. Köndgen (bsr 865)
Kanada, von S. Iwersen-Sioltsidis/
A. Iwersen (bsr 869)
Kolumbien, von G. Dilger (bsr 864)
Kuba, von B. Hoffmann (bsr 887)
Lettland, von K. Ludwig (bsr 882)
Madagaskar, von A. Osterhaus
(bsr 867)
Mexiko, von K. Biermann (bsr 851)
Mongolei, von A. Schenk/ U. Haase
(bsr 848)
Norwegen, von G. Austrup/
U. Quack (bsr 828)
Peru, von E. v. Oertzen (bsr 822)
Polen, von T. Urban (bsr 875)
Politisches Lexikon Rußland, von
R. Götz/U. Halbach (bsr 856)
Rumänien, von K. Verseck (bsr 868)
Schweden, von G. Austrup (bsr 818)
Simbabwe, von M. Pabst (bsr 878)
Slowakei, von S. Vykoupil (bsr 876)
Slowenien, von P. Rehder (bsr 879)
Spanien, von W. Herzog (bsr 811)
Kleines Spanien-Lexikon, von
G. Haensch/G. Haberdamp de
Antón (bsr 825)
Südafrika, von M. Pabst (bsr 871)
Thailand, von W. Donner (bsr 862)
Tibet, von K. Ludwig (bsr 824)
Tschechien, von J. Burgerstein
(bsr 873)
Türkei, von F. Sen (bsr 803)
Kleines Türkei-Lexikon, von
K. Kreiser (bsr 838)
Ukraine, von E. Lüdemann (bsr 860)
Ungarn, von S. Kurtán/K. Liebhart/
A. Pribersky (bsr 880)
Weißrußland, von D. Holtbrügge
(bsr 863)